이천 년 전 중국의 일상을 거닐다

일러두기

* 옮긴이 주는 따로 표시하였습니다.

카키누마
요헤이
지음

이원천
옮김

중국 고대 일상사

이천 년 전
중국의 일상을
거닐다

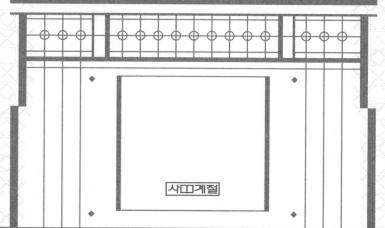

사계절

@ 프롤로그 @

모험 가득한
책을 펼치다

권력자의 아침

한 남자가 졸린 눈으로 서류를 대충 훑어본다. 그러다 스멀스멀 올라오는 짜증을 느낀다. "도대체 지금이 몇 시라고 생각하는 거야? 평단平旦[1]이라고!" 이 무렵 '평단'이라고 하면 아마 해 뜨기 전인 새벽 5, 6시쯤일 텐데, 그럼 밤새 일했나 싶겠지만 그건 아니다. 남자는 종종 지금보다 조금 이른 시간대에 일어나 한자로 된 서류를 읽으며 일한다. 어떤 날은 처리해야 할 문서의 무게가 30kg에 육박할 때도 있다.[2] 그 문서들이 종이가 아니라 목간木簡이나 죽간竹簡 뭉치인 점을 감안하더라도(도판 P-1) 상당한 분량이다.

상대해야 할 일은 서류뿐만이 아니다. 어떤 날은 회의가 있고, 그이후에도 뭔가를 의뢰하는 사람들이 줄을 잇는다. 기본적으로 매달 1일과 15일에 열리는 대규모 회의와 5일마다 열리는 정례 회의가 있고 거기에 임시 회의가 생길 때도 있다. 그가 출석하지 않는

도판 P-1 한나라 때의 목간木簡

회의도 있어서 겉으로는 부하들의 자유로운 논의를 중시하는 듯 보이지만 회의 내용을 바탕으로 결정을 내리는 것은 결국 그다.[3]

그는 그 정도로 아주 지체 높은 사람이다. 그런데 결재를 받으러 오는 부하들 중에는 미사여구를 잔뜩 늘어놓으며 은근슬쩍 자기 잇속을 챙기려는 놈들도 있다. '허, 이놈 봐라! 내가 어떤 사람인지 아직도 모르나? 그런 어쭙잖은 일을 부탁해선 안 될 텐데. 그러다 집안사람들이 다 죽을 수도 있다고!' 수면 부족인 그에게는 속을 부글부글 끓게 만드는 일투성이다.

실제로 그 남자에게는 그렇게 할 수 있는 힘이 있었다. 그가 취임한 후 그의 분노를 사는 바람에 임기 중에 경질된 승상丞相(총리대신, 국무총리에 해당하는 관직)도 있었다. 놀랍도록 이른 시간에 일어나는 그는 당시의 세계에서 가장 큰 권력을 갖고 있었기에 많은 일을 해야만 했다. 매일 일에 파묻혀 지내지는 않지만 그 남자가 쉬면 그만큼 사회에는 악영향을 미칠 가능성이 있었다. 그 남자가 바로 인구가 6천만 명이나 되는 한漢 제국의 황제이자 천자天子였다. 당시 서방 강대국인 로마에서 살던 율리우스 시저조차도 그 남자만큼의 권력을 가지지는 못했다.(표 P-1)

이런 황제의 모습은 '아침부터 정사를 돌본다[4]'는 노랫말과 조금도 다르지 않다. 황제를 배알하길 원하는 사람은 늘 줄을 이었고, 심지어 황제가 여성을 안으려 할 때 결재를 받으러 오는 신하까지 있었다.[5] 조정이 아니라 황제의 개인 공간인 궁전을 드나드는 가신은 굉장히 소수였지만, 그조차도 번거롭다 여긴 황제는 곧 알현을 사전예약제로 바꾸었다.[6]

황제는 곁을 지키고 있던 낭중郎中에게 간신히 뭔가를 말하려 했지만, 막 잠에서 깼을 때처럼 입이 말라서 말이 나오지 않는다. 그러고는 몇 번 기침을 하다가 "카악, 퉤!" 하고 가래를 뱉는다. 그때 옆에 있던 시중이 타호唾壺(침 뱉는 그릇_옮긴이)를 받쳐준다. 원래 시중은 호자虎子(호랑이 모양을 한 남성 소변기_옮긴이)와 청기淸器(변기)를 관리하는 신하로, 황제가 볼일을 보고 싶어 할 때 수발 드는 일을 담당한다. 시중은 저명한 학자인 동시에 타호를 관리하는 자리였기에 다른 관리들에게는 선망의 대상이었다.[7] 심지어 대장군일지라도 시중을 겸임할 때는 변기를 관리했으며, 황제는 대변을 보면서 시중과 이야기를 나누기까지 했던 것으로 보인다.[8] 그러니 타호를 담당한 시중이 얼마나 명예로운 직책이었겠는가.

표 P-1 세계사 관련 연표

연대	북·동아시아	유럽·북아프리카	기타
BC 3세기	BC 221년 진의 6국 통일	BC 221년 카르타고에서 한니발이 장군이 됨	제3차 불전佛典 결집
	BC 206년 진 멸망	BC 218~201년 제2차 포에니 전쟁	스리랑카에 불교 포교
	BC 202년 한 성립	BC 212년 셀레우코스 왕조의 동방 원정	BC 232년경 마우리아 왕조 아소카왕 사망
BC 2~1세기	BC 195~180년 여태후呂太后 집정	BC 183년 한니발, 스키피오 사망	BC 180년 무렵 마우리아 왕조, 인도 멸망
	BC 154년 오초칠국吳楚七國의 난	BC 149~146년 제3차 포에니 전쟁	BC 140년경 대월지국大日氏國 성립
	BC 133년 마읍馬邑 전투, 흉노와 관계 악화	BC 133~121년 로마에서 그라쿠스 형제의 개혁	BC 129년경 대월지가 박트리아 왕국 침입
	BC 87년 무제武帝 사망, 곽광霍光 대두	BC 73~71년 스파르타쿠스의 난	BC 99년 이릉李陵이 흉노에 항복
	BC 51년 석거각石渠閣 회의	BC 44년 시저 암살	BC 54년 흉노 분열
	왕씨王氏 대두	BC 27년 제정 로마 시작	힌두교 성립
AD 1~2세기	8년 왕망王莽이 신 건국	14년 아우구스투스 사망	간다라 미술 전성기
	25년 후한 건국	30년경 예수가 형벌을 받고 사망	사타바하나 왕조 전성기
	79년 백호관白虎觀 회의	79년 베수비우스 화산 분화	130년경 카니슈카왕 즉위
	184년 황건적의 난	로마에서 천연두 유행	파르티아 왕국 쇠퇴
AD 3세기	208년 적벽赤壁에서 전투	211~217년 카라칼라 황제	226년 사산 왕조 성립
	220년 후한 멸망	235~284년 군인 황제 시대	쿠샨 왕조 멸망

『상설세계사연구詳說世界史研究』(산천출판사山川出版社, 2017년)를 참고해 작성. 기년紀年에는 다양한 설이 있으며, 표의 내용은 대략적인 수치.

유목민의 우두머리나 사회적 지위가 높은 귀인 중에는 미소년을 곁에서 시중 들게 하고, 타호 대신 그 소년의 입에 가래를 뱉으며 권력을 과시하는 경우도 있었다.[9] 또 타호 대신 아랫사람의 옷소매에 침을 뱉고는 그때마다 옷을 세탁하라고 휴가를 주는 귀족도 있었다.[10] 한의 황제가 그렇게까지 했는지는 알 수 없지만, 어쨌든 황제가 되면 보통은 화려하고 멋진 황금 타호를 사용했다. 신하들이 쓰는 타호에 비하면 황제의 타호는 압도적으로 화려했다.(도판 P-2)[11] 가신들이 서로 타호나 호자를 맡으려고 다투던 모습에서 황제의 권력과 권위가 얼마나 대단했는지 선명하게 알 수 있다.

황제가 느긋하게 일어나면 가신들은 반사적으로 긴장한다. 이윽고 황제가 분부를 내린다. 황제가 한 번 입 밖으로 내뱉은 말은 가히 절대적이므로 반대하려면 목숨을 걸어야 한다. 황제의 명령은 상서尙書라는 관청에 보관되며, 명령을 하달받은 신하가 있는 경우에는 그 신하의 집에 부본副本을 보관한다.[12] 또 명령문의 일부

도판 P-2 타호唾壺

는 율律이나 령令 등 법률로 편입된다. 명령에 대해 신하가 심의해서 의견을 올리는 경우도 있지만 어쨌든 최종적으로 결정을 하는 사람은 황제다. 명령을 받은 가신들은 서둘러 종종걸음으로 조정을 떠난다.

미래에서 온 남자

그때 경험이 많고 교활한 신하 한 사람이 황제 곁으로 달려와서는 "폐하! 천하는 태평하고 백성들 모두 행복하게 살고 있습니다."라며 입에 발린 소리를 해댄다. 이런 고단수의 아첨이라니, 역시 만만한 사람이 아니다. 그러나 황제 역시 이런 아첨 따위에 속을 만큼 어수룩하지는 않다. 다만 이 노신老臣은 예의범절이 몹시 바르고 말 한마디 한마디가 정중한 데다 입에서는 계설향鷄舌香(정향, 입 냄새를 없애줌_옮긴이)의 산뜻한 향기마저 풍기고 있었다.[13] 그 향기 덕분에 불쾌한 기분이 차츰 누그러진 황제는 노신에게 "뭐, 하고 싶은 말이라도 있소?"라며 말을 건넨다.

노신은 이렇게 대답한다. "하문하신 대로 아뢸 말씀이 있습니다. 이번에 밤늦게 수상한 자가 있어서 잡아들였더니 '저는 미래에서 온 카키누마 요헤이柿沼陽平라고 합니다. 정신을 차려보니 이곳에 와 있었습니다. 미래에 한 제국은 사라지고 없습니다.' 같은 말들을 했습니다. 눈에는 '안경'이라고 하는 기묘한 도구를 쓰고 머리카락은 흐트러져 산발을 한 채로 바지를 입고 있습니다. 이놈은 볼품없이 보이는 데다 수염도 없습니다. 말도 또렷하게 하지 못해서 영 믿음이 가지 않습니다. 아무튼 요망한 말을 해대면서 만만세세 이어질 우리 한나라의 치세를 우롱하는 불초하고 대역무도한 자이니 당장 요참腰斬에 처해야 마땅합니다. 원래는 사법에서 처리해야 할 사안입니다만 유례가 없는 일인지라 먼저 폐하께 보고드리게 되었습니다. 돈수사죄頓首死罪 하옵니다."

여기서 말하는 '돈수사죄'는 황제와 대화할 때 마지막에 붙이는 문구로 '감히 제가 황제 폐하께 어리석은 말을 드려 진심으로 죄송합니다.' 정도의 의미다. 뒤에 나오겠지만, 당시에는 관리를 채용할 때 외모를 보는 일이 많았는데[14] 미남을 결정짓는 요소 중 하나가 수염이었다.[15] 필자처럼 깨끗하게 면도해서 수염이 없고 풍채가 나지 않는 사람은 환관宦官(남근을 절제하고 궁궐에서 일하는 사람)이나 범죄자 취급을 받기 일쑤였다. 사실 당시에는 내형耐刑이라고 해서 수염을 면도하는 형벌이 있었으며, 다른 형벌을 받을 때 내형을 함께 받는 일이 많았다.[16] 물론 『삼국지』의 영웅인 유비처럼 타고나기를 수염이 별로 없는 사람도 있다. 그런데 유비는 수염이 적은 것을 콤플렉스로 여겼기에 어느 가신이 그런 모습을 놀리자 나중에 그를 죽여버렸다.[17]

여기서 말하는 '대역大逆'은 국가 반역죄를 가리키는 말로, 요망한 말로 황제나 정부를 우롱하는 행위 역시 여기에 포함된다.[18] 자세히 말하면 한나라 때는 요망한 말을 하는 행위를 엄격하게 처벌했던 시기와 그러지 않았던 시기가 있어서 요망한 말을 했을 때 받는 형벌도 그 시기에 따라 달랐는데, 일단 여기에서는 깊이 따지지 않도록 하겠다. 요참은 여러 형태의 사형 중에서도 가장 심한 형벌이다. 만약 대역죄를 지으면 당연히 요참에 처해지며 부모, 처자, 형제자매 모두 더불어 사형을 당했다.[19] 당시에는 국사國使를 사칭하는 민간인이 적지 않았기에 한나라에 체류하던 많은 외국인들은[20] 혹시 수상한 사람이 아닐까 하고 의심받는 경우가 많았다.

다행히 황제는 기분이 좀 나아져서 그 미래인에게 약간 흥미가 동하는 듯했다. 하지만 그렇다고 어디서 굴러먹던 놈인지도 모르는 자를 갑자기 만나볼 정도까지는 아니었다. "죽일 필요는 없지만 짐이 만나보고 싶은 생각은 없다. 이 나라에 머물도록 한 후에 잠시 지켜보는 것이 좋겠다."

이리하여 스스로 미래에서 왔다고 말한 그 남자는 한나라를 돌아다닐 수 있게 되었다. 지금부터의 이야기는 바로 그 남자가 24시간 동안 한나라를 다니며 경험한 사건들이다.

이 책에서는 중국 고대 제국의 하루 24시간을 마치 가상의 롤플레잉 게임처럼 그리고자 했다. 앞의 이야기는 도입부로서 필자가 창작한 내용이지만 실제 고대 중국의 사료를 바탕으로 한 줄 한 줄 쓴 것이다. 다시 말하면 앞의 이야기 그 자체는 픽션이지만 중국 고대 일상사의 한 단면으로 충분히 있을 수 있는 사실들이다. 앞으로 하게 될 이야기 역시 마찬가지다. 부디 독자 여러분들도 이 모험에 동행해주시길 바란다.

고대 중국의 일상

고대 중국 사람들의 24시간은 과연 어땠을까? 성벽으로 둘러싸인 도시와 그 주변의 농촌 생활은 각각 어떤 모습이었을까? 어떤 집에서 살았는지, 아침에는 몇 시쯤 일어났는지, 그리고 하루에 몇 번이나 밥을 먹었고 주로 무슨 음식을 먹었는지, 걸음걸이는 어떠했으며 볼일 보는 화장실은 어떤 형태였을지 말이다. 지금처럼 도로에 이름을 붙이고 상점에 간판을 걸었을까? 또 물가는 어느 정도였을까? 사람들은 어떤 식으로 사귀고 결혼하고 섹스하고 아이를 길렀을까? 그리고 아이들의 삶은? 무슨 놀이를 하고 무엇을 배우면서 성장했을까? 음주 문화는 어땠을까? 술은 얼마나 마셨는지, 회식 자리에서는 무슨 놀이를 했는지도 궁금하다. 숙취로 고생한 사람도 있었을까? 아무튼 이는 닦으면서 살았겠지? 머리숱이 많지 않은 남자들은 어떤 취급을 받았을까? 밤에는 주로 무슨 꿈을 꾸었을까…?

이와 같이 사람들의 생활에 초점을 맞춘 역사학을 '일상사'라고 부른다. 이 책에서는 고대 중국, 특히 진한 시대의 일상사를 중심으로 하고 그 전후 시대(전국 시대와 삼국 시대. BC 4세기 중반~AD 3세기 중반)의 사료도 참고했다. 왜냐하면 전국 시대에서 삼국 시대에 걸쳐 살았던 사람들은 일상생활에서 서로 큰 차이가 없고 함께 다루고 싶은 사실들이 많기 때문이다. 또 춘추 시대와 남북조 시대의 사료 중에서도 서로 일치하는 내용이 있다면 그 사이에 해당하는 진한 시대의 일상을 해당 자료를 통해 엿볼 수 있다. 이 책에서는 이상의 자료들을 망라해 일상사를 정리했다. 만약 독자 여러분이 롤플레잉 게임처럼 고대 중국으로 시간 여행을 떠나 그 시대를 살아야 한다면 이 책은 여러분이 무사히 고대 중국에서의 24시간을 보내기 위한 가이드북이 될 것이다.

한편 수십 년 전부터 일본의 하위문화 분야에서 고대 중국을 주제로 한 작품이 꾸준히 인기를 얻고 있다. 예를 들어 만화로는 요코야마 미츠키의 만화 『삼국지』를 비롯해 킹 곤타(이학인李學仁 원작)의 『창천항로』, 하라 야스히사原泰久의 『킹덤』이라는 작품이 있고, 영화로는 「시황제 암살」(1998년)과 「레드 클리프」(2008, 2009년) 등이 있다. 그렇다면 이 작품들은 시대 배경을 얼마나 충실하게 묘사하고 있을까? 픽션에는 각각 그에 맞는 감상법이 있겠지만 시대 배경을 안다면 훨씬 더 재미있게 즐길 수 있다. 또한 하위문화 제작자들에게도 시대 배경에 대한 이해는 굉장히 중요하리라 생각한다. 그런데도 고대 중국의 일상사를 자세하고 쉽게 설명하는 책은 의외로 아직까지 출판된 적이 없다.

중국 고대 일상사를 조사하는 일에는 그 밖에도 의의가 있다. 일찍이 청 말기에서 중화민국 초기에 활동했던 사상가인 양계초梁啓超는 '시대의 형세는 영웅을 만들고, 영웅은 시대의 형세를 만든다'는 서양 철학자의 격언 한 구절을 인용한 바 있다.[21] 이 절묘한 표현은 지금도 중국에서 속담으로 사용되고 있다. 그 말마따나 고대 중국에서는 수많은 영웅이 나타나 시대를 견인했다. 흔히 중국 고대사라고 하면 여러분은 곧바로 진시황제, 항우와 유방, 한 무제, 조조, 유비, 손권, 제갈량 등 '영웅'의 이름부터 떠올릴 것이다. 여기서 말하는 영웅이란 '능력이 뛰어나고 강하며 용감하다란 점에서 보통 사람보다 우월한 사람'(『현대한어사전現代漢語詞典_제6판』)이라는 뜻이다.

하지만 잘 생각하면 알 수 있듯이 시대는 영웅만을 낳는 것이 아니며 영웅만이 시대를 만들어가는 것도 아니다. 영웅의 활약 뒤에는 항상 이름 없는 백성의 지지가 있다. 이 이름 없는 백성 중에는 평생 영웅과는 전혀 관계없는 삶을 살았던 사람도 적지 않다. 하지만 바로 그런 사람들이야말로 그 시대와 지역 사회를 지탱한다.[22] 따라서 이름 없는 백성들의 일상생활을 밝히는 일 역시 역사 연구의 과제 중 하나가 될 수 있다. 그런 의미에서 이름 없는 백성들의 일상사는 매우 중요한 역사학 주제다. 이 책에서도 도입부는 황제에 관한 내용이었지만 앞으로는 전적으로 이름 없는 백성들에 초점을 맞춰 서술하고자 한다.

모든 역사 자료를 활용해 고대 중국의 풍경을 그리다

여기에서 단순히 '이름 없는 백성'이라고 표현하기는 했지만, 그 실태가 천차만별이라 엄밀하게 정의하기는 힘들다. 이는 지금의 일본에도 적용된다. 그러므로 독자 여러분이 학생이라면 자기가 속한 반을, 직장인이라면 몸담고 있는 부서를 둘러봐주셨으면 좋겠다. 그러면 한정된 공간 안에도 실로 다양한 '사람'들이 있음을 깨

닮게 될 것이다. 여러분 주변의 사람들은 아마 역사에 이름을 남기지 못할 테니 그런 의미에서 '무명無名'이고 국가의 통치를 받는다는 의미에서 그 나라의 백성이다. 그 사람들 모두는 이름 없는 백성이지만 각자의 삶과 성격은 굉장히 다양하다. 고대 중국의 이름 없는 백성들 역시 이와 다르지 않다.

일상생활이라는 면에서도 고대 중국의 이름 없는 백성은 천차만별이기 때문에 그 실태를 전부 다 묘사하기는 어렵다. 유럽, 미국, 중국의 연구자 중에 일상사 연구를 시도한 사람도 있었지만[23] 아직 초보적인 수준에 불과하다. 일찍이 민속학자나 민중역사가가 '서민'이나 '상민'이라는 말을 어떻게 정의할지 고민했던 것처럼 이렇게 천차만별인 백성을 한데 묶어서 말하기는 굉장히 어려운 일이다. 실제로 진한 제국의 판도는 매우 광대해서 각각의 지역에 살았던 사람들의 생활양식은 다양했다. 식생활이나 취미 등 한 가지 주제만 놓고 보더라도 남성과 여성, 부유한 사람과 가난한 사람 사이에는 큰 차이가 있다. 예를 들면 "제인齊人(산둥반도에 사는 사람)은 온순하고, 진인秦人(서안 지역에 사는 사람)은 대범하며, 초인楚人(장강 유역에 사는 사람)은 성급하고, 연인燕人(북경에 사는 사람)은 지나치게 고지식하다."는 말처럼[24] 지역마다 사람들의 기질도 달랐다.

그러나 다행인지 불행인지 중국 고대사의 사료는 그리 많지 않으며, 주요한 자료만 모은다면 이 책 100권 정도의 분량인 1500만 자가량 된다. 그 자료를 한 글자씩 꼼꼼히 정독하기는 무리겠지만 착실한 연구자라면 다 읽는 데 10년 정도면 충분하다. 거기에 일상

생활에 대한 내용으로 범위를 좁힌다면 논의가 끝없이 확산해나
가는 일을 피할 수 있다. 그리고 어느 지점에서 결말을 짓고 백성의
일상생활을 대략적으로 정리해 설명하는 것은 역사학 연구에 있
어서 받아들일 수밖에 없는 일이라 생각한다.

　실제로 필자는 10년에 걸쳐 매일 한문을 조금씩 읽으면서 일상
사에 관계되는 기술을 찾아 포스트잇을 붙이는 작업을 계속해왔
다. 백성들의 일상생활에 관한 기록은 여기저기 흩어져 있는 데다
어떤 특정한 단어와 연관되는 특징도 없기 때문에 사료 데이터베
이스에서 단어를 검색하는 방법은 별 도움이 되지 않으며, 사료를
전부 읽으면서 일상사에 관한 부분을 망라한 후에 검토하는 방법
밖에는 없다. 거기에 가능한 최신 학설을 참조해 살펴보았다.

　사료 이외에도 관련되는 모든 자료를 사용했다. 최근 중국에서
는 유적이 계속 출토되면서 건물의 잔해나 시신(백골·미라), 석기,
토기, 석상 등이 발견되고 있다. 그중에는 목간, 죽간, 백서帛書 등
의 문자 자료도 있다. 그리고 고대 무덤에서 발견되는 벽화 및 화상
석, 화상전 등 돌, 벽돌, 기와 등에 새겨진 부조는 당시의 생활 풍경
을 잘 보여준다. 또한 명기明器들도 주목할 만하다.

　명기는 부장품의 일종이다. 고대 중국 사람들은 사후 세계를 믿
었기에 살아 있었을 때처럼 사후 세계에서도 부장품을 가지고 생
활한다고 생각했다. 먼 옛날에 살았던 군주들이라면 죽을 때 노예
나 말 등을 죽여서 넣는 건 물론이고 자기 주변의 물건들을 모조리
다 무덤에 넣을 수 있었겠지만, 보통 사람들은 그렇게까지 할 수는
없었다. 그래서 진한 시대의 사람들은 마치 인형의 집이나 레고 장

난감처럼 인간, 동식물, 가옥, 일상용품 등을 미니어처로 만들어 부장품으로 사용했다. 이런 부장품들을 명기라고 하며 매우 중요한 사료 중 하나다.

이처럼 박물관에 진열되어 호사가의 관심을 끌던 물건도 잘 활용하면 역사학의 사료가 된다. 이런 과정을 '자료의 사료화'라고 부른다. 이 사료화 과정을 착실하게 잘 해나간다면 한층 더 충실한 자료가 만들어질 것이다.

그리하여 작업에 몰두했지만 그래도 타인의 일상생활을 완벽하게 묘사하기는 힘들었다. 그러나 집요하게 사료를 수집한 결과, 최근에서야 드디어 고대 중국의 24시간 생활 풍경을 대략 알게 되었고, 이 책을 통해 독자 여러분에게 그 재미를 전하고 싶었다. 그렇다면 그저 세세한 사료를 나열하기보다는 독자가 진한 시대의 세상으로 시간여행을 떠나는 방식이면 어떨까 하는 생각이 들었다. 그래서 롤플레잉 게임의 체제를 최대한 따르면서 당시의 일상생활을 묘사하기로 했다. 이 이야기가 현대에 사는 여러분들에게 짜릿한 즐거움을 선사하길 바란다.

고대 중국을 여행하기에 앞서

성씨와 이름을 정하자!

고대 중국의 세계로 발을 내딛기 전에 먼저 주인공의 이름부터 새로 정하자. '카키누마 요헤이'라는 이름을 그대로 쓴다면 아마 진한 시대 사람들 대부분이 이상하다고 여길 것이고 사람들과 섞이기 힘들 게 뻔하다. 그러니 먼저 진한 시대의 법도에 맞는 이름으로 바꿔보자.

보통 진한 시대 사람들은 성姓, 명名, 자字로 이루어진 이름을 사용했다. 성은 아득히 먼 옛날부터 있었던 종족의 이름으로, 그 일부는 종족이 거주했던 장소의 이름에서 유래했다고 한다. 수백 년이 흐른 후에 각각의 성을 쓰는 무리들이 커지자 이를 세분해서 구별하기 위해 새로운 종족명이 만들어졌는데, 이것이 바로 '씨氏'다.

기원전 10세기 무렵, 은殷나라를 쓰러뜨린 서주西周 왕조는 가신을 각지에 보내 토지를 나눠주고 자치권을 어느 정도 인정(봉건)하는 대신, 새롭게 그들에게 성을 하사함으로써 가신들과의 관계를 강화, 정비했다. 가신의 입장에서도 역시 정치적으로 도움이 되기 때문에 자진해서 성을 받아들였다. 그러나 얼마 지나지 않아 이런 복잡한 경위는 잊히고 성은 같은 조상을 가진 사람들을 부르는 명칭으로 여겨지게 되었다.

한편 씨는 지배계급들이 가지고 있었으며, 성과 마찬가지로 봉건을 계기로 군주가 하사하는 경우도 있었다. 예를 들어 옛 주나라 왕족은 성이 희姬인데, 왕족이 토지를 받으면 새로운 씨도 함께 하사받았다. 물론 다른 방식으로 씨를 갖게 된 경우도 있지만, 어찌됐건 새로운 씨를 가짐으로써 다른 희姬 성과는 차별화를 도모할 수 있게 되었다. 그런 의미에서 씨는 편리했다.

그러나 전국 시대 무렵부터는 지배계급 외에도 씨를 갖게 되었고 사람들은 '성은 ○○' 혹은 '성은 ○○씨' 등이라고 자칭하기 시작했다. 그 결과, 사람들은 더 이상 유래를 따지지 않았고, 성과 씨를 뒤섞어 사용했다.

성씨는 한나라 때 이미 편중되어 장張, 왕王이 많고 이李, 조趙도 적지 않았다. 이들 성씨는 호적이 처음 만들어진 전국 시대에 국가가 일률적으로 전국에 부여했다고 하는데, 일설에는 전한과 후한의 교체기(양한교체기 즉, 기원전후)가 되어서야 씨를 하사받으면서 대부분의 서민이 씨를 갖게 되었다고 한다.[1] 어쨌든 얼마 지나지 않아 성씨는 막연하게 단일 가족의 이름을 지칭하게 되었다. 도중에 성씨를 변경할 수도 있었는데 예를 들어 전한 초기에 창고 관리인이 된 사람이 성을 창倉씨나 고庫씨로 변경해 자손에게 계승시키기도 했다.[2] 다만 노예에게는 성씨가 없었으며, 공적에 따라 황제나 왕이 성씨를 하사한 뒤에야 호戶, 즉 세대를 꾸릴 수 있었다.

성씨와 별도로 사람들은 이름을 가지고 있다. 예를 들면 유방劉邦의 방邦과 유비劉備의 비備가 이름이다. 죽은 사람의 이름은 휘諱라고 부른다. 당시에는 부모가 아이의 이름을, 군주가 부하의 이름을 부를 수는 있어도 같은 백성들끼리 이름을 부르는 것은 실례였다. 그러므로 삼국 시대의 영웅 유비를 '유비' 또는 '비'라고 부를 수 있는 사람은 당시의 황제와 부모밖에 없었다.

당신의 자는?

그러면 보통 사람들끼리는 서로를 어떻게 불렀을까? 이때 중요한 것이 바로 자字다. 자는 보통 성인이 되면 가지는데, 미성년이라도 가질 수는 있었다. 여성이 자를 가진 경우도 있었는데, 삼국 시대의 장부인張夫人(위나라의 장군, 종회鍾會의 어머니)은 자가 창포昌蒲였고, 보부인步夫人의 딸인 노반魯班은 대호大虎, 노육魯育은 소호小虎라는 용맹한 자를 가졌다. 친구들끼리는 서로를 자 혹은 '성+자'로 불렀다.

예를 들어 진대 말기에 왕이 된 진승陳勝(자는 섭涉)이 어린 시절에 함께 활동했던 사람과 재회했을 때, 그 동료는 진승을 '섭'이라고 불렀다.[3] 또 후한 말에 조조가 명장 문빙文聘을 자기편으로 만들었을 때, 조조는 괜히 친한 척을 하며 문빙의 자를 부른다.[4] 또한 조조는 명령을 어긴 지습脂習을 용서할 때도 친한 듯이 지습의 자를 부른다.

이름과 자를 짓는 방법은 다양하다. 이름은 대개 부모가 짓고, 자는 부모, 가족, 친척 혹은 자신이 짓기도 한다. 백마를 타고 다니는 장백기張白騎, 날렵한 장비연張飛燕, 목소리가 큰 장뇌공張雷公, 눈이 큰 이대목李大目 등[5] 출신이 비천한 사람이 자신의 특징에 맞는 호칭을 정하기도 하는데, 이런 호칭이 자에 가깝다고 할 수 있다. 지금과 마찬가지로 이름을 지을 때는 작명 센스와 교양이 있는 사람에게 맡기는 게 좋다.

예를 들어 삼국 시대의 천재 군사 제갈량 공명諸葛亮 孔明은 제갈이 성이고, 량이 이름, 공명이 자이다. '량亮'은 '밝다', '공명孔明'은 '굉장히 밝다'는 의미로, 정말 밝고 찬란한 느낌의 좋은 이름이다. 제갈공명이 섬겼던 군주인 유비 현덕劉備 玄德 역시 유가 성, 비가 이름, 현덕이 자인데, '비備'는 '용의주도함'을, '현덕玄德'은 '심오한 덕'을 의미하는 말로 이름을 지은 사람이 굉장히 교양 있는 사람이었음을 알 수 있다. 반대로 교육을 받지 못한 시골 출신의 유방劉邦 (전한의 초대 황제)은 부모님 역시 교육을 받지 못했던 듯하고, 그의 자는 '계季(끝이라는 의미)'로 특별한 의미를 전혀 찾아볼 수 없다. 그렇다고 해서 이름이나 자의 한자가 너무 좋은 의미일 때는 거꾸로 이름값을 못한다며 놀림당하게 되므로[6] 적당한 이름을 짓는 것이 가장 좋다.

이름과 자는 시대에 따라 유행이 있다. 『삼국지』에는 천 개 정도

의 자가 나오는데, 자에 사용된 한자 중에는 자子가 가장 많으며 대
개는 첫 글자로 쓰인다. 그다음으로는 문文, 백伯, 공公, 원元이 많고
중仲, 숙叔, 계季, 덕德도 꽤 많으며 이 글자들도 첫 글자로 자주 사
용된다. 따라서 첫 글자로 쓰이는 한자는 대체로 정해져 있는 셈이
다. 한편 두 번째 위치의 한자는 보다 다양한 글자들을 조합해서 쓴
다. 다른 사람과 겹치는 한자를 쓰는 경우도 있어서 자원子遠, 자정
子正, 자명子明 등이 인기가 많았다.

　삼국 시대와는 대조적으로, 춘추 전국 시대에는 의장蟻藏, 견자
犬子, 구자狗子라는 이름을 쓰는 사람도 있었다. 당시에는 그런 이
름도 괜찮았을지 모르겠지만, 후대 사람들이 보기에는 그런 작명
센스가 그저 놀라울 따름이다.[7] 어쩌면 이름에 나쁜 글자를 쓰면
악한 기운을 물리칠 수 있다는 생각에 일부러 그랬을 수도 있다. 이
는 일본의 도요토미 히데요시가 고대했던 아들의 이름을 '기棄(버
리다)'라고 지었던 일을 방불케 한다.

　한번 정했던 이름과 자라도 나중에 바꿀 수 있었다. 예를 들어 등
애鄧艾는 12세 때 어떤 비석에 새겨진 문장에 감명받아 스스로 이
름을 범範, 자를 사칙士則으로 정했으나, 나중에 동족인 어떤 사람
이 자신과 같은 이름을 쓰자 이름을 다시 애艾로 바꾸었다. 또 후한
말의 영웅 관우는 원래 장생長生이라는 자를 사용했으나 범죄를 저
지르고 망명한 뒤 자를 운장雲長으로 바꾸었다. 제갈근의 둘째 아
들인 제갈교는 원래 중신仲慎(仲은 둘째 아들을 의미)을 자로 썼으나
나중에 숙부인 제갈량의 양자로 들어가면서 큰아들이 되었기 때
문에 자를 백송伯松(伯은 장남을 의미)으로 바꾸었다.

이처럼 고대 중국 사람들은 비교적 쉽게 이름과 자를 바꾸었는데, 현대인은 좀처럼 이해하기 힘든 부분이 아닐까 한다. 하지만 언제든지 이름을 바꿀 수 있다는 것은 이 책의 주인공 역시 이름을 아주 자유롭게 바꿔도 좋다는 말이 된다. 그러니 독자 여러분들이 마음에 드는 이름으로 정했으면 좋겠다.

자를 부를 때 주의할 점

이제 주변 사람들에게 말을 걸어 모험을 함께할 동료를 모집해보자. 고대 중국의 세계에는 어떤 위험이 도사리고 있을지 모르기 때문에 적어도 2, 3명의 동료와 함께 다니는 게 좋다.

그런데 누군가를 부를 때 주의해야 할 점이 있다. 앞에서 고대 중국 사람들 대부분은 이름과 자를 가지고 있다고 했는데, 타인이 함부로 이름을 불러서는 안 된다. 황제가 가신의 이름을 부르거나 부모가 자식의 이름을 부를 수는 있다. 서로 친한 관리들끼리는 이름을 부르는 일이 있기도 했지만 원칙적으로는 안 된다.[8] 특히 황제의 실명을 입에 올리면 바로 쫓겨나고, 문서에 황제의 이름에 들어간 한자를 적어도 쫓겨났다. 이 원칙을 '피휘避諱'라고 부른다. 아마 이름뿐만 아니라 황제의 자 역시 입에 올릴 수 없었을 것이다.

예를 들어 전한 시대 황제인 선제宣帝의 이름이 병이病已였기 때문에 모든 공문서에서 '병病'과 '이已', 두 글자는 사용할 수 없었다.

그러나 정작 선제 자신도 이를 불편하다고 생각해 스스로 이름을
'순询'으로 바꾸고 신하들에게 '병'과 '이'를 자유롭게 쓰도록 허용
했다.[9] 삼국 시대 황제인 조환曹奐도 원래 쓰던 이름과 자가 당시에
일상적으로 사용하는 글자여서 신하들이 그 글자를 쓰지 않기는
어렵다고 판단해 즉위한 후에 스스로 이름과 자를 바꾸었다. 만약
가신의 이름이나 자가 황제와 같은 경우에는 가신 스스로 이름과
자를 바꾸는 게 일반적이었다. 예를 들어 손오孫吳의 효심이 지극
하기로 유명한 맹인孟仁은 원래 이름이 맹종孟宗이었는데 손호孫皓
(자는 호종皓宗, 후에는 원종元宗)가 황제로 즉위하자 손호의 자를 피
해서 스스로 이름을 인仁으로 바꾸었다.

  사정이 이러했기 때문에 일찍이 전한의 유방은 정치적으로 맞
수였던 항우項羽(성은 항項, 자는 우羽, 이름은 적籍)를 쓰러트린 후에
항우를 섬겼던 신하들을 검증할 목적으로 그들에게 '적籍'을 말하
도록 시킨 일이 있었다.[10] 현대인이 황제의 이름과 자에 대한 고대
인들의 관념을 이해하기는 아무래도 어려울 듯하다.

  황제가 아닌 사람을 부를 경우라면 이름만 피하고 자는 편하게
불러도 괜찮았을까? 결론만 말하면 꼭 그렇지도 않다. 친구 사이라
면 몰라도 웃어른을 부를 때는 자를 부르지 않는 편이 좋으며, 손아
랫사람을 부를 때도 일을 함께 하는 동료라면 어느 정도 예의를 차
려야 한다. 특히 황제 앞에서는 가신들끼리 대화할 때도 자를 불러
서는 안 된다.[11]

  예를 들어 유비에게 귀순한 마초馬超가 유비의 자를 부르자 그것
을 들은 주위 사람들이 격노했다.[12] 남북조 시대에는 황제가 어린

[29]

시절에 썼던 이름인 소명小名조차 함부로 입에 올릴 수 없었다. 양梁 무제武帝의 어릴 적 이름은 '아련阿練'이었는데 그 때문에 후손들은 비단을 부를 때 '련練' 대신 '견絹'을 사용했다고 한다.[13]

예의에 맞게 부르는 방법

이름도 자도 안 된다면 도대체 웃어른을 어떻게 불러야 할까?

결론부터 말하자면 상대가 황제일 때는 '폐하陛下', 동료나 부하라면 '군君'이나 '경卿' 등이라고 해야 한다.[14] 엄밀하게 따지면 관리의 직책마다 군과 경 사이에도 구분이 있었겠지만 너무 깊이 들어갈 필요는 없다. 큰 원칙은 관리를 부를 때는 '성+관직명'으로 하면 좋고, '성+각하'나 '성+집사'로 불러도 괜찮다.[15] 지금 일본에서 학생이 나를 '카키누마 선생님'이나 '카키누마 교수님'이라고 부르는 것이나 마찬가지다(캇키라고 부르는 학생도 있지만…). 고위직인 사람은 '족하足下'라고 부르기도 한다.[16]

한나라 때는 할아버지를 '가공家公', 아버지를 '가부家父', 어머니를 '가모家母'라고 부르기도 했다. 가족끼리 부르는 호칭은 조금 번거롭다. 예를 들어 다른 집으로 시집간 여성은 원래의 씨를 그대로 쓴다. 지금 용어로 말하면 부부별성이다. 형을 부를 때는 '대형大兄'이라고 부르면 된다.

이외에 욕을 하거나 모욕할 의도로 부르거나 애정을 담아 부르는 방식도 있다. 예를 들어 노예를 부를 때 한나라 때는 '짐승畜産', 남북조 시대에는 '돼지새끼豚', '소새끼犢'라고 불렀다.[17] 상대에게 욕을 할 때는 '애송이孺子', '대머리 영감禿翁', '오소리새끼貉奴' 등 으로 불렀다. 연인끼리는 서로 이름을 부르기도 했고, 강남 지방에 서는 '환歡'이라 부르기도 했다.[18] 이는 지금 영어 표현으로 따지면 'sweetie' 또는 'my sweet heart'에 해당한다. 부인이 남편을 부를 때 는 '경卿'이라고 부르기도 했는데, 당시 '경'은 약간 친밀함을 담은 말로 '당신' 정도의 뉘앙스다.[19]

대화할 때는 1인칭 대명사에도 주의해야 한다. 황제는 스스로 를 '짐朕'이라고 칭했고, 왕과 제후는 시대와 지역에 따라 스스로를 '고孤', '과寡', '과인寡人', '불곡不穀' 등으로 칭했다.[20] 황제 앞에서는 남성이라면 '신臣+이름'으로, 여성이라면 '첩妾+이름'으로 스스로 를 불렀다. 일례로 시문집인 『문선文選』에는 삼국 시대에 제갈량이 황제에게 올렸던 '출사표出師表'라는 유명한 문장이 수록되어 있는 데, 거기에 "신臣 량亮이 말씀드립니다."라고 쓰여 있다. 서민들끼 리는 '나僕'라고 자칭하기도 했다.[21]

이런 원칙은 지금 보기에는 그다지 중요해 보이지 않지만, 일상 을 잘 살아가려면 반드시 알아야 한다. 예를 들어 지금 일본의 분위 기에서 나에게 "어이, 요헤이, 나는 귀족이니까 학점을 좀 줘야겠 어."라고 말하는 낙제생은 없을 것이다. 일본에서 자란 사람이라면 이런 말투에 부자연스런 부분이 몇 군데인지도 쉽게 알 수 있다. 정 상적인 일상생활을 하고 싶다면 옛날이나 지금이나 언어 표현에 신경을 써야 한다. 물론 말투 좀 바꾼다고 해서 학점을 줄 수는 없지만 말이다. 어쨌든 이로써 여러분도 이제 안심하고 다른 사람을 부를 수 있게 되었다. 동료를 모을지 말지는 여러분 각자에게 맡긴다.

지도를 보자 — 군현향리의 구조

모험을 떠나려면 먼저 지도가 필요할 것이다. 이제부터 지도를 펴 놓고 대략적인 목적지를 확인해보자. 당시의 지도는 북쪽을 아래로, 남쪽을 위로 그린 경우가 많아서[22] 지금과는 위아래가 반대니까 헷갈리지 않도록 하자. 가장 오래된 지도로는 전국 시대에 관중觀中 지방을 그린 지도가 있지만[23] 조금 애매하므로, 여기에서는 전한 초기에 장강長江 중류 지역을 상세하게 그린 지도(도판 0-1)[24]를 참고하도록 하자. 지도를 보면 안에 한자가 써져 있는 동그라미가 여기저기에 그려져 있는데, 그 동그라미가 바로 '리里(마을)'다. 리는 일종의 행정 구획을 말한다.

당시 사람들이 살았던 집은 행정 관리상 어느 한 마을에 속해 있었다. 마을 중에는 흙벽으로 둘러싸인 마을도 있고 그렇지 않은 마을도 있다. 나중에 설명할 군성郡城이나 현성縣城처럼 큰 성에는 여러 개의 마을이 포함되는데, 그 마을들은 서로 가까이 인접한 상태로 질서 정연하게 배치되어 있고 마을과 마을 사이에는 원院이라고 하는 흙벽이 있다.[25] 마을들을 둘러싼 흙벽이나 관공서의 벽인 장원墻垣은 관리들이 관리해야 했는데, 지은 지 1년 이내에 부서지

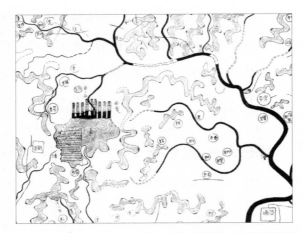

도판 0-1 주군도駐軍圖. 모사〔馬王堆漢墓 출토〕

면 그 벽을 관리하는 담당관은 처벌받았다.[26] 마을에는 문이 있고 그 문을 지키는 감문監門이 있었다. 희망자가 감문을 담당했고 감문에게는 최소한의 식사가 제공되었다.[27] 감문이 하는 일은 아주 단순했기에 주로 신체 장애인들이 그 일을 담당했다.[28]

한편 시골에서는 촌락들이 여기저기 흩어져 있어서 지도에 표시된 리와 일치하지는 않는다. 두 개의 촌락이 하나의 리가 되기도 하고, 두 개의 리가 하나의 촌락에 모여 있는 경우도 있다. 도판 0-1에는 여기저기에 '리'가 그려져 있지만 실제로 사람들이 지도에 표시된 리에 정확하게 나눠 살고 있지는 않았다. 리는 행정 구분일 뿐이므로 자연적으로 형성된 촌락과 반드시 일치하지는 않는다.[29]

실제로 농민들은 농한기에는 마을에 살다가 농번기가 되면 논밭 근처에 오두막집을 지어 살기도 했던 것으로 보이며, 이런 실

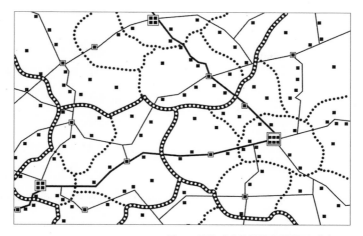

도판 0-2 진한 시대 군현향리郡縣鄕里 예시
※ ■는 마을里, 점선은 향의 경계, 흰 동그라미가
있는 굵은 선은 현의 경계, 가는 선은 간선, 굵은
선은 주요 간선, 마을을 둘러싸고 있는 ▣는 향鄕을
다스리는 치소治所, 여러 개의 마을을 둘러싸고
있는 ▣는 현성縣城, 여러 개의 마을을 둘러싸고
있는 ▣는 군성郡城

정과는 관계없이 호적에는 '○○리'로 등록되어 있었다. 농촌에서
는 마을에서 멀리 떨어진 논밭 근처에 집을 짓고 10여 명이 모여 살
기도 했는데, 그 사람들 역시 호적에는 각자 어느 리에 속해 있었
다.(도판 0-2)[30]

　마을 하나하나의 크기는 다양했으며, 대략 수십~수백 명이 살고
있다. 이런 마을 여러 개를 합하면 향이 되고, 여러 향을 합하면 현
이 되며, 여러 현을 합하면 군이 된다. 시장은 향마다 하나 정도 있
으면 다행이었다.[31] 이에 대해서는 나중에 자세히 설명하겠다.

군현을 다스리는 관청은 어느 한 마을에 설치되었다. 이는 지금 일본에서 도쿄도東京都 신주쿠구新宿区 구청은 신주쿠구 가부키쵸歌舞伎町에, 도쿄 도청은 신주쿠구 니시신주쿠西新宿에 있는 것과 비슷하다. 현을 다스리는 관청이 있는 향을 도향都鄕, 그 이외의 향을 이향離鄕이라 불렀다. 도향 일대는 대체로 높은 성벽으로 둘러싸여 있어 현성이라 불렸고, 만약 군 관청도 함께 있는 경우에는 군성이라 불렸다. 현성 안에는 여러 개의 마을이 있고 성 바깥에도 마을 여러 개가 여기저기 흩어져 있었다. 따라서 당신이 한 제국의 주민이라면 호적상 주소는 '한 제국 ○○군 ○○현 ○○향 ○○리'가 된다.

군성과 현성

군현향리에 거주했던 인구는 시대와 지역에 따라 다양했다. 특히 전한에서 후한에 걸쳐 군현향리의 수는 점점 감소했고, 정후(경찰서)[32]도 크게 감소했다. 그 이유에는 여러 설이 있지만, 여기에서는 일단 넘어가도록 하자.[33] 인구 밀집 지대인 북중국과 인구가 많지 않았던 남중국에서는 도시의 분포에 큰 차이가 있었다.(도판 0-3) 이를 대략 평균해서 말한다면 리는 100호 이하, 향은 1500~2000호, 현은 약 7000~10,000호 정도였다.[34]

황하 중·하류 지역을 예로 들어 군성의 크기를 살펴보면, 눈에

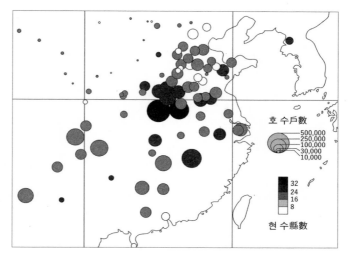

도판 0-3 전한 시대의 인구 분포

띄는 큰 군성으로는 임치臨淄 2200만㎡, 낙양洛陽 1350만㎡, 즉묵
卽墨 1250만㎡, 한단邯鄲 1178만㎡, 상구商丘 1020만㎡ 등이 있고,
그 외에 500만㎡ 전후의 중형 군성들이 드문드문 있으며, 나머지
대부분의 군성은 300만㎡ 전후였다. 현성에는 약 800만㎡인 곡옥
曲沃처럼 예외적인 경우를 제외한다면 100만㎡ 이하가 압도적으
로 많았다. 개중에는 군성보다 큰 현성도 있었다.[35] 원래 군은 몇 개
의 현을 다스리는 행정 단위지만, 시골에 있는 군과 도심에 가까운
현 사이에는 인구 규모가 역전되기 때문이다. 이는 지금의 일본에
서 도쿄도 세타가야구世田谷区의 인구가 돗토리현鳥取県보다 많은
것과 비슷하다.
　군성과 현성 내부는 장관과 관리들이 근무하는 구역인 성城과

평민이 거주하는 구역인 곽郭으로 나뉘며, 두 구역 사이는 흙벽으로 구분되어 있었다. 성을 내벽, 곽을 외벽이라고 하며 이를 합해 성곽이라고 불렀다.

　밤이 되면 현성의 문이 닫히고 함부로 성벽을 넘는 사람은 처벌을 받았다.[36] 이는 낮에도 마찬가지며 마을, 관청, 시장의 벽을 함부로 파손하는 행위도 금지였다.[37]

　이제 전한 시대의 수도인 장안長安의 모습을 한번 살펴보자. 전한 말, 장안현에는 8만 800호, 24만 6200명이 살고 있었다.[38] 이는 장안현 전체의 인구이며, 그들 모두 장안성 안에서 살았던 것은 아니다. 그중에서 일부만 성곽 안에 거주하고 있었을 뿐, 대부분은 성곽 밖 여기저기에 흩어져 살고 있었다. 성곽 안에는 약 160개의 마을이 있었다고 하니, 1리를 100호라고 친다면 성곽 안에는 약 16,000호가 살았다는 계산이 나온다. 성곽 안에는 황제가 거주하는 구역뿐만 아니라 거대한 관청과 숙사가 여기저기에 넘쳐났고, 거기에 약 16,000호의 사람들(민간인 포함)이 살고 있었다.

사투리는 어떡하지?

이상으로 모험을 떠날 준비를 다 마쳤다. 마지막으로 언어 문제도 체크해두자. 당시에는 보통어나 공통어 개념이 없기 때문에 각 마을마다 사용하는 말이 크게 달랐다. 말뿐만 아니라 글자를 사용하는 방법에도 차이가 있었다. 진시황제가 천하를 통일(BC 221년)한 이후에도 언어의 통일은 별로 진전되지 않았으며, 한나라 때는 각지의 사투리를 소개하는 『방언方言』이라는 책까지 나올 정도였다.

시황제는 글자체의 통일도 시도했지만, 한나라가 될 때까지도 그 작업은 그다지 원활하게 진행되지 못했다. 옛날 일본에서도 도쿄 출신인 필자가 지방에 갔다가 말이 굉장히 어색하다고 느꼈던 일이 있었다. 일본에 비해 몇 배나 넓은 중국이라면 다양한 사투리가 있는 게 당연할 터. 지금도 중국 농촌에 조사를 가보면 대화하기 힘든 경우가 자주 있을 정도라, 이제 와서 굳이 하나의 언어로 통일하는 게 맞을까 하는 의문이 들기도 한다. 그러므로 이제부터는 독자 여러분이 「도라에몽」에 등장하는 아이템인 '번역 곤약(언어 장벽을 해결해주는 음식)'을 먹었다고 가정하고 이야기를 이어가겠다.

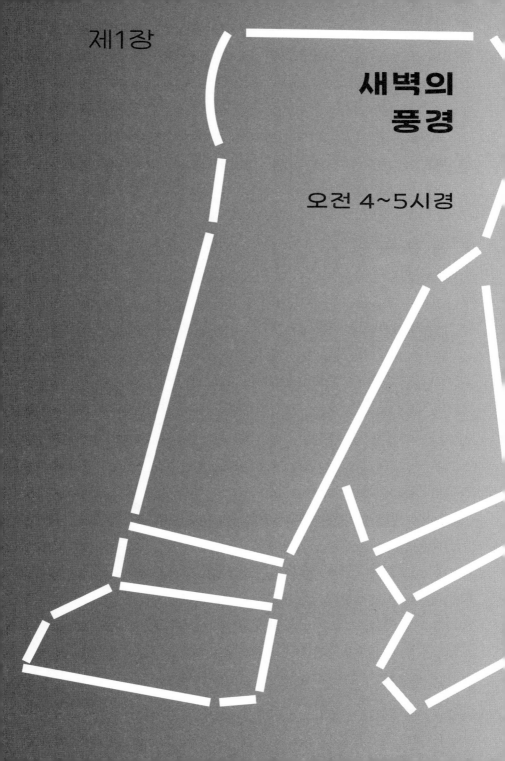

제1장

**새벽의
풍경**

오전 4~5시경

서광이 비치는 판도

동쪽 하늘이 서서히 밝아오며 여느 때와 같은 하루가 또 시작되고 있다. 내륙에 있는 대도시 낙양雒陽, 이하 洛陽[1] 주변은 예로부터 중원中原이라 불린다. 그 일대는 평탄한 지형이라 태양을 가로막는 것이 거의 없다. 그러나 제국의 영토는 매우 넓기에 이 시간대에 아직 햇빛이 비치지 않는 곳도 있다. 제국은 북쪽으로 황하黃河, 중앙에는 약간 짧은 회수淮水, 남쪽으로는 장강長江에 이르는 영토를 자랑한다. 대륙은 전체적으로 서고동저의 지형이므로 이 강들은 모두 서쪽에서 동쪽으로 흐른다. 한나라 때 사람들 역시 그 사실을 알고 있었다.[2]

　황하 유역에는 누런색의 황량한 대지가 펼쳐져 있고 드문드문 숲과 초원도 보인다.[3] 황하의 물은 원래 맑았다. 그래서 고대에는 황하를 그저 '하河'라고 불렀고 그 유역에는 넓은 삼림도 있었다.

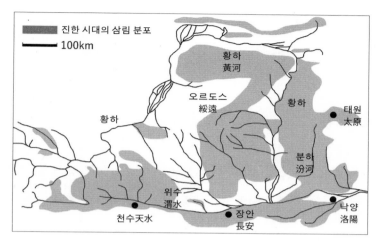

도판 1-1 진한 시대 황하 중류 지역의 삼림 분포
(현존하는 삼림지대 포함)

그러나 진한 시대가 되었을 때 이미 황하의 물은 상당히 누렇고 탁
해졌으며 그 물이 닿는 곳들은 토사로 뒤범벅이 되었다. 게다가 시
골과 달리 도시 근처를 흐르는 하천은 생활 하수로 오염되면서 더
욱 더러워졌다.[4]

　　그래도 화북華北 전체를 보면 숲과 초원이 여전히 남아 있다.(도
판 1-1) 시간이 흐르면서 생기는 이런 경관의 변화가 자연에 의한
것인지 인위적인 것인지는 판단하기 어려우므로[5] 현대 자연 경관
과의 차이에 너무 집중할 필요는 없다. 하지만 동식물의 생태계에
는 확실히 시대에 따라 차이가 있었다.

넓게 펼쳐진 다양한 숲

한반도와 황하 중·하류 지역에는 드문드문 낙엽수들이 자라고 있다. 이 나무들은 온대림이라고도 불리며 여름이 되면 푸른 잎으로 무성해진다. 나무의 종류는 주로 신갈나무와 깃참나무이며 가을에 단풍이 들었다가 겨울이 되면 낙엽이 떨어지고 앙상한 가지만 남아 스산한 느낌을 준다. 하지만 그 대신 가지 사이로 햇볕이 잘 든다. 이런 낙엽수림대에서는 계절마다 다른 경치를 즐길 수 있을 뿐만 아니라 전분이 많은 과실인 밤을 수확할 수 있다는 이점도 있다. 사포닌이나 탄닌 등의 독소를 가진 나무의 열매도 있지만 잘 조리하면 먹을 수 있다. 이처럼 낙엽수림대는 예로부터 사계절을 느낄 수 있는 아름답고 유익한 숲이었다. 다만 낙엽수림대는 화북에만 드문드문 있을 뿐, 그 밖에는 초원과 황량한 황토색 대지가 펼쳐져 있다.

한편 장강 유역은 더욱 울창한 숲으로 덮여 있다. 이곳에는 주로 떡갈나무, 녹나무, 메밀잣밤나무, 동백나무와 같은 조엽수들이 자란다.(도판 1-2)[6] 조엽수는 겨울에도 잎이 지지 않는 상록활엽수로, 광택이 있는 잎이 특징이다. 마치 지브리 스튜디오에서 만든 영화 「원령공주」(미야자키 하야오 감독)에 나올 법한 경치다.[7] 겨울에도 잎이 지지 않기 때문에 이 삼림지대에는 계절을 불문하고 햇볕이 잘 들지 않는다. 그러다 보니 조엽수림대는 예부터 인간이 아닌 존재들이 살고 있는 곳으로 여겨졌고, 그곳을 지나던 사람들이 신이나 도깨비를 만났다는 전설도 많다. 마치 「원령공주」에 등장하는

도판 1-2　참나무대와 조엽수림대

숲의 신인 사슴신, 300년을 산 들개 모로, 멧돼지 산신 옷코토누시
처럼 말이다.

　사실 한나라 때도 장강 유역에는 코끼리가 서식하는 등 지금의
중국과는 생태계가 아주 달랐다.(도판 1-3)[8] 그래서 죄인이나 지방
정부의 압제 정치에 시달리는 백성들이 도망치다가 그곳으로 들
어가는 경우가 있었는데, 한번 그곳으로 들어간 사람들을 다시 잡
아들이기는 굉장히 어려웠다. 그 사람들은 산월山越, 이夷 등으로
불렸으며, 오랜 세월 동안 외부 사람들과 접촉하지 않은 사람도 있
었다. 4세기 말~5세기 초에 활동했던 시인 도연명은 어떤 사람이
산천을 헤매다가 복숭아가 만발한 별천지를 발견하고 그곳에서

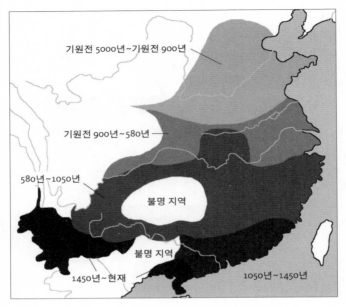

기원전 5000년~기원전 900년

기원전 900년~580년

580년~1050년

불명 지역

불명 지역

1450년~현재

1050년~1450년

도판 1-3 코끼리의 남방 이동

머물렀던 이야기를 엮어 『도화원기桃花源記』를 썼는데, 이 역시 산
에서 살던 사람과 평지에서 살던 사람들로 나뉘던 당시의 상황을
바탕으로 한 문학작품이다.[9]

　울창한 삼림지대나 깊은 산속에 사는 사람들 중에는 독특한 사
상이나 종교를 가진 사람도 있다. 예를 들어 사천성의 깊은 산속에
는 사람들이 성왕 우聖王 禹와 관련된 종교적 성역이라고 여기는
장소가 있는데, 도망자라도 일단 그곳에 들어가면 잡아들일 수 없
었다.[10] 서양사에 나오는 아질Asyl과 같은 장소인 셈이다. 정말 「원
령공주」에 나오는 '사슴신의 숲'과 같은 이미지라고 할 수 있다.

동서의 시차

이처럼 북쪽의 황하와 남쪽의 장강 유역은 새벽 경치조차 크게 달랐다. 이런 전망의 차이는 대륙의 동쪽과 서쪽에서도 나타난다. 시차가 있기 때문이다. 동해안에서 해가 떠오를 때 낙양 서쪽의 대도시 장안과 서북의 돈황 같은 도시는 여전히 캄캄한 밤이다. 일찍이 한 왕조가 실크로드를 다스렸을 당시에는 영토가 동서로 길게 펼쳐져 있었기 때문에 동쪽과 서쪽의 시차는 훨씬 더 커서 무려 3시간에 달했다.

그래서 같은 오전 4시경이라도 동해안 사람들과 돈황 사람들이 바라보는 경치는 서로 달랐다. 실제로 당시 사람들 중에서는 시차 때문에 풍경이 다르다는 사실을 알아챈 사람도 있었다.[11] 한의 서쪽으로는 중앙아시아가 펼쳐져 있고, 영토의 끝인 타림 분지Tarim Basin(타클라마칸 사막)에도 병사가 주둔하고 있었다. 동쪽에서는 해가 떠오르고 있었지만 타림 분지에서는 보초병을 제외하면 모두 깊은 잠에 빠져 있을 시간이었다. 해가 긴 한여름일 경우 제국 전체가 어둠에 덮여 있는 시간은 몇 시간 정도에 불과했고, 그 이외의 시간에는 제국의 동쪽이나 서쪽의 어딘가에서 태양을 볼 수 있었다. 또 해가 졌다고 해서 모든 사람들이 잠에 들지는 않았으므로, 진한 제국은 실로 '잠들지 않는 제국'이었다.

고대인의 계절 감각

당시에는 아직 그리니치 표준 시간이 없었기에, 사람들은 지금처럼 정확하게 시간을 따지며 살지는 않았다. 만리장성 너머의 북쪽에서는 서기 1000년경이 되었을 즈음에도 일과 월에 대한 개념조차 뚜렷하지 않았다.[12] 제국의 한쪽 구석에 사는 사람들이 월, 일, 시각에 얼마나 신경을 썼는지는 알 수 없지만, 분초 단위로 시간을 따지며 살았던 사람은 거의 없었다.

먼저 고대인의 계절 감각을 이해하기 위해 당시 사용되던 한자에 주목해보자. 원래 '일日'은 태양, '월月', '석夕'은 달, '조朝'는 달빛 아래에서 잔디 사이로 태양이 떠오르는 모양, '년年'은 곡물이 열리는 모양을 나타내는 상형 문자다. 또 '춘春'은 초목이 싹트는 모양, '추秋'는 귀뚜라미 같은 곤충 모양을 나타내는 상형 문자라는 게 일반적인 해석이다. 결국 먼 옛날에 살았던 사람들은 천문, 곡물, 생물의 모양을 보고 시간과 계절을 감지했음을 알 수 있다.

특히 농업과 상업에 종사하는 사람은 예민한 계절 감각을 가지고 있었다. 그렇지 않으면 자신의 생업에 지장이 생기기 때문이다. 그래서 그들에게 달력은 중요했다. 각 시대의 군주들도 천체 관측을 통해 달력 만드는 일을 중요하게 생각했다. 여기에는 백성들의 삶을 지킨다는 명목도 있었지만, 하늘의 뜻을 제대로 파악해 제사에 차질이 생기지 않도록 하는 것이 더 중요한 이유였다. 이렇게 천문 관측을 통해 달력을 만드는 일을 관상수시觀象授時라고 부른다.

그런 가운데 1년을 사계절로 나누는 인식도 생겨났다. '하夏'와

'동冬'이라는 글자는 은나라 때(BC 11세기에 멸망)는 존재하지 않았
다. 그럼에도 동지冬至, 춘분春分, 하지夏至, 추분秋分에 관한 인식과
일출, 일몰을 관측하는 시스템은 은나라 이전부터 이미 정비되고
있었다.[13] 이처럼 고대 중국인들도 대략적으로나마 계절과 달력을
파악하는 일을 중요하게 생각했다.

시간에 대한 관리

진한 시대의 군주와 관리는 계절뿐만 아니라 시간을 파악하기 위
한 노력도 했는데, 그런 시도의 일환이 바로 물시계를 사용해 하루
를 백 개로 분할한 백누각제百漏刻制다.(도판 1-4) 물시계의 눈금은
하루 100각刻이며, 1각의 시간은 균등하다. 시각은 일출을 기준으
로 세어서 결정하므로, 계절마다 낮과 밤의 길이가 변한다.

　예를 들어 동지에는 낮이 40각, 밤이 60각이고 하지에는 낮이
60각, 밤이 40각이었으며, 9일마다 1각씩 낮과 밤의 길이가 변하는
식이었다. 한편 물시계는 도중에 120각으로 바뀌기도 하는 등 약
간씩 변경되는 부분도 있었다.[14] 물시계는 당시의 최고 기술로 만
든 정밀기기로[15] 집집마다 하나씩 있는 게 아니라 기껏해야 도시나
마을에 한 대가 있으면 다행이었다. 지방 행정부인 현이나 향에는
시계를 담당하는 관리가 있어서, 해가 뜰 때는 북을 쳐서 아침을 알
리고 해가 질 때는 종을 울려 밤을 알렸다.[16] 『주례周禮』에는 군대

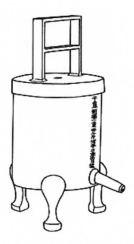

도판 1-4 한나라 때의 구리 물시계. 모사
〔內蒙古自治區 伊克昭盟 출토〕

를 따라다니면서 물시계를 관리하는 '설호씨挈壺氏'와 국가의 제례를 치를 때 이른 아침에 큰 소리로 시각을 알리는 '계인鷄人'이라는 관직이 실려 있다. 『주례』는 전한 말에 유명했던 사료로, 그보다 이전 시대에 이미 시간을 담당하는 관리가 있었음을 보여준다. 또한 남북조 시대(439~589년)의 시가에는 효종曉鐘(새벽의 종)이라는 말이 나오는데, 아마도 새벽에는 북뿐만 아니라 종을 울리는 곳도 있었던 것 같다.

이처럼 진한 시대의 관리는 계절, 날짜, 하루의 시간에 이르기까지 세세하게 파악하려고 노력했다. 그러다 보니 진한 제국에도 월, 일, 시각에 집착하는 사람이 아예 없는 것은 아니었다. 하지만 평범한 삶을 살아가는 백성들까지 그렇지는 않았다. 백성들 대부분은

오히려 물시계에 그다지 신경 쓰지 않고 하루를 좀 더 크게 나눠서
대충 생활했던 것으로 보인다.

시간의 명칭

현재 우리는 하루를 24시간으로 나누고 있는데, 고대 중국은 그렇
지 않았다. 역사적으로 중국에서는 대개 지금의 오후 11시~오전
1시까지를 '자子', 오전 1시~오전 3시를 '오午', 오전 3시~오전 5시
를 '인寅'으로 하고, 자子, 축丑, 인寅, 묘卯, 진辰, 사巳, 오午, 미未, 신
申, 유酉, 술戌, 해亥의 순서로 하루를 12등분 하는 십이시진제十二時
辰制를 사용했다. 한데 사실 십이시진제는 그렇게 오래전에 만들어
진 것이 아니다. 십이시진제는 남북조 시대에 제도화되어 당송 시
대 이후에 보급된 것으로 보인다. 즉 한나라 때는 24시간제는커녕
하루를 12등분 하는 방식도 확립되지 않았다고 한다.[17] 이 점에 대
해서는 다른 주장도 있지만 십이시진제가 성립된 시기에 관한 논
의는 이 정도만 하겠다.

　그보다 여기에서 주목하고 싶은 점은 한나라 때 사람들이 시간
을 자신들에 맞게 대략적으로 구분해서 이름을 붙였다는 사실이
다. 시각의 명칭은 다양하게 변형돼 사용되어서 하루를 16개로 나
눈 사료도 있고 28개로 나눈 사료도 있다. 그중에서 어느 것이 공
식적인 제도인지에 대한 판단은 차치하더라도 지역이나 시대에

따른 차이에 대해서도 논란의 여지가 있다.

　먼저 문헌과 간독簡牘에 나오는 시각의 명칭을 확인해보도록 하자. 전국 시대의 수호지진간睡虎地秦簡에는 12개, 방마탄진간放馬灘秦簡에는 16개, 진秦 제국 시대의 주가대진간周家臺秦簡에는 28개, 전한 전기의 공가파한간孔家坡漢簡에는 10개, 『회남자淮南子』에는 13개, 전한 후기~후한 전기의 현천한간懸泉漢簡에는 32개, 거연구간居延舊簡에는 27개, 후한 시대의 『논형論衡』에는 12개의 시각 명칭이 나온다.(표 1-1)

　참고로 이들 간독의 이름은 사실 현대 연구자들이 붙였으며, 옛사람들이 그렇게 불렀던 것은 아니다. 간독에 이름을 붙이는 규칙은 간단해서 대개 '출토된 장소+시대+간簡'으로 이름을 붙인다. 예를 들면 '호북성 운몽현 수호지睡虎地에 있는 전국 시대 진나라의 유적에서 출토된 간독'은 '수호지진간睡虎地秦簡'이라고 이름 붙인다. 그리고 거연居延 지방에서는 간독이 여러 번 출토되었기 때문에 예외적으로 1930년대에 출토된 간독을 '거연구간居延舊簡'이라 부르고 1970년대에 출토된 간독을 '거연신간居延新簡'이라고 부르며 구별하는 것이 일반적이다. 그런데 최근에 다시 새로운 간독이 발견되면서 신과 구로 구별하기는 곤란해지는 바람에 연구자들의 두통거리가 되고 있다. 이외에 악록서원岳麓書院이라고 하는 연구기관이 골동품 시장에서 구입한 진나라 때의 간독은 악록서원장진간岳麓書院藏秦簡이라 불린다.

　어쨌든 표 1-1을 보면 알 수 있듯이 여러 사료에 나오는 시간의 명칭은 굉장히 비슷하지만 완벽하게 일치하지는 않는다. 아무래도

시각의 명칭 중에는 일본의 '동틀 녘明け方(날이 밝아지려 하는 모양)'이나 '해 질 녘誰そ彼('거기 누구'라는 의미로 어둑어둑해서 사람을 구별하기 힘든 시간)'처럼 비교적 모호한 구분이 포함되어 있는 듯하다.

명칭들을 살펴보면 시각명은 최대로 잡아도 30개를 넘지 않으며, 그 순서도 대략 알려져 있다. 명칭에 쓰인 글자를 보면 '평단平旦(旦은 해가 지평선 위로 올라온 모양)'과 '일출日出'은 해돋이, '일중日中'은 정오, '일입日入'과 '황혼黃昏(하늘이 황색으로 물든다는 뜻)'은 일몰, '야중夜中'은 심야에 관계되는 것이 틀림없어서, 대략 지금의 24시간제와 어떻게 대응되는지 짐작할 수 있는 단서가 된다.

예를 들어 낙양에서 해가 뜨는 시간은 대체로 오전 5〜7시 무렵이다. 그렇다면 '평단'이나 '일출'은 그때쯤이라고 봐도 좋을 것이다. 평단을 기준으로 하면 '계명鷄鳴'은 오전 4시, '식시食時'는 오전 9시 언저리의 시간대가 된다. 물론 앞에서 말했던 것처럼 한나라 때와 지금의 시각을 정확하게 대응시킬 수는 없으며, 한나라 때의 시간명이 지금으로 치면 대략 몇 시쯤인지 추측할 수 있을 뿐이다. 그리고 표 1-1에서 볼 수 있듯이 각각의 시각명은 당시 사람들이 그 시간대에 무엇을 했는지 엿볼 수 있는 훌륭한 사료이기도 하다.

새벽의 한때

지금은 오전 4〜5시경, 시각으로 말하면 대략 '계명'일 터이다. 바

표 1-1 여러 사료를 통해 살펴본 진한 시대의 시각명

사료명 \ 시각	방마탄진간 放馬灘秦簡	수호지진간 睡虎地秦簡	주가대진간 周家臺秦簡	공가파한간 孔家坡漢簡	
6시경	평단平旦	평단平旦	평단平旦	평단平旦	
	일출日出	일출日出	일출日出	일출日出	
			일출시日出時		
	숙식夙食		조식蚤食	조식蚤食	
9시경		식시食時	식시食時		
	막식莫食	막식莫食	식좌食坐	막식莫食	
			정식廷食		
			일미중日未中		
12시경	일중日中	일중日中	일중日中		
	일서중日西中				
			일과중日過中		
		일실日失	일실日失	일실日失	
	혼칙昏則	하시下市		□시市*	
		용일舂日	포시餔時	모시暮市	
		우양입牛羊入			
15시경			하포下餔		
	일하칙日下則		석시夕時		
	일미입日未入		일참입日毚入		
	일입日入		일입日入		
18시경		황혼黃昏	황혼黃昏	황혼黃昏	
	혼昏		정혼定昏		
			석식夕食		
21시경		인정人定	인정人鄭	인정人鄭	
	야막夜莫		야삼분지일夜三分之一		
	야미중夜未中		야미반夜未半		
0시경	야중夜中		야반夜半		
	야과중夜過中		야과반夜過半		
3시경			계미명鷄未鳴		
			전명前鳴		
	계명鷄鳴	계명鷄鳴		계명鷄鳴	
			계후명鷄後鳴		
			참단毚旦		

*(□는 없는 글자)

	현천한간 懸泉漢簡	거연구간 居延舊簡	『논형』 論衡	『회남자』 淮南子
	평단平旦	평단平旦	평단平旦	단명旦明
	일출日出	일출日出	일출日出	
	이간二干			
	조식蚤食	조식蚤食		조식蚤食
	식시食時	식시食時	식시食時	
	식좌食坐	식좌食坐		
		우중禺中·동중東中·일동중日東中	우중隅中	
	일미중日未中			
	일중日中	일중日中	일중日中	정중正中
		일서중日西中·서중西中·질중昳中		
		일과중日過中		
	일실日失		일질日昳	
	조포蚤餔			소환小還
	포시餔時	포시餔時	포시餔時	포시餔時
	포좌餔坐			대환大還
	하포下餔	하포下餔		고용高舂
	석시夕時			하용下舂
	일미입日未入			현거懸車
	일입日入	일입日入	일입日入	
	혼시昏時	황혼黃昏	황혼黃昏	황혼黃昏
		야혼夜昏		
	정혼定昏	혼시昏時		정혼定昏
	야식夜食	야식夜食		
	인정人定	인정人定	인정人定	
	기소반幾少半			
	야소반夜少半			
	야과소반夜過少半			
	야기반夜幾半			
	야반夜半	야반夜半	야반夜半	
	야과반夜過半	야과반夜過半		
	야대반夜大半			
	대신大晨			
	계전명鷄前鳴	계전명鷄前鳴		
	중명中鳴	계명鷄鳴·계중명鷄中鳴	계명鷄鳴	
	후명後鳴	계후명鷄後鳴		신명晨明
	기단幾旦			비명朏明

로 그때 후궁에서는 시간이 남아돌아 지루함에 지친 여성이 이른 아침을 맞는다. 그녀는 기분도 좋지 않고 잠도 잘 오지 않는다. 어떤 이는 시간을 알리는 종소리에 진저리를 치며 천천히 움직이는 물시계의 바늘 소리조차 지긋지긋해한다.[18] 아이를 낳지 못했기에 버려진 여성들 중 누군가가 '계명'에도 잠들지 못하고 한숨을 쉬며 정원을 걷는다.[19]

옛말에 이르길 "지사는 낮이 짧음을 아쉬워하고, 수심이 가득한 사람은 밤이 긴 것을 안다."고 했듯이,[20] 사람마다 시간의 흐름을 다르게 느낀다. 감옥에 갇혀 있는 사람은 하루가 길게 느껴지겠지만 오늘 처형되는 사람이라면 하루가 짧게 느껴질 것이다.[21] 오늘도 이렇게 저마다의 하루가 시작된다.

아직 해가 뜰 시간은 되지 않았기에, 대부분의 사람들은 잠들어 있다. 그러나 조금 있다가 평단(아침 6시경)이 되면 조정에서는 조회가 시작된다. 그 때문에 회의가 있는 날에는 이미 궁성 앞에 관리들이 모여 문이 열리기를 기다린다.[22] 실제로 전한의 무제는 평단에 조서를 내리고 관리들은 '식시(아침 9시경)'까지 그에 대한 자신들의 의견을 올렸다.[23] 우리들 미래인에 관한 일이 황제의 귀에 들어간 것도 어느 날 이 시간대에 일어난 일이다.

황제가 참석하는 회의는 매일 열리지는 않으며, 황제가 5일에 하루 정도 정무를 돌본다면 성실한 편이다.[24] 매월 1일과 15일에는 정책을 결정하는 회의인 공경의公卿議가 열리는데, 이때는 일부 정부 고관뿐만 아니라 황제도 이른 아침부터 출석해야 한다.[25] 3세기 말에 쓰인 시는 '새벽부터 문서를 정리하고, 밤이 되어도 잠을 잘 여가가 없다'고 노래했는데, 한창 바쁜 시기에는 회의가 없는 날에도 관리들은 이미 신경을 곤두세우고 있다.[26] 조정의 관계자가 이렇게 아침 일찍 일어날 수 있는 이유는 그만큼 밤에 일찍 잠들기 때문이다.

새벽 소리들이 그리는 풍경

일부 정부 관계자를 제외하면 아직도 다들 잠에 빠져 있다. 그런 그들을 비웃기라도 하듯 갑자기 닭이 요란스럽게 울어대기 시작한다.

원래 닭은 제 몸속에 있는 시계에 따라 행동하는데, 보통은 아침 해가 뜨기 약 2시간 전에 울기 시작한다.[27] 지금의 낙양이라면, 매년 4월에는 오전 5시 15분경에 해가 뜨기 시작하므로 닭이 울기 시작하는 시간은 오전 3시 15분 전후라는 계산이 나온다. 하지만 양주揚州(상해 부근)에 머무르고 있던 엔닌円仁 스님은 개성3년開成三年(838년) 7월 19일 묘시卯時(오전 6시경)에 닭이 우는 소리를 듣는다.[28] 그렇다면 닭이 우는 시간은 상당히 애매해서, 대략 오전 3시~6시경이라고 하는 게 맞을 듯하다. 한나라 때의 시간 명칭을 보면, 마침 그 시간대를 '계미명鷄未鳴', '계명鷄鳴', '계후명鷄後鳴' 등으로 부르고 있다. 게다가 닭은 서로 울음을 주고받는다. 우두머리격인 수탉 한 마리가 울면 근처에 있는 수탉들도 덩달아 일제히 울기 시작하는 것이다. 그렇게 닭 울음소리는 밤의 고요함을 무참히 부쉬버린다.

닭 울음소리와 함께 많은 사람들이 깨어난다. 특히 농사를 짓기 위해 논밭 옆에 지은 오두막집에서 사는 사람들은 종소리와 북소리를 들을 수 없기 때문에 아침 해와 닭에 의지해 일어난다.[29]

집에서 가장 먼저 일어나는 사람은 누구일까? 당시 사람들에게 있어서 중요한 행동 지침 중 하나가 유학이다. 유학은 춘추 시대에 공자가 창시하고 그 제자들이 전승, 발전시킨 학문이다. 전한 후기가 되면 유학 사상은 관학(나라에서 공인한 학문)의 중심이 되어[30] 상류계급의 생활지침으로 자리매김한다.

유학에서는 아이가 부모와 조부모에게 효도해야 한다고 가르친다. 효도란 남성 후손을 남겨서 대대손손 조상에 대한 제사를 잘 지내는 것은 물론이고, 부모와 조부모를 존경하고 받들며 배려하고 닭이 울 때 일어나 부모와 조부모를 보살피는 것까지 포함한다. 그렇다면 "꼬끼오—."라는 소리가 울리는 시간에 효성이 지극한 이들은 얼른 일어나서 아침 준비를 시작했을 것이다.

다만 유가 경전에는 "예는 서인에게 이르지 않는다[31](서민은 유학의 예법을 지키지 않아도 된다)."고 되어 있다. 즉 실제로 대부분의 백성들은 예법에 얽매이지 않았다. 하물며 모든 자식이 효자였을 리도 없다. 어떤 부모는 망나니 같은 자식들에게 괴롭힘당하다가 마침내 자식을 죽여달라고 관청에 신고하는 경우까지 있었을 정도다.[32] 집집마다 사정은 다양했을 테지만 실제로 가장 먼저 일어나는 사람은 노비들과 아침 식사를 준비하는 어머니일 가능성이 크다.

마침내 아침 해가 낙양성 동쪽 성벽을 구석구석 비추기 시작한

다. 근처 마을들을 어렴풋이 덮고 있던 아침 안개도 서서히 사라진
다. 마을 근처에 펼쳐진 숲에 햇빛이 쏟아지자 짐승들도 일어난다.
궁전 안에서는 벌써 궁녀와 환관이 바쁘게 돌아다니고 있다.

　시골 마을의 아침은 이상할 정도로 조용하다. 마을과 시장은 여
전히 문이 닫혀 있어 상품을 들여올 수도 없다. 가만히 귀를 기울여
보면 말 울음소리가 희미하게 들리고 돼지와 소가 우는 소리도 들
려온다. 변경지대도 조용하기는 마찬가지다. 이렇게 이른 아침에
무슨 소리가 난다면 대번에 봉화대 불침번들의 눈총을 받을 뿐이
다. 배수로에서는 졸졸 물이 흐르는 소리가 나지만[33] 신경 쓰일 정
도는 아니다.

　조금 더 귀를 기울이면 나방이나 파리가 날아다니는 소리가 들
린다.[34] 계절과 지역에 따라서는 모기나 등에가 생겨서 밤새 잠을
설치게 만드는 경우도 있는데 그럴 때는 모기장을 쓰는 게 좋다.[35]
어떤 집에서는 아기 울음소리도 들린다. 생물학적으로 아기들은
낮에 잠을 많이 자고 밤에 잠을 자지 않는 경향이 있어서 밤에 그렇
게 울어댄다.[36] 이는 고대 중국의 아기들이라고 해도 다르지 않다.
또 이 시간대에 기저귀에 오줌을 싸고 우는 아기도 있다. 고대에는
기저귀를 강보襁褓라고 불렀는데, 이 말은 아기를 가리키는 대명사
로도 사용되었다.[37]

　누군가가 잠꼬대를 하는 소리도 들려온다. 전국 시대 한나라의
소공昭公은 잠꼬대를 아주 잘 들릴 정도로 크게 하는 사람이라 국
가기밀을 아내와 첩에게 누설할 위험이 있었다. 그래서 소공은 늘
혼자서 잠을 잤다고 한다.[38]

뒷골목의 주정뱅이

이제 다시 도시로 눈을 돌려보자. 도시 뒷골목에서 한 남자가 비틀
거리며 남의 집 담벼락에 기대 서 있다. 그 남자는 연신 중얼중얼하
며 무언가를 말한다. 이때쯤이면 길을 가는 사람도 있고 이미 일어
난 사람도 있을 정도니[39] 뒷골목에 주정뱅이 한 사람 어슬렁거린
다고 해도 이상한 일은 아니다.

　한나라 때 법률에는 세 명 이상 모여서 함께 술을 마시는 군음群
飮이 금지되어 있었다.[40] 술에 취한 이들이 의기투합해 술을 마신
다고 해놓고 뒤로는 모반을 계획할 수도 있기 때문이다. 그러나 이
법이 언제 발효되었고 어떤 제한 조건이 붙었는지는 자세히 알지
못한다. 왜냐하면 사료 여기저기에서 관리들이 군음하는 사례를
찾아볼 수 있기 때문이다.[41]

　한편 선술집은 늘 손님들로 북적였다. 전한의 고조高祖 유방劉邦
에게는 단골 선술집이 두 군데 있었는데, 유방이 가게를 찾을 때마
다 늘 손님으로 넘쳐났다고 한다.[42] 저녁이 되면 시장은 문을 닫고
도시의 대로는 통행이 제한된다.[43] 그렇다고 대로에서 잠을 잘 수
는 없으니 사람들은 도시에 있는 선술집이나 도시 밖에서 몰래 영
업하는 술집에서 술을 마셨다. 지금 눈앞에서 비틀거리고 있는 이
남자 역시 그렇게 술을 마시는 바람에 이 꼴이 되었을 것이다.

　이 남자 말고 옆 골목에도 또 다른 남자가 술에 취해 주저앉아 있
다. 가련하게도 그 남자는 도둑들에게 홀랑 털리는 중이다. 몇 시
간 후에야 이 주정뱅이는 수중에 있던 몇 푼의 돈이 다 없어진 걸

깨닫고 아연실색할 것이다. 누가 훔쳐갔는지 증거라도 찾을 수 있
으면 다행이겠지만 그럴 가능성은 별로 없다. 감시 카메라도 없고
지문을 분석하는 기술도 없는 이 시대에 목격자가 없는 범죄에서
증거를 잡는다는 건 거의 불가능하다. 단서라고 해봐야 인간관계
정도가 전부다. 혹 그 지역의 건달들을 이 잡듯이 뒤진다면 단서가
나올지도 모르겠지만 말이다.

실제로 진나라 때 마을에 강도사건이 발생해 관리가 시장의 건
달들을 수사한 적이 있었다.[44] 그런 수사를 담당하는 관리는 영사
令史와 옥사獄史라고 불렸다. 만약 이미 피의자가 어느 정도 좁혀졌
다면, 경찰 역할을 하는 위尉, 사리士吏, 가졸街卒 들이 뒤쫓아 잡는
일에 나선다.[45] 그들은 적책赤幘이라고 하는 붉은 천을 머리에 두
르고 있기 때문에[46] 상당히 눈에 띄었을 것이다. 어쨌든 죽지 않았
으니 그나마 다행이다. 당시 길가에는 해골이 눈에 띄는 일이 자주
있었고[47] 시체가 쌓여 있는 경우도 있었으며[48] 성 밖은 더욱 위험
했기 때문이다.

제2장

양치질하고
머리를 빗다

오전 6시경

기상

들창으로 아침 햇살이 방에 쏟아진다. 상류층이 사는 저택은 문에 튼튼한 빗장이 질러져 있고 관부의 문은 자물쇠로 잠겨 있다.[1] 들창은 나무로 짜 맞춰서 만드는데, 나무로 된 문이 달려 있는 경우도 있다. 밤이 되면 닫아두기는 하지만, 꼭 들어맞지는 않기 때문에 틈새로 햇빛이 들어온다. 가끔 바람이 불 때면 문이 덜컹거리는 소리가 나기도 한다.

변경지대에 주둔하는 병사들은 대충 얼기설기 지은 막사에서 지내다 보니, 아침이면 지붕 틈새로 들이치는 햇볕 때문에 고역을 치른다. 무더운 여름날에는 이불을 덮지 않고 자는 사람도 있고 여름용 홑이불을 덮고 자는 사람도 있다. 반대로 추운 겨울이 오면 두툼한 솜이불을 덮고 싶어질 것이다. 하지만 가난한 사람들은 삼베 이불만 있어도 감지덕지다.[2] 부부들은 사랑하기 때문인지, 이불을

두 채나 사기는 힘든 형편이라 그런지 모르겠지만 아무튼 둘이서 한 이불을 덮고 자는 사람들도 있다.[3]

　1장에서 말했듯이 현이나 마을에는 시계를 담당하는 관리가 있어서 일출 시각에 북이나 종을 울려 아침이 되었음을 알린다. 그렇게 아침을 알리는 신호가 울리면 마치 기다렸다는 듯이 관문과 도시의 문이 잇따라 열리고 소란스러운 소리들이 커다란 도시를 가득 메운다.[4] 이는 남북조 시대에도 마찬가지여서, 시가에서는 '아침 일찍 궁궐 문이 열리고, 황제가 다니는 도로에는 봉황의 울음소리가 울려 퍼진다'고 노래했다.[5]

아침부터 바쁜 우편

수도로 이어지는 도로에는 소식을 알리는 파발마가 달려간다. 그중에는 격檄을 싣고 질주하는 사자使者도 있다. 격은 마치 야구 방망이처럼 생긴 다면체의 막대기로, 그 안에는 주로 새로운 법령과 같은 지령을 담고 있다.(도판 2-1) 언뜻 보면 격문에 적힌 내용을 사람들에게 알리기 위해 여러 곳을 바쁘게 다니는 것처럼 보이지만, 사실 길을 가는 사람이 빠르게 질주하는 사자가 들고 있는 문장을 제대로 읽을 수 있을 리 만무하다. 사자의 이런 행동은 그저 많은 사람들에게 지령을 널리 알렸다는 걸 보여주기 위한 행동일 뿐이며, 실제로 사자는 격문이 거쳐가는 관공서의 관계자들에게 그 내

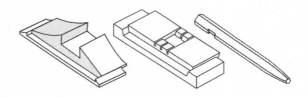

도판 2-1 목간의 모양. 왼쪽·가운데는
봉함용封緘用, 오른쪽은 격檄

용을 알려줬고 최종 목적지인 관공서의 관계자가 많은 사람들이
열람할 수 있도록 격문을 내다 걸었다고 한다.[6] 아무래도 이번 격
문은 서방의 이민족들이 반란을 일으켰다는 소식인 듯하다.

　그 밖에도 많은 행정문서가 목간이나 죽간에 쓰인 다음 끈으로
봉해진 상태로 우편 시설을 통해 전달된다. 큰길을 따라 몇 킬로미
터마다 우편 시설이 있으며, 그곳에는 사람과 말이 대기하고 있다.
행정문서 중에는 큰길을 따라 띄엄띄엄 있는 우편 시설을 이용해
마치 이어달리기를 하듯 운반되는 보통우편이 있고, 현에서 다른
현으로 직접 전달되는 방식도 있다.[7] 두 방식 모두 배달하는 사람
과 말을 중간중간 교체함으로써 속도를 유지하며 우편물을 먼 곳
까지 운반한다.

　그러면 우편으로 배달되는 문서에는 무슨 내용이 적혀 있을까?
기록을 확인해보면, 한 문서는 인정人定(오후 9시경), 야대반夜大半
(오전 2시경), 계명鷄鳴(오전 4시경)에 각각 배달인이 교체되었음을
알 수 있다.[8] 이는 그 문서가 밤새도록 운반되고 있었다는 뜻이다.
때로는 배달인이 말을 타지 않고 열심히 달려서 배달하는 경우도

있다. 몇 군데의 배송지를 거치며 운송하는 사람이 교체된다는 점
은 지금의 우편 시스템과 거의 동일하다.

　중요한 문서는 끈으로 단단히 묶어서 내용을 볼 수 없도록 되어
있다. 끈의 매듭 부분에는 진흙을 바르고, 그 위에 도장으로 날인
한다. 인주를 사용하는 대신 도장으로 진흙을 눌러서 도장에 새겨
진 글자가 진흙에 도드라지게 만드는 방식이다. 그렇게 조금 놔두
면 진흙이 말라 굳으면서 도장의 문자가 또렷해지는데, 이 문양을
통해 문서를 보낸 사람이 누구인지 알 수 있다. 문서를 개봉하려면
진흙 부분을 부숴야 하므로 한번 개봉하면 다시 원래 상태로 되돌
릴 수 없다. 이와 같은 당시의 봉함 방식을 봉니封泥라고 한다.(도판
2-1, 2-2)

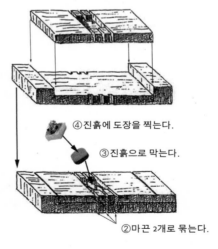

①상판을 덮어서 봉함한다.

④진흙에 도장을 찍는다.

③진흙으로 막는다.

②마끈 2개로 묶는다.

도판 2-2 봉니의 구조

일찍 일어나는 사람, 늦잠 자는 사람

종이나 북이 없는 곳에 사는 사람들은 닭이 우는 소리와 함께 일어
난다. 사람들은 일제히 머리 빗고 옷을 입는 등 채비를 한다. 농가
에서는 봄부터 가을까지 성곽 밖에 있는 논밭에서 일해야 했고, 거
의 매일 논밭 옆의 오두막에서 생활했다.

부모가 성 밖에서 농사일을 하고 있는 사이, 성 안의 본가에는 노
인과 아이가 있다. "○○야! 아침이야, 일어나야지!", "할머니, 조금
만 더 잘게요." 현대사회에서도 흔히 볼 수 있는 풍경이다.

유학의 예법대로라면 아이는 닭 울음소리와 함께 일어나서 조
부모에게 문안드리는 게 당연하며, 실제로 그렇게 했던 아이도 있
다. 후한 시대의 설포맹薛包孟은 아버지와 계모에게 미움을 받아
집에서 쫓겨나자 본가 옆에 오두막을 짓고 살면서 단旦(오전 5~6시
경)에 본가 앞에 물 뿌리고 비를 쓸어 청소했다. 그럼에도 설포맹의
아버지는 도리어 화를 내며 아이를 쫓아냈다고 한다.[9] 또 서진西晉
시대에 하통夏統은 고사鼓四(오전 1~3시경으로 추정)부터 본가 앞을
청소하기 시작했다고 한다.[10]

하지만 역사책에서 이들의 이야기를 아름답게 기리는 이유는
그만큼 드문 사례이기 때문이다. 뿐만 아니라 동서고금을 막론하
고 노인은 일찍 자고 일찍 일어나는 경향이 있다.[11] 또한 그 사람이
아침형 인간인지 저녁형 인간인지는 사실 그 사람이 물려받은 유
전자에 달려 있다.[12] 즉 매일 일찍 일어난다고 해서 그 아이가 성실
하다고 말할 수는 없으며, 매일 아침 늦잠을 잔다고 해서 그 아이가

성실하지 않다고 말할 수도 없는 것이다. 그러므로 한나라 때도 틀림없이 아침잠이 많은 아이가 있었을 것이고, 지금처럼 밤샘을 해서 아침에 늦잠을 자는 아이도 있었을 것이다.[13] 게다가 앞서 말했듯이 서민은 반드시 유학의 예법을 지킬 필요는 없었기 때문에 실제로 아침에 늦잠을 자는 아이가 적지 않았다고 추측된다.

우물과 하천

관리와 귀족의 집에서는 이른 시간부터 아랫사람들이 우물에서 물을 긷는 일 등을 하고 있다. 저택들은 집집마다 우물을 가지고 있는 반면,[14] 마을 주민 전체가 하나의 우물을 같이 쓰기도 한다.[15]

우물이 없으면 물을 길어 오기 위해 강가로 간다.[16] 우물의 구조에는 단순히 구멍을 파기만 한 것에서부터 정井 자 모양으로 우물 난간을 짜놓은 것도 있으며, 도르래가 설치된 우물이나 새와 동물 모양으로 장식된 우물도 있다.

참고로 당시에는 '천 리 길을 떠나 다시 볼 일이 없다 해도 우물에 침을 뱉지 않는다'는 속담이 있었는데 이는 '날아가는 새는 흔적을 남기지 않는다(떠날 때는 뒤처리를 깨끗이 한다)'는 뜻이다. 이는 우물이 마을의 중심이라는 점을 전제로 한 속담이다. 우물이 마을의 한가운데에 있었든 아니든 간에 사람들은 언제나 우물에 모여서 문자 그대로 우물가 회의를 연다.

대개 마을은 강을 마주 보는 위치에 자리 잡는다. 강이 범람할 수 있다는 점에서 보자면 위험한 곳이기는 하지만 물건이 왕래하는 길, 하수 시설, 어패류 산지라는 측면에서는 유익한 장소이기도 하다. 예를 들어 장사군長沙郡 임상현성臨湘縣城은 상강湘江을 마주보고 있고, 사방 수백 미터 크기의 현성 내부에서 우물터가 170여 개나 발견되었다.[17] 은주 시대의 마을은 범람원(하천에서 홍수가 났을 때 물이 넘칠 수 있는 낮은 지대의 범위)을 피하기 위해 언덕 지대에 건설되는 경향이 있었지만, 진한 시대에는 물을 이용하는 기술이 더욱 발달했기 때문에 평지에 마을을 세우는 경향이 있다.[18] 즉, 전보다 강변에 가까운 장소에 마을이 만들어졌고, 수원을 확보한다는 면에서는 이런 입지가 더 편리하다.

그렇다고는 해도 물을 길을 때는 역시 근처에 우물이 있는 편이 좋다. 여러 집의 노예들이 물을 긷기 위해[19] 우물로 모여든다. 그들의 몸에는 낙인이 찍혀 있다. 자신의 분수를 잘 아는 노예들은 부인들의 우물가 회의에는 끼지 않고 허둥지둥 물을 길어서 주인에게 돌아간다.

고대인에게도 치아는 소중했다 — 구내 위생과 충치

주인과 그 가족은 우물에서 길어온 물로 세수하고 손을 씻지만 양치질은 하지 않는다. 아침에 일어났을 때와 식후에는 입을 헹구기만 한다.[20] 가장 오래된 칫솔은 당나라 때 사용되던 칫솔로, 그 이전에는 어땠는지 확인할 수 없다. 거의 비슷한 시기, 고대 인도의 사람들은 아침에 칫솔 대신 나뭇조각을 반복해서 씹었다.[21] 이를 '치목齒木' 또는 '양지楊枝'라고 부르는데, 고대 중국에는 이런 물건이 없었다. 치아 사이에 낀 음식물을 빼내는 작은 송곳 같은 도구가 있기도 했지만 그다지 일반적이지 않았다. 그렇다면 물로 입을 헹구기만 해서 과연 입안을 깨끗하게 유지할 수 있었을까?

　한나라 때 사람들이 일상생활에서 가장 두려워했던 것은 어쩌면 충치일지도 모른다. 연예인이 아니더라도 치아는 소중하다. 일단 충치가 생기면 낫지 않고 서서히 치아를 침식해간다. 잘못되면 주위에 있는 치아까지 번질 수도 있다. 매일 고통을 참아보지만, 곧 임계점을 넘어선다. 그 고통을 없애려면 현대에는 잠시 진통제를 복용하거나 치아에서 썩은 부분을 깎아내거나 뽑을 것이다.

　하지만 당시에는 치아를 깎는 기술도, 지금처럼 강력한 마취약도 없었다. 예외로 후한 말에 활동했던 신의 화타華佗가 전신 마취 수술을 했다는 전설이 있고,[22] 대마로 마취를 하는 기술이 있었을 가능성도 있다.[23] 대마초를 피우기 시작한 것은 굉장히 오래된 일이다. BC 1000년 이전의 유적인 투루판吐魯蕃의 양해묘지洋海墓地와 가의묘지加依墓地에서는 대마초의 씨앗과 잎의 분말이 발견되었는데, 의식과 의료에 사용되었다고 한다.[24] 한나라 때 그 기술이 이미 중원으로 흘러들어왔다고 해도 전혀 이상하지 않다. 하지만 관련 사료가 많지 않고 대마를 이용한 마취 기술이 실제 민간 의료에 어느 정도 침투되어 있었는지는 알 수 없다.

그 밖에도 한나라 때 의학서적인 『신농본초경神農本草經』에는 치통을 완화시켜주는 수단으로 몇 가지 약재를 소개하고 있다. 또한 전근대 중국 의학서에는 세구액洗口液, 마사지, 약초, 침 치료도 실려 있다. 효과 여부는 차치하더라도 어쨌든 이 기록들은 당시의 사람들이 치통을 신경 썼다는 증거다. 따라서 일상적으로 치아를 관리하는 일은 필수였다.

그러나 이미 말한 것처럼 당시 사람들은 일어났을 때와 매 끼니 식사를 한 후에 입을 헹구기만 했을 뿐 양치질을 하지는 않았다. 후한 시대에는 '양지楊枝'[25]라는 말도 있었지만 양지는 아마도 고대 인도의 치목으로, 지금 일본인들이 상상하는 모양과는 달랐다. 게다가 양지가 중국 국내에서 일상적으로 사용되지는 않았다. 그렇다면 어느 정도 충치가 생기는 걸 피할 수 없었을 것이다. 실제로 충치를 의미하는 '우齲' 자의 기원은 은나라 때까지 거슬러 올라갈 정도로[26] 고대인들은 충치에 시달렸다.

전한 시대의 원제는 40세가 되기도 전에 치아와 머리카락이 모두 빠졌던 것으로 보인다.[27] 최근에 발견된 한나라 말 조조의 묘에서는 60세 전후의 남성 두개골이 출토되었는데, 그 두개골에도 심한 충치가 있다. 문헌에 따르면 조조는 오랫동안 두통에 시달렸다고 하는데, 어쩌면 두통의 원인이 충치일지도 모른다고 한다. 또한 최근에 출토된 수나라 양제의 묘에서도 치아 두 개가 발견되었는데, 모두 충치였다. 당나라 때 활동했던 백거이白居易와 한유韓愈 같은 문인은 특별히 치통에 대한 시를 쓰기까지 했다.[28]

이가 빠지면 음식을 먹는 데도 제한이 생긴다. 이가 빠진 노인 중

에는 여성을 유모로 고용해 모유를 마신 사람도 있었고,[29] 아니면 엿을 핥아 먹기도 했다.[30]

이처럼 고대 중국 사람들은 충치에 시달리고 있었지만, 수습된 백골 유체와 미라의 치아를 모아서 헤아려보면 충치의 수가 지금의 일본인에 비해 많기는 해도 자릿수가 다를 만큼 현격하게 차이가 나는 정도는 아니다.

마왕퇴한묘에서 출토된 미라는 장사왕국長沙王國 승상의 부인으로 키는 154cm, 몸무게는 34.3kg이다. 나이는 50세 정도로, 관상동맥질환, 동맥경화증, 다발성 담석증을 앓고 있었다. 그러다가 주혈흡충병住血吸蟲病에 감염되어 요충과 편충에 시달리다가 죽음에 이르렀다. 그녀의 입속을 들여다보면 영구치(사랑니를 제외하고 28개) 16개가 남아 있다.[31] 지금 일본의 60대 여성 평균인 21개에 비하면 적기는 하지만, 전부 충치라고 할 정도는 아니다.

치의학적으로 생각해보면, 충치를 만드는 원인 중 하나는 전분이다. 현대 일본인은 쌀알을 조리해서 먹는 입식粒食과 면이나 떡처럼 밀로 만든 분식粉食 등을 통해 끈적거리는 전분을 섭취하는 경향이 있는데 이것이 충치의 한 원인이 된다. 하지만 당나라 이전 시대의 식생활은 그렇지 않다. 한나라 때 사람들은 대개 점성이 별로 없는 좁쌀을 입식으로 먹었으며 밀을 재료로 하는 분식도 아직 많지 않았다. 이런 식생활이 당시에 충치를 억제했던 한 원인일지도 모르겠다.

절실했던 구취 문제

매일 제대로 양치질을 하지 않고 살아가는 이상, 당연히 입 냄새가
나는 사람이 있다. 입 냄새가 심하다면 남자든 여자든 곁으로 다가
오는 사람이 없다 보니 연애, 결혼, 일에도 지장이 생길 것이다. 실
제로 전국 시대 진나라의 『일서日書』[32]라고 하는 점술 책에는 "○○
일에 태어난 아이는 반드시 입 냄새가 날 것이다.", "○○일에 결혼
할 경우, 아내는 반드시 입 냄새가 날 것이다."라고 하는 등 구취 문
제를 자주 언급하고 있다. 이 내용들은 아마도 출산을 앞둔 부모나
결혼이 임박한 남성에게 해준 점으로 보이며, 이를 통해 입 냄새가
얼마나 절실한 문제였는지 엿볼 수 있다.

　만약 황제의 측근이 된다면 입 냄새 때문에 황제가 불쾌해지지
않도록 두약杜若, 계설향鷄舌香을 복용하는 편이 좋다.[33] 특히 계설
향은 조조가 천재 군사 제갈공명에게 준 적이 있는 귀한 물건으로
'공명이여, 내 곁에서 조언을 해주시오.'라는 의미를 담은 선물이었
을 것이다.[34]

　다만 쉽게 손에 넣을 수 있는 물건은 아니었던 듯하다. 옛날 한
노신老臣은 황제로부터 계설향을 건네받아 입에 머금고는 굉장히
괴로워했다. 황제가 자신에게 독약을 하사했다고 오해한 신하는
집으로 돌아가 가족들에게 이런 일이 있었노라고 말했더니 도대
체 황제의 면전에서 어떤 실수를 저질렀는지를 놓고 모두들 떠들
썩했다. 하지만 나중에 그 신하의 입에서 좋은 냄새가 나는 걸 보고
모두 웃음을 터트렸고 노신도 사태를 이해할 수 있었다고 한다.[35]

즉 그 노신에게서 입 냄새가 났기 때문에 황제가 계설향을 하사했던 것이다. 아무래도 노신은 이전에 계설향을 사용해본 적이 없었던 듯하다.

　덧붙여서 당시 미녀 중에 "향기가 난초와 같다(내뱉는 숨에서 난초향기가 난다)."는 평가를 받았던 사람이 있는 걸 보면 미녀들도 브레스케어(구강청결제)를 사용했음을 짐작할 수 있다. 연인끼리는 키스를 하기 때문에 고대 중국에서는 브레스케어가 필수적인 에티켓이었을 것이다.

헤어스타일과 대머리

다음으로 머리카락을 정돈한다. 고대 중국 사람들은 남녀 모두 머리를 길러서 묶었다. 머리를 묶는 모양은 다양하지만, 머리카락 끝을 숨기는 경향이 있다는 점에서는 동일하다. 이 습관의 기원은 BC 1000년보다 더 이전으로 거슬러 올라간다. 일찍이 은나라 사람들은 머리카락 끝으로 영혼이 빠져나간다고 믿었기에 머리카락 끝을 숨기지 않으면 죽는다고 여겼다.[36]

　춘추 시대가 되자 사람들은 신분에 맞게 관을 써서 자신의 신분을 드러내게 되었고, 이를 통해 사람들의 상하관계가 눈에 보이게 드러나고 사회질서가 안정되었다. 공자孔子는 이런 신분질서의 안정을 중요하게 생각했다. 관례는 남자의 통과의례 중 하나로, 성인

도판 2-3 시황제릉 병마용의 헤어스타일

과 마찬가지로 관을 쓰고 아버지의 가르침을 받았다. 결국 지식인
과 관리들은 의무적으로 관을 쓰게 되었다. 그런데 군주 앞에서 절
을 할 때 상투가 없으면 관을 고정할 수 없어서 관이 툭 떨어지고
만다. 그래서 상투가 점점 중요해졌다. 한편 주변 여러 민족은 대개
피발被髮을 하고 있었다. 피발이란 풀어 헤친 머리로, 지금의 일본
인이 하고 있는 일반적인 헤어스타일(똥 머리는 제외)이 바로 피발
이다. 남중국은 특히 피발이 많아서 중원과는 달랐다.

  머리카락을 묶을 때 사용하는 빗은 주로 대나무나 대모玳瑁(바
다거북 등껍데기)로 만들며, 촘촘한 빗인 비批와 듬성한 빗인 소梳가
있었다. 머리카락을 정리해서 얇은 검정색 비단으로 감싼 다음, 비
녀로 둘둘 감아서 상투를 튼다. 상투 아래쪽을 정련한 비단練絹으

로 묶고, 남는 끈 부분은 뒤로 늘어뜨린다. 비녀는 남녀 공용인 비녀와 남성 전용인 비녀가 있다. 상투 모양은 다양하다.(도판 2-3) 또한 문관은 붓을 비녀 대신 쓰기도 하고 귀에 끼우고 있기도 했으며, 보라색 주머니에 넣어두는 경우가 많았다.

이처럼 관리에게 머리와 관은 아주 중요했다. 머리카락을 길게 길러야 했기에 이발을 자주 하지 않았으며 전문적인 미용실도 없었다. 그 대신 친구끼리 이발을 해주었다. 노년이 되면서 머리가 빠진 남성은 체髢(가발)를 썼다. 한나라 때의 벽화 중에는 관리들끼리 교제가 모티프인 그림들이 보이는데, 거기에는 대머리인데도 가발을 쓰지 않고 버티는 관리들이 자주 나오며 그림에서 그들의 괴로움을 엿볼 수 있다.(도판 2-4) 현대 남성과 마찬가지로 당시에도 탈모는 큰 고민이었다. 전국 시대에는 '머리가 빠질까 봐 머리를 감지 않으면 머리가 더 많이 빠진다'는 속담이 있었을 정도다.

도판 2-4 대머리 관리들〔河南省 洛陽八里台漢墓 출토〕

제관을 쓸 때

헤어스타일을 가다듬고 나면 관을 쓴다. 관은 단순히 아름다움을
위한 물건이 아니라 관을 쓴 사람의 귀함과 천함을 나타내는 지표
역할도 한다. 관은 제사를 올릴 때 쓰는 제관祭冠과 조정에서 쓰는
조관朝冠으로 구별되며, 제관으로는 면관冕冠, 장관長冠, 위모관委
貌冠, 피변관皮弁冠, 작변爵弁, 건화관建華冠, 방산관方山冠, 교사관巧
士冠 등이 알려져 있다.[37]

면관은 가장 중요한 제관으로 일상적으로 사용하는 관이 아니
라 제사를 올릴 때 황제와 대신만이 쓸 수 있는 관이었다.[38] 면관의
규격과 착용 규칙은 59년에 확고하게 제정되었다. 면관은 작변에
서 갈라져 나와 발달한 관이며, 작변은 그대로 음악을 담당하는 관
리인 악인樂人의 제관이 되었다. 작변과 면관은 섬세한 비단에 옻
칠을 해서 각殼(머리카락을 넣는 부분)을 만들고, 거기에 검붉은 상판
을 얹은 관이다.

작변의 뒷부분에는 적당한 크기로 자른 천이 늘어져 있으며, 비
녀와 연결되어 있다. 늘어뜨린 천을 수收라고 부른다. 면관과 작변
은 비슷한 형태를 하고 있지만, 면관은 류旒라고 하는 주옥 끈을 앞
뒤로 늘어뜨린 것이 특징이다.(도판 2-5) 황제는 12개의 주옥 끈을
늘어뜨리고 있으며, 길이는 어깨에 닿을 정도다. 대신은 앞쪽에만
주옥 끈을 늘어뜨린다. 주옥 끈의 색도 신분에 따라 달랐는데, 천자
는 백옥白玉으로 된 12개의 주옥 끈(끈 하나에 옥구슬 12개로 구성), 삼
공三公·제후諸侯는 청옥青玉으로 된 7개의 주옥 끈(끈 하나에 옥구슬

도판 2-5 면관을 쓴 후한의 광무제光武帝〔閻立本傳『歷代帝王圖卷』〕

9개로 구성), 경卿·대부大夫는 흑옥黑玉으로 된 5개의 주옥 끈으로 장식한다. 면관 좌우에는 긴 끈이 있고, 귀 근처에 옥이 붙어 있다. 고대 일본의 관위십이계제冠位十二階制에서는 관 자체의 색깔로 신분을 드러냈지만, 한나라 때는 주옥 끈의 개수가 중요했다. 단, 구슬을 꿰는 끈의 색깔은 관인官印을 매는 끈인 수綬와 같은 색이어야하며, 색이 신분과 전혀 관계없지는 않았다. 또한 면관을 쓰는 제사일 때는 검은색 상의와 붉은색 하의를 입었으며, 옷의 모양 역시 신분의 차이를 드러내는 요소 중 하나였다.

　면관 외에도 몇 가지 제관이 더 있었는데 백성의 일상생활과는별로 관계가 없었다. 그보다 주목해야 할 것은 조정에서 정무를 볼

도판 2-6 진현관進賢冠

때 황제와 관리가 쓰는 조관이었다. 관리들은 출근할 때 조관을 쓰기 때문에 백성들도 조관을 볼 기회가 많았다. 조관으로는 황제의 통천관通天冠,[39] 제왕의 원유관遠遊冠, 고관의 고산관高山冠, 문관의 진현관進賢冠, 법관의 법관法冠, 무관의 무관武冠, 궁전 호위관의 각비관却非冠, 위사衛士의 각적관却敵冠·번쾌관樊噲冠, 천문天文을 담당하는 관리의 술씨관術氏冠이 있다.[40]

그중에서도 진현관은 삼공, 제후에서 삼로三老까지 다양한 문관이 썼다.(도판 2-6)[41] 진현관에서는 기둥의 개수가, 피관皮冠에서는 구슬의 색채 수와 봉합의 차이가 신분을 나타냈으며 신분의 차이에 따라 더욱 세분되어 있었다. 그러나 그때까지는 관의 색깔로 신분의 차이를 나타내는 관습은 없었다.[42] 장식을 한 관도 있었는데, 고결하게 빛나는 매미 모양의 황금 배지인 선문금당蟬文金璫이나 담비 꼬리인 이초珥貂를 붙인 고관도 있다. 관끈은 길이에 차이가 있었는데, 일부러 긴 끈을 붙인 패션도 있었다.[43] 끈이 구깃구깃하거나 너무 길어도 창피스러운 일이었다.

이처럼 관과 관끈은 당시의 관리들에게는 멋을 내는 포인트이기도 했다. 그래서 유방은 경찰서장이었을 때 일부러 설薛 지방에 있는 관을 만드는 공방에 가서 대나무 껍질로 된 관을 구해오기도 했다.[44] 이런 유방의 행동은 해외에서 명품을 사오는 지금의 패션 피플을 연상시킨다. 그러니 고대 중국의 마을을 걷는 우리들도 최소한 관 정도는 괜찮은 디자이너에게 제작을 부탁하고 싶은 마음이 든다. 그렇게 하지 않으면 혹 황제를 배알할 기회가 생겼을 때 창피를 당할 수도 있지 않겠는가.

제관, 조관과는 별도로, 보통 남성들은 일상에서 책幘을 많이 썼다. 책은 이마에서 뒤쪽으로 넘겨서 묶는 두건 같은 것으로, 격식을 차린 관과는 달리 신분이 낮은 사람이 쓰던 물건이었다. 녹색, 파란색 책은 신분이 낮은 사람들이 썼기 때문에 창두蒼頭는 노예를 지칭하는 말이 되었다.

그런데 전한의 원제는 곱슬머리라 머리를 묶을 때 앞머리가 잘 묶이지 않아 삐져나왔다고 한다. 그러다 보니 원제는 삐져나온 머리카락을 감추기 위해 늘 책을 썼고, 결국 책은 신분에 관계없이 애용하는 물건이 되었다. 또 대머리였던 왕망王莽은 정수리를 덮을 수 있도록 책을 개량해서 대머리를 숨겼다.[45] 결국 후한 시대가 되면 책은 거의 모자처럼 사용되었고, 정수리를 덮지 않는 기존의 책은 미성년자들이 주로 사용하게 되었다.[46] 나중에는 책을 쓰고 나서 그 위에 다시 관을 쓰는 사람들도 나온다. 책과 별도로 건巾도 있었는데, 건은 상투髻를 감싸는 천을 가리킨다. 책과 건을 어떻게 구분했는지는 따지지 말고, 일단 여기서는 책을 쓰도록 하자.

제3장

몸단장을
하다

오전 7시경

서민의 복장

이제 옷을 챙겨 입자. 당시 사람들은 아침에 일어나면 잠옷을 벗고 평상복으로 갈아입었을까? 아니면 잠잘 때도 그냥 평상복을 입고 잤을까?

죄인과 노예는 대부분 옷이 한 벌밖에 없었다. 그들에게 주어지는 옷값이라고 해봐야 얼마 되지도 않는 푼돈이었기 때문이다. 물론 노예에게서 냄새가 난다면 주인도 난감할 수밖에 없다. 그중에는 노예를 아끼는 기특한 주인도 있어서[1] 노예들에게 갈아입을 수 있는 옷을 마련해주었다. 그러나 관청에 속한 노예와 범죄자들은 여름에는 얇아빠진 삼베옷, 겨울에는 솜이 들어간 바지 한 벌이 지급되는 정도였고,[2] 잠옷은 따로 없었다.

서민들도 갈아입을 옷을 여러 벌씩 가지고 있지는 않았다.(도판 3-1) 벌이가 시원찮은 집에서는 옷 한 벌로 아들과 손자가 같이 입

도판 3-1 후한의 농민. 명기明器 모사

는 게 당연했다.[3] 그러니까 부모와 자식 2대에서 '낡은 옷'을 돌려 입었고, 형제자매 사이에서도 옷을 돌려 입었다. 이처럼 의복은 서민에게도 귀중한 물건이었기 때문에 찢어진 옷이라도 바로 버리지 않고 대체로는 가족 중 여성들이 수선했다. 구멍이 좀 났다고 해서 새 옷을 살 만한 여유는 없었다.

한편 당시의 시에서 '나유羅襦(얇은 비단으로 만든 속옷), 새벽이면 늘 주름져 있네[4]'라고 했듯이, 어느 정도 형편이 괜찮은 집이라면 잠옷과 평상복을 모두 가지고 있었고 아침에 일어나서 옷을 갈아입었던 것으로 보인다.

서민들도 평상복으로 여름옷과 겨울옷은 따로 가지고 있었는데, 대표적인 겨울옷으로는 포袍와 고袴가 있었다. 포는 발까지 오는 긴 옷으로 안에는 솜이 들어 있다. 성년인 남녀는 포와 고를 함께 입는다. 마치 원피스 안에 바지를 입은 모양새다. 여름옷은 단

褌이라고 하는 홑겹의 옷으로,[5] 지금 일본 남자들이 입는 유카타와
비슷하다.

여름옷뿐만 아니라 겨울옷도 대개는 삼베로 만들어지며, 옷을
입고 나서 허리띠를 둘렀다. 범죄자와 가난한 사람이 입는 옷도 비
슷했는데, 다만 한 벌뿐이다 보니 적당히 기워가며 입어야 했다. 겨
울이 되어도 여름옷인 단을 입거나[6] 싸구려 삼베옷에 솜을 약간 넣
은 갈褐[7]을 입는 사람도 있었다.[8] 하지만 혹독하게 추운 겨울에는
두꺼운 솜옷을 입지 않을 수 없었다.[9] '가을바람 서늘해지니 쓰르
라미 소리 가까이 들리네[10]'라고 했던 9월 무렵에는 '차가운 바람
맞고 나서야 알았네, 여름옷이 얇음을'이라는 시가도 있듯이 날씨
가 상당히 추워지므로 옷을 껴입는 게 좋다.[11]

당시에는 속옷은 잘 입지 않았고, 반비半臂(소매가 없거나 짧은 옷)
를 입는 습관도 거의 없었다.[12] 옷은 염색해 색을 냈고, 염색하지 않
은 흰색은 상복으로 사용했다. 그래서 흰옷을 입고 궁전에 들어가
려 했다가는 바로 체포되었다.[13]

삼베 외에도 모직으로 된 두건, 허리띠, 바지가 유행했던 때도 있
었다. 하지만 모직물을 오랑캐의 물건이라며 불길하게 여긴 사람
도 있었기 때문에[14] 그다지 일반적이지는 않았던 듯하다. 다만 저
고리 위에 개나 양의 모피를 걸쳐 입기도 했으며, 겨울에는 그렇게
입은 사람을 자주 볼 수 있었다.

잠방이, 죄수복, 노인의 지팡이

특색 있는 복장을 했던 사람들도 있다. 예를 들어 정육점 종사자, 요리사, 술집 주인, 음악가들은 무릎까지 내려오는 짧은 바지인 독비곤犢鼻褌(잠방이)을 즐겨 입었다.[15] 이들은 주로 육체노동을 하기 때문에 몸을 많이 움직이다 보면 금방 더워져서 옷을 벗는 일이 자주 생긴다. 그런데 포나 단을 입고 있다가 열을 식히고 싶어서 웃통을 벗었다가는 잘못하면 사타구니가 다 드러날 수도 있다. 그러므로 활동적인 일을 할 때는 잠방이 하나만 입는 게 제일 편했다.

한편 성을 쌓거나 절구질을 하는 형벌인 성단용城旦舂처럼 힘든 노역형에 처해진 범죄자들은 보통 사람들과 구별하기 위해 붉은색 죄수복에 붉은 두건을 쓰도록 하고, 등에는 죄명을 적는 규정이 있었다.[16]

그 밖에도 노인들은 보통 지팡이를 들고 다녔다. 당시 예법에서 50세 이상은 집 안에서, 60세 이상은 향리에서, 70세 이상은 도都에서, 80세 이상은 조정 내에서도 지팡이를 들고 다닐 수 있도록 허용해주었다. 또 50세에는 노역을, 60세에는 병역을 면제해주었고, 70세인데도 조정에서 일하는 사람이라면 잔업 없이 정시에 퇴근할 수 있게 하는 등 노인들에게는 여러 가지 특전이 주어졌다.[17] 70세가 넘으면 정부에서 표창을 받기도 했는데, 그때는 구장鳩杖이라고 하는 특별한 지팡이를 하사받았다. 구장은 손잡이 부분에 비둘기 장식이 붙어 있는 지팡이를 말한다.(도판 3-2) 왜 하필 비둘기인지는 알려져 있지 않으며, 당시 말단 관리들도 잘 몰랐던 듯하다.[18]

도판 3-2 구장鳩杖을 든 노인. 화상석畵像石
〔成都曾家包漢墓 출토〕

한 번 구장을 하사받은 노인은 경력이 있는 관리와 동등한 대우를
받았으며, 관공서 안에서도 천천히 걸을 수 있었을 뿐만 아니라 그
노인을 폭행한 사람은 국가반역죄로 처벌받는 등 여러 가지 특전
을 받을 수 있었다.

전한 후기의 인구 통계를 살펴보면, 산둥반도 부근의 동해군東海
郡에는 남자가 70만 6064명, 여자가 68만 8132명이었는데, 그중에
서 6세 이하는 26만 2588명, 80세 이상은 3만 3871명, 90세 이상은
1만 670명, 70세 이상에서 구장을 받은 사람은 2823명이었다. 즉
노인 중에서도 구장을 하사받은 사람은 얼마 되지 않았다.[19]

제복과 조복

다음으로 관리의 복장을 살펴보자.(도판 3-3) 조정에서 회의가 있는 날이면 고급관리는 이른 아침에 출근한다. 성실한 관리는 샛별을 보며 출근해서 태백성을 보면서 퇴근하는 게 일상이므로[20] 근무 시간이 짧지 않았다. 비록 회의가 있는 날이 아니더라도 근실한 대신들은 이 시간쯤에는 벌써 옷차림을 단정히 하고 방 안에 앉아 있거나 선잠을 자면서 마차나 수레가 준비되기를 기다린다.[21]

　관리들 중에는 여름이면 통풍이 잘되는 삼베옷을 입는 사람도 있었다. 하지만 서민들도 삼베옷을 입기 때문에 조금 싸구려라는

도판 3-3 관리의 복장 〔馬王堆漢墓 출토〕

느낌을 지울 수 없었기에 관리들은 삼베보다는 비단을 더 선호했
다. 비단은 누에가 만들어낸 섬유인데, 서민들이 비단옷을 입는 경
우는 거의 없었고, 돈이 많더라도 상인처럼 신분적인 한계가 있으
면 비단옷을 입을 수 없었다. 결국 경제적으로 여유가 있는 고급관
리들만 비단옷을 입을 수 있는 특권을 누렸다.

　그중에서도 금錦이라는 비단은 최고의 품질을 자랑했다. 금은
치밀한 날실에 굵은 씨실을 엮으면서 날실로 문양을 넣은 비단으
로,[22] 숙련된 사람만 금을 짤 수 있다. 한나라 때는 하남에서 생산되
는 양읍금襄邑錦이 유명했고, 나중에는 사천에서 만들어지는 촉금
蜀錦도 인기를 얻었다. 당시 속담에 '부귀해졌는데도 고향으로 돌
아가지 않는 것은 비단옷을 입고 밤길을 걷는 것이나 마찬가지다'
라는 말이 있었을 정도로[23] 금은 눈부시게 아름다운 복장의 대명
사였다. 한편 진귀한 문양의 비단은 능綾이라고 불렸는데, 산동 지
방에서 생산된 비단이 유명했다. 비단은 짜는 방법이나 문양에 따
라 기綺, 라羅, 곡縠, 사紗 등으로 불리는 종류도 있었다.

　관리의 의복은 크게 제사에 참여할 때 입는 복장인 제복祭服과
조정에 오를 때 입는 복장인 조복朝服, 그리고 평소에 입는 평상복
세 가지로 나눌 수 있다. 그중에서도 평상복에는 다양한 스타일이
있었는데, 그래도 관리인 이상 어느 정도는 복장에 신경을 써야 했
다. 예를 들어 허리띠를 맬 때도 보통은 매듭을 묶고 나서 남는 끈
을 앞쪽으로 늘어뜨렸으며, 그렇게 하지 않으면 세련되지 못한 사
람 취급을 당했다.[24]

　또 옷의 색이나 문양을 신경 쓰는 관리도 있어서, 이운작離雲爵,

도판 3-4 한대漢代 낙랑군樂浪郡 관련 유적에서
출토된 버클〔평양 출토〕

승풍乘風, 표수豹首, 낙막落莫, 토쌍학兎雙鶴 등의 자수 문양이 있었
다고 한다.[25] 하지만 그 문양이 구체적으로 어떤 모습인지는 분명
하지 않다. 옷에 대한 사람들의 취향은 지역에 따라 아주 달랐다.
전국 시대에 진나라 사람들은 화려한 모양을 싫어해서 옥벽玉璧이
라고 하는 도넛 모양의 옥과 허리에 차는 옥패玉佩 외에는 허리띠
만 하는 정도였다. 허리띠로는 신紳이라는 이름의 넓은 띠와 가죽
허리띠가 있었다. 신은 비단으로 만든 허리띠로 허리 앞에서 묶는
다. 혁대는 북쪽 유목민에게서 유래한 것으로, 버클(대구帶鉤, 교구
鉸具)로 고정한다.(도판 3-4)
　제복은 단순히 아름답기만 한 게 아니라 입는 사람의 신분을 나
타내는 지표 역할도 했기 때문에 세세한 규정이 있었다. 예를 들어
중요한 국가 제사를 거행할 때는 황제를 비롯해 모든 참석자들이
검은색 상의인 현의玄衣를 입고 담홍색 치마인 훈상纁裳을 둘렀다.
현의에는 장章이라고 하는 문양을 그려 넣었는데, 황제는 12장, 삼

공·제후는 9장, 구경九卿은 7장으로 신분에 따라 개수를 달리 했다. 황제의 12장은 일日, 월月(태양과 달 속에는 정령이 그려짐), 성신星辰, 산山, 용龍, 화충華蟲(여러 짐승이 섞여 있는 동물), 조조藻(수초와 비슷한 곡선), 화火, 분粉, 미米, 보黼(삼각형), 불黻(번개 문양)을 가리키는 듯한데, 어찌 되었든 서민들과는 관계없는 물건이다.

조복은 입궐해 조정에 들어가는 관리가 입는 옷으로, 서민들은 관리들이 출근할 때 볼 기회가 있었다. 조복 역시 신분에 따라 다양했다. 높은 고관은 심홍색 하의와 신발, 검정색 도포인 흑포黑袍를 갖추었으며, 그 모습이 황제의 조복과 별로 다르지 않았다. 예를 들어 전한의 문제文帝도 문양이 없는 두꺼운 검정색 비단옷을 입고, 무두질한 가죽을 씌운 나무 검을 차고 있었다.[26]

문관은 손에 홀笏도 들고 있다. 홀은 나무로 만든 평평한 막대기로, 원래는 군주의 명령을 그 자리에서 곧바로 적을 수 있는 노트 같은 도구였지만, 나중에는 손에 들고 있기만 하는 형식적인 물건이 되었다. 또한 귀에 붓을 꽂아두었다가[27] 기록할 필요가 있을 때 홀과 함께 적절히 사용했다.[28]

일부 관리는 염색을 한 특별한 끈인 수綬를 머리에서부터 늘어뜨리고 있었다. 끈의 끝에는 관인이 묶여 있었고, 그 상태에서 허리에 차고 있는 주머니에 넣어두었는데,[29] 이 끈이 바로 인수印綬다. 관리라고 해서 누구나 인수를 가지고 있지는 않았으며, 수만 늘어뜨리고 있거나 관인만 가지고 있는 관리가 있는가 하면 둘 다 가지고 있지 않는 관리도 있었다.

관리들 중에는 유학자도 있었다. 이들은 쓸데없이 아는 것만 많아서 예법을 지나치게 들먹이는 통에 시골 마을에서는 성가시다며 외면당하긴 했지만, 그럼에도 존경받는 존재였다. 유학자들은 겨드랑이만 꿰매어 옆구리가 넓게 터진 옷인 봉액逢掖, 縫掖을 입고 머리에는 둥근 모양의 장보관章甫冠을 썼으며, 손에는 홀을 들고, 신발 코에 끈이 달려 있는 네모난 신발(絇屨, 絇履)을 신었다. 허리에는 패결佩玦을 차고 허리띠인 신紳을 둘렀으며 대검帶劍은 지니지 않고 다녔다.[30]

관리들 대부분은 정해진 제복의 범위 안에서 한껏 멋을 낸다. 그런 모습은 지금 일본의 여중생과 별반 차이가 없다. 그러나 그중에는 모피로 된 구裘처럼 뛰어나고 호화로운 옷도 있다. 제사를 올릴 때 황제는 검은색 새끼 양의 모피로 만든 대구大裘를, 제후는 검은 양과 흰 여우의 모피를 섞어서 만든 보구黼裘를 입었고 위사衛士는 호랑이와 늑대의 가죽으로 된 옷을 착용했다. 호백구狐白裘는 최고급품으로, 시베리아산 은빛 여우의 모피로 만들어진 것도 있고 여우의 겨드랑이 털만 모아서 만든 희소품도 있다. 서민도 몹시 추운 겨울에는 모피를 걸치기도 했는데, 기껏해야 개 가죽으로 만든 견구犬裘와 양 가죽으로 만든 양구羊裘만 허용되는 정도였다.[31] 여우 모피를 몸에 걸치고 곰 가죽 깔개에 앉아 실내에서 불을 쬐고 있는 사람이 헤진 옷을 입고 터진 신발을 신는 서민의 삶을 어떻게 이해할 수 있겠는가.[32]

여성의 얼굴과 몸매

농사짓는 집의 여성은 좀처럼 화장을 할 만한 형편이 되지 않는다.
특히 농번기에는 씨앗 뿌리랴 수확하랴 늘 뜨거운 태양 아래에서
땀 흘리며 일한다. 아주 가끔 행상을 찾아가 쓸데없이 돈을 써가며
백분白粉(페이스파우더)을 사기도 하지만, 백분을 발라도 햇볕에 까
맣게 탄 피부는 나아질 기미가 보이지 않는다. 도시의 패션을 동경
하면서 오늘도 그녀들은 어쩔 수 없이 농사일을 하러 간다. 이 광경
은 20세기까지도 계속되었다. 루쉰의 소설 『아Q정전』을 보면 도
시에서 물건을 되찾아온 주인공 곁으로 농촌 아낙들이 쇄도하는
광경이 그려져 있다.

그중에는 예외도 있는데, 전설 속 미녀인 나부羅敷는 녹색 능견
綾絹으로 지은 거裾(치마)와 자주색 능견으로 만든 유襦(조끼)를 입
은 멋진 모습으로 뽕을 따고 있었다고 전해진다.[33] 하지만 그런 옷
이 일반적인 농가 여성에게 어울릴지는 의견이 분분하리라 생각
한다. 남장을 한 귀부인을 좋아하는 왕도 있었으니[34] 취향이야 제
각각이지 않겠는가.

보통은 상류계급의 아가씨 정도는 되어야 화장을 할 수 있다. 미
녀로 유명한 지역은 정鄭, 위衛, 연燕, 조趙이며, 도시로는 영천潁川,
신시新市, 하간河間, 관진觀津 등이 유명하다.[35] 요컨대 황하 중·하류
지역에 미인이 많다는 말이다. 실제는 어떤지 몰라도 지금 일본의
'아키타 미인秋田美人'처럼 그 지역의 여성은 미인이라는 이미지가
있다는 말이다.

　그녀들은 패션에 신경 쓰며, 헤어스타일이나 화장법, 그리고 몸
매를 유지하는 데 민감하다. 여기서 『조옥집瑪玉集』, 『열녀전列女
傳』, 『옥대신영玉臺新詠』이라는 사료를 참고해 '미인'과 '못난이'의
기준을 살펴보자. 특히 『조옥집』은 미인과 못난이를 분명하게 구
별하고 있다. 다만 여기서 말하는 미인과 못난이는 미인과 추인을
번역한 말일 뿐이며 다른 의도는 없다는 말씀을 드린다.

　미인은 시원스러운 눈, 하얀 치아, 새하얀 팔, 날씬한 허리, 매끈
한 피부, 가늘고 길게 굽어진 눈썹, 붉은 입술, 가느다란 손가락 등
으로 그려지며, 이런 요소들이 균형 있게 갖춰져 있는 것이 좋다.[36]
그 아름다움은 복숭아와 자두 같은 매끈함, 발그레한 얼굴, 요염하
면서 수수함 등의 평가를 받는다. 정리하면 '하얀 피부에 날씬하고
뺨에는 살짝 홍조를 띠는 미인'이 좋다는 뜻이다.

　한편 못난이는 나무망치처럼 생긴 머리, 찡그린 얼굴, 거칠거칠
한 피부, 새카만 피부색, O다리, 가느다란 목, 튀어나온 이마, 턱이
없음, 새가슴, 밋밋한 어깨, 푸석푸석한 피부, 충치, 들창코, 머리카
락이 빈약함 등으로 그려진다. 그렇다면 반대로 곧게 뻗은 다리, 풍
성하고 검은 머리칼을 조금 전에 말했던 미인의 조건에 더해도 좋
을 것이다. 지금과 달리 미녀의 눈에 쌍꺼풀이 있었는지는 기록되
어 있지 않지만, 한나라 때의 글자 해설서인 『설문해자説文解字』를
보면 큰 눈을 의미하는 글자가 5개나 있고, 관련된 글자도 많아서
눈의 형태를 경시하지는 않았던 듯하다. 적어도 시력이 좋은 걸 선
호했다.

　아가씨는 한 순간도 노력을 게을리하지 않는다. '여자는 자신을

사랑하는 남자를 위해 치장한다[37]’는 당시의 말처럼 남자친구와 남편의 기대를 저버리지 않기 위해 필사적이다. 그래도 흔들리지 않는 남자에게는 “내가 머리카락에 기름을 바르고 자주 머리를 감는 건 당신에게 잘보이기 위해서야.”라고 푸념하고 싶어진다.[38] 전국 시대에는 날씬한 몸매의 여성을 좋아하는 왕 때문에 다이어트를 계속하다가 죽는 여성도 있었다.[39] 물론 여자의 가치가 외모로만 정해지는 건 아니지만[40] 대놓고 ‘여자는 얼굴이 생명’이라고 말한 남자가 있었던 것도 사실이다.[41]

여성의 체취와 헤어스타일

체취에도 신경을 쓰는 게 좋다. 여성 중에는 좋은 향기가 나는 사람이 있는가 하면 암내가 나는 사람도 있다. 이런 나쁜 냄새를 온저慍羝, 액기腋氣, 호취胡臭, 호취狐臭 등으로 불렀다. 하지만 사람의 취향은 알 수 없어서 암내를 좋아하는 사람도 있다고는 하는데,[42] 실제로는 거의 없다. 어쨌든 우리는 향수 대신 난초와 두약 오일을 뿌려보도록 하자. 신숙申菽과 두채杜蕫라는 향초를 써도 된다고 하는데, 지금으로 치면 어떤 식물에 해당하는지 잘 알려져 있지 않다.[43] 난초 연기를 옷에 쐬어주면 옷에서 난초향이 나도록 할 수 있다. 밤에는 실내에 불을 켜고 거기에 난초 기름을 섞어두면 향기가 방 안으로 퍼져나간다.

　이제 여성의 머리카락을 보자. 당시 여성은 15세가 되면 비녀를 꽂았으며,[44] 굉장히 길고 아름다운 흑발을 하고 있다. 태어나서 한 번도 머리카락을 자르지 않은 사람은 당연히 없겠지만 이발소나 미용실이 없기 때문에 궁정에서는 궁녀가 귀인의 머리카락을 잘라주고,[45] 일반 가정에서는 가족이나 하인이 잘라준다.

　머리가 너무 길어지면 비녀나 핀을 꽂는다. 헤어스타일은 시대마다 유행이 달라서 후한 시대 장안에서는 수십 cm 높이로 머리카락을 쌓아 올리는 스타일이 유행했다.[46] 서진西晉 시대에는 머리카락을 묶어 고리처럼 만든 다음 비단으로 전체를 감싸는 스타일이 궁중에서 유행했으며 나중에 민간에까지 전해졌다.[47] 전한의 상원부인上元婦人은 삼각형 모양으로 상투를 트는 삼각계三角髻,[48] 후한의 명덕황후明德皇后는 네 모퉁이를 모아 올려서 트는 큰 상투 등[49] 개성 있는 헤어스타일을 유행시키는 이도 있었다.

　도시의 헤어스타일은 최첨단 패션으로 여겨졌고, 보다 과장되어 지방으로 전해지는 경우도 있었다. 예를 들어 후한의 장안성에서 머리카락을 높이 모아 올리는 고계高髻가 유행하면 주변 지역에서는 높이가 한 자尺(약 30cm)에 달하는 헤어스타일이 등장하고, 장안에서 넓은 눈썹인 태미太眉, 廣眉가 유행하면 주변에서는 이마 절반을 가리는 눈썹이 등장했다는 얘기도 있다.[50] 풍성한 머리는 아름다움의 상징으로, 가발이나 붙임머리로 머리카락을 늘리는 여성도 많았다. 마왕퇴전한묘馬王堆前漢墓에서 출토된 여성 미라의 머리카락을 봐도 염색이나 탈색은 하지 않았지만 원래 자신의 모발에 가발이 더해져 있다. 흔히 말하는 목덜미 가발과 비슷한 형태

도판 3-5 가발〔馬王堆漢墓 출토〕

다.(도판 3-5)[51] 반대로 가난한 여성은 자신의 머리카락을 팔아서 생계를 유지했는데 이렇게 팔린 머리카락이 가발과 붙임머리를 만드는 재료로 사용되었다.[52] 당시에는 칠흑색 모발을 선호했다. 흰머리가 늘어나는 데는 스트레스가 영향을 주기 때문에[53] 가능하면 여유로운 마음으로 사는 게 좋다.

화장하는 여자

이처럼 도시에 사는 아가씨들은 아름다움을 추구하는 데 한 치의 소홀함도 없었다. 그렇기 때문에 그녀들은 화장도 매우 중요하게 생각했다. 당시에는 조장朝粧이라고 해서 아침에 일어나자마자 화장하는 게 보통이었다. 전국 시대에는 '모장毛嬙이나 서시西施라는 미녀를 찬양해봤자 자신이 미녀가 되는 건 아니지만, 립밤, 페이스

파우더, 아이브로펜슬이 있으면 2배는 예뻐질 수 있다'라는 속담이
있을 정도로 화장은 여성의 미모를 향상시키는 지름길이었다.[54]

그 방법을 소개하면, 한나라 때는 눈물을 흘린 듯한 화장, 근심
있어 보이는 눈썹, 옆으로 기울어진 헤어스타일을 하고 살랑살랑
교태를 부리는 절요보折腰步로 걸으며 치통으로 괴로운 듯한 표정
의 미소까지 지으면 어떤 남자도 단번에 무너졌다.[55] 재미있게도
일부러 눈썹을 찌푸리는 여성도 있었다. 전설적인 미녀 서시가 아
픈 가슴을 부여잡고 눈썹을 찡그린 적이 있었는데, 그 모습이 말할
수 없이 아름다웠다고 한다. 그런데 그 이야기를 들은 시골의 어떤
추녀가 그걸 따라했더니 너무나 추한 모습에 부유한 사람은 문을
닫고 가난한 사람은 보자마자 줄행랑을 놓았다는 풍문도 있다.[56]
이 이야기에서 '찡그린 얼굴을 따라 한다'는 고사성어가 유래했다.
교태도 아무나 부릴 수 있는 게 아니다.

다음으로 화장을 좀 더 구체적으로 살펴보자. 우선 눈썹은 누에
더듬이를 닮은 모습인 아미峨眉를 선호한다.[57] 털을 뽑아서 눈썹을
가지런하게 정리하고 아이브로펜슬에 해당하는 대黛로 눈썹을 그
린다.[58] '남도南都의 석대石黛'라는 브랜드 제품이 유명하다.[59] 눈썹
모양에도 유행이 있어서 앞서 말했던 것처럼 이마의 절반을 가리
는 눈썹을 그리는 게 붐이었던 시대도 있다.[60] 물론 모두가 같은 화
장을 했다고 할 수는 없다.

페이스파우더는 납, 수은, 쌀가루를 이용해 만들었는데, 특히 납
으로 만든 파우더는 호분胡粉이라고 불렸다.[61] 호분을 바른다고 해
도 가부키 배우처럼 새하얗게 되기보다는 얼룩 없이 투명한 느낌

이 드는 흰색으로 마무리되었던 것 같다.[62] 분을 바른 다음에는 즉시 실크 퍼프를 사용해 닦아두자. 화장 때문에 피부가 거칠어지거나 여드름을 터트렸다가는 도리어 악화될 수도 있기 때문에 옛날에도 이런 부분에는 신경을 많이 썼다.[63]

화장품 상자인 염奩에서 작은 손거울을 꺼내 천으로 문질러 얼룩을 닦아낸 다음, 자신의 얼굴을 바라본다.(도판 3-6) 일부러 보조개를 붙이는 화장도 있다.[64] 화장할 때 남편이 도와주기도 했는데 부임지에서 혼자 근무하던 남편이 아내에게 '내가 돌아가면 눈썹을 그려주겠소'라는 시가를 보낸 일도 있다. 하지만 애정 표현도 너무 지나치면 주변 사람들이 뒤에서 험담을 할 수 있으니 주의해야 한다.[65]

옻칠한 화장품 상자에는 향료인 산초를 가득 담고 그 안에 화장 도구를 넣어두었기 때문에 어느 화장 도구에서나 좋은 향기가 난

도판 3-6 옻칠된 화장품 상자와 빗〔安徽省 天長市 祝澗村漢墓 출토〕

다. 전국 시대 귀족의 무덤(형주시荊州市 포산2호묘包山二號墓)에서 출토된 화장품 상자에는 산초와 함께 둘레 11cm 크기의 네모난 구리거울인 방형동경方形銅鏡과 지름 15cm의 동그란 구리거울인 원형동경圓形銅鏡, 뼈로 만든 비녀 2개, 조개껍데기 한 쌍, 분을 칠할 때 쓰는 실크 퍼프가 들어 있었으며, 아마도 당시에는 남성 귀족도 화장을 했던 것 같다. 조개껍데기 안에는 립글로스와 입술연지가 들어 있다.[66] 입술연지는 홍남화紅藍花를 원재료로 만든 연지로, 대표적인 브랜드 제품은 북지군北地郡(지금의 감숙성 동부)에서 생산된 것이다.[67]

액세서리가 과하지 않은지 거울로 확인

마지막으로 액세서리를 착용한다. 당시 남녀는 남중국에서 발상되었다는 귀고리珥를 했다.[68] 사천성의 깊은 산속에서는 코에 피어싱을 하는 사람도 있었다.[69] 남성이 귀에 하는 장식은 충이充耳라고 불렸으며, 그 기원은 춘추 시대로 거슬러 올라간다.[70] 그런가 하면 전국 시대에 왕을 모셨던 시녀는 손톱을 자르지 않고, 귀고리를 하기 위한 구멍을 뚫지도 않았다.[71] 아마도 귀를 뚫어도 되는 여성과 그렇지 않은 여성이 있었던 것 같다. 마치 지금의 여고생 중에서도 다니고 있는 학교의 교칙에 따라 피어싱을 할 수 있는 학생과 금지된 학생이 있는 것처럼 말이다.

또 한나라 때는 멋을 부리기 위해 반지를 끼는 사람이 별로 없었
다고 한다.[72] 여성의 명기(무덤에 넣어두기 위해 흙으로 만든 미니어처)
를 보면 반지를 하고 있는 게 많아서, 반지를 착용한 예가 없지는
않은 것 같다.(도판 3-7) 다만 약혼반지나 결혼반지를 끼는 습관은
없었다.

화장품 상자에 들어 있는 물건 중에는 문양이 새겨진 유리구
슬인 청령옥蜻蛉玉도 있어서 멋쟁이들은 청령옥을 착용했던 것
으로 보인다. 규산이 주성분인 유리는 새로 만들어내려면 약
1200~1500도의 고온이 필요하지만 재가공할 때는 약 800도면 충
분하기 때문에 전국 시대 이전에는 서방에서 들어온 유리를 재가

도판 3-7 거울을 들고 있는 여성. 흙인형陶俑
〔成都市 郫縣 宋家林後漢磚墓 출토〕

공하는 게 고작이었다.[73] 한나라 때는 반투명인 유리창이나 유리
잔도 등장하기는 하지만 어쨌든 보기 드문 물건이었다.

　이외에도 여성의 액세서리에는 아름다운 물건이 많았다. 4세기
무렵에는 금, 은, 상아, 뿔, 별갑鼈甲 등의 재료로 만든 도끼斧, 대형
도끼鉞, 낫처럼 생긴 창戈, 끝이 뾰족한 창과 낫처럼 생긴 창이 합쳐
진 창戟 모양의 비녀나 액세서리가 유행했지만[74] 그때를 제외하면
예쁜 물건들이 오랫동안 사랑받았던 것 같다.

　이 정도면 몸단장은 거의 다 한 듯하다. 이제 거울을 보면서 마지
막으로 점검해보자.[75] 한나라 이전에는 금속으로 된 큰 대야에 물
을 가득 채운 다음 그 수면을 거울로 사용했으나, 한나라 때는 구리
거울인 동경銅鏡이 점차 주류가 된다. 거울에는 경대鏡臺도 있고 손
거울도 있다. 4세기에 살았던 하급관리의 묘에서는 구리거울과 나
무빗이 출토되어 남성 노인도 구리거울과 빗을 사용했음을 알 수
있다. 한편 화장용 거울에는 손거울과 받침대에 세워놓은 방식의
거울이 있다. 전한 시대 묘에서는 전신을 비춰주는 화장대용 거울
도 출토되었다.

　여성의 화장용 거울 중에는 사랑에 빠진 여성의 마음을 표현한
글귀가 새겨진 것도 있다. 특히 전한 시대에는 실제로 자유연애를
하는 분위기가 남아 있었기 때문에, 그 무렵 만들어진 구리거울에
는 '오래 사귄 여자친구를 버리고 새로 어린 여자를 만나 장가를 가
면 안 된다'는 경고 문구가 새겨져 있다. 그런가 하면 후한 시대 거
울에는 부부의 화합을 강조하는 글귀가 새겨져 있기도 했다. 지름
13cm 크기의 손거울은 대개 300전錢 정도라서 하급관리도 충분히

구입할 수 있는 물건이었다. 마지막으로 거울을 보며 패션을 점검

하고 밖으로 나가보자.(도판 3-7)

제4장

아침 식사를
하다

오전 8시경

식사 횟수

이제 아침 식사를 준비할 시간이다. 원래 아침을 먹는 시간은 지금보다는 조금 더 지난 오전 9시 전후로, 그때를 '식시食時'라고 부른다.[1] 그러나 당시에 '종조終朝(식시)까지 아침밥을 먹지 않으면 안절부절못하고 밥 먹을 생각만 한다'는 말이 있었듯이[2] 식시까지는 아침식사를 하는 게 보통이었고, 그보다 조금 일찍 먹기도 했다. 사실 농사일을 하기에는 햇볕이 쨍쨍 내리쬘 때보다는 아침이 더 좋다. 당시 농민들은 이를 잘 알고 있었기에 일하기 좋은 9시경에 한가하게 아침밥이나 먹고 있지는 않았을 것이다. 그래서 우리도 오전 8시경에 아침밥을 먹는 것을 목표로 지금부터 준비해보자.

　참고로 춘추 시대 진나라의 평공平公은 매일 '아침 식사'와 '저녁 식사'만 했다.[3] 전한의 고조 유방劉邦도 아침과 저녁에 식사를 했다.[4] 다만 한나라가 안정되면서 황실 사람들의 하루 식사 횟수도

3~4회로 늘어난 듯하다.

회남 지역의 왕 유장은 모반을 일으켰다가 좌천되었는데, 특별히 하루 3번 식사를 해도 좋다는 허락을 받았다.[5] 이를 볼 때, 다른 왕과 제후들도 하루 3번 또는 그 이상 식사를 했음을 짐작할 수 있다. 또한 후한 시대의 서적에 따르면 왕은 하루 4번, 제후는 3번, 경卿·대부大夫는 2번 식사를 했던 것으로 보인다.[6]

서민들은 황실 사람들이나 고관대작보다 검소하게 식사를 했을 테니 잘해야 하루 2번 전후로 식사를 했을 것이다. 서진 시대의 문인 속석束晳(264~303년경)의 시에도 '저녁 식사는 향기가 그윽하고, 아침 식사는 산뜻하게 준비한다'고 했다.[7] 그래서 아침 식사를 너무 이른 시간에 먹으면 저녁을 먹기 전에 배가 고프게 된다. 무엇보다도 20일 동안 9번밖에 식사를 하지 못하는 가난한 사람도 있었기 때문에[8] 이 시간대가 아침 식사를 하기에 아슬아슬한 한계선일 것이다. 한편 전한의 무제는 정변으로 세상이 어지러워지자 그에 책임을 느끼고 스스로 식사를 하루 한 끼로 줄이기도 했는데 이는 아주 예외적인 일이다.[9]

요리는 누가 했을까?

당시 주방을 보면 전문 요리사는 주로 남성이었다.[10] 한나라 때의 무덤에 남아 있는 부조(화상석畵像石) 속에 그려진 요리사도 남성이

많다. 참고로 『주례周禮』도 한번 살펴보자. 『주례』는 주나라 왕실
과 전국 시대의 제도를 모은 책인데, 한나라에 이르러서는 유가儒
家의 정치적 이상에 의해 윤색되고 만다. 『주례』를 보면 음식을 차
려내는 선부膳夫, 칼로 써는 작업을 전담하는 포인包人, 삶는 요리
담당인 팽인烹人, 육류 요리사인 수사獸師, 영양사인 식의食醫, 소믈
리에인 주정酒正, 조미료 담당인 염인鹽人 등의 관리 이름이 등장
해, 전문 요리사들의 역할이 세세하게 나뉘었음을 알 수 있다. 이
는 현대 일본 요리사들을 화판花板, 입판立板, 자방煮方, 소방燒方 등
으로 분류하는 것과 유사하다. 『주례』에 나오는 제도가 실제로 존
재했든 아니든 간에, 전문 요리사는 주로 남성이었고 한나라 때 고
급 요리사는 맡은 일에 따라 세세하게 포지션이 구분되어 있었음
을 알 수 있다.

조리장의 열기가 너무 뜨거울 때면 요리사들은 가끔 밖으로 나
와 열을 식힌다.[11] 더울 때 얼음을 먹는 사람도 있었을 것이다.[12] 마
을에는 얼음 창고가 있었는데 겨울에 강이나 연못에서 얼음을 가
져와 넣어두었으며, 음식을 보존하는 데도 이 얼음을 사용했다.[13]

한편 일반 가정의 주방에서는 여성들이 분주하게 요리한다.(도
판 4-1)[14] 남북조 시대가 되면서 북조에서는 활동적인 여성이, 남조
에서는 집순이 스타일인 여성이 늘어난 걸 보면 여성이라고 해서
반드시 집 안에 머물며 살림을 하지는 않았던 것으로 보인다. 하지
만 '옷과 음식은 여성이 담당'한다는 관념은 그 이후에도 변함없이
유지되고 있다.[15] 어쨌든 고대를 통틀어 아내를 위해 집에서 요리
하는 남편은 드물었다.[16] 아내는 길어온 우물물을 아궁이 위에 올

도판 4-1 요리를 하는 여성. 화상전畵像磚
〔嘉峪關市 新城魏晉5號墓 출토〕

려놓고 아궁이에 짚과 장작을 넣은 다음 양수陽燧나 부싯돌을 이용
해 불을 지핀다. 양수는 햇빛으로 불을 붙일 때 사용하는 오목한 모
양의 거울이다.

　식탁도 한번 보자. 빈부 격차가 심했던 시대라서 '일반 가정의 식
탁'이 어떠했을지 상상하기는 쉽지 않지만 적어도 곡물, 채소, 소금
정도는 식탁에 올라가 있었다.

주식 준비

이제 당시의 레시피를 좀 더 구체적으로 들여다보자. 우선 곡물부
터 보면, 지금은 당연히 '주식은 곡물이고, 곡물이라고 하면 쌀, 쌀

이라고 하면 논농사, 쌀 이외는 잡곡'이라고 생각하지만 적어도 고대 화북 지방에서는 그렇게 생각하지 않았다. 황하 유역에서는 좁쌀을 주식으로 먹었고, 조금 더 낮다고 하면 기장이었으며, 보리를 먹기도 했다.(도판 4-2) 어느 곡물이 더 맛있는지는 사람마다 다를 텐데, 후한 시대 사상가 왕충王充은 기장이 제일이고, 벼가 두 번째, 밀과 콩은 별로라고 생각했다.[17]

벼, 조, 기장, 보리는 주로 입식 즉, 알곡인 채로 먹는다.[18] 당시에는 곡식을 물에 넣고 끓이다가 건져낸 다음 쪄서 먹었다. 이렇게 끓이다가 쪄서 밥을 짓는 방식을 현대 중국에서는 라오판撈飯이라고 부르는데, 끓일 때 나오는 국물을 버리면서 비타민과 단백질도 함께 버리게 되므로 그다지 영양이 풍부하지는 않다. 서민들은 이렇게 지은 밥과 파 잎을 먹는 정도로 식사를 했다.[19] 조는 분식으로도 먹었다. 분식은 곡물을 가루로 만든 다음, 물과 함께 반죽해서 떡이나 면으로 만들어 먹는 방법이다. 분식으로는 자병煮餅이나 수수병水溲餅이 알려져 있다. 자병은 라면, 수수병은 수제비와 비슷한 음식이다.

실제로 청해성青海省 민화현民和縣의 라자喇家촌 유적에서는 BC 2000년경의 좁쌀면이 발견되었다.[20] 그러니 서주西周의 문왕文王도, 진의 시황제도, 항우와 유방도, 삼국 시대의 유비, 제갈량, 조조 등도 평소에 면을 먹었다는 말은 전혀 이상할 게 없다.

한편 밀을 어느 정도까지 먹었는지는 의문이다. 밀은 알곡 그대로 먹을 수 있기는 하지만 부드러운 배유부胚乳部와 달리 겉껍질이 딱딱한 데다 겉껍질이 배유부에 박혀 있는 부분도 있기 때문에, 배

도판 4-2 산시성陝西城의 조粟

유부는 그대로 놔두고 겉껍질만 제거하기가 쉽지 않다. 그렇기 때문에 막대기로 두드려서 탈곡을 한 후에 겉껍질과 배유부를 나누지 않고 그대로 가축이나 수력을 이용한 연애碾磑, 즉 맷돌로 갈아서 가루를 만들어 먹는 편이 낫다. 연애는 곡식을 탈곡, 정백할 때 사용하는 구臼(절구)나 대碓(디딜방아)처럼 수직으로 내려치는 방식이 아니라 수평 방향으로 움직이면서 가는 도구다. 이런 연애의 보급과 밀의 분식은 당나라 때가 되어서야 비로소 활발해졌다는 게 통설이지만[21] 한나라 때부터 밀을 분식으로 먹었다는 주장도 있다.[22]

　사실 한나라 때의 유적에서 발견된 유물 중에는 수평운동을 하는 맷돌도 있다.(도판 4-3) 후한 시대의 동요에 '밀은 아직 푸릇푸릇

도판 4-3 한나라 때의 맷돌(碾磑)〔居延 지방 K710 출토〕

하지만 보리는 이미 시들고 있네. 보리 걷는 사람은 아낙네들뿐. 남
자들은 모두 서쪽 전쟁터로 갔다네[23]'라는 노랫말이 있는 걸 보면,
한나라 때 밀을 전혀 먹지 않았다고 보기는 어렵다. 그렇다고 밀이
널리 보급되었다고 말할 수도 없다.

　덧붙여 3세기 무렵에는 납작하고 동그란 호떡이 유행하고 이스
트균을 넣어 발효시키는 기술도 확립되었으며, 7세기의 투르판 지
방에서는 만두도 먹었다. 정리하면 밀을 가루 내어 먹는 것은 한나
라에서 당나라에 걸쳐 서서히 늘어났다고 보는 것이 온당하다고
생각한다.

　장강 이남에서는 쌀을 먹었다. 쌀은 크게 인디카와 자포니카로
나눌 수 있으며 자포니카는 다시 열대 자포니카와 온대 자포니카
로 나뉜다. 여기서 말하는 자포니카는 장강 중·하류 지역이 원산지

라고 하며 한나라 때 장강 유역에서도 이 품종을 먹었다. 인디카는 홀쭉하고 푸석푸석한 쌀로, 지금은 인도 카레 가게에서 쉽게 볼 수 있다. 엄밀하게는 '찰진 인디카'와 '푸석한 인디카'가 있지만[24] 역사적으로 동아시아 사람들에게는 먹을 기회가 별로 없었던 품종이다. 장강 유역의 자포니카는 특히 아밀로스가 풍부하며, 일본에서 먹는 찰기 있는 쌀과 비슷하다.

쌀은 물로 밥을 지어 먹는데, 그때는 청동기나 토기 시루를 사용한다. 시루는 항아리 모양의 특이한 조리 도구로, 발이 없는 큰 솥 위에 올려놓고 쓴다. 우선 아래에 있는 솥에 물을 넣어 끓이고, 솥 위에는 시루를 얹는다. 시루 바닥에는 구멍이 송송 뚫려 있는데, 그 구멍들 위에 깨끗한 헝겊을 깐 다음 곡물을 넣는다. 물이 끓으면 아래쪽에서 서서히 김이 올라오면서 곡물이 쪄진다. 시루에서 지은 밥을 분饙이라고 하는데, 찜통에 찐 밥처럼 포슬포슬하다. 수분을 더 많이 머금고 있는 밥은 류餾라고 한다. 곡물을 미리 말려두었다가 손님이 왔을 때 뜨거운 물을 부어 죽처럼 만들어서 대접하기도 했는데, 지금의 인스턴트식품과 비슷하다고 할 수 있다.

주방은 어땠을까?

주방에는 부뚜막이 있다.(도판 4-4) 부뚜막은 '조竈'라고 쓴다. 일반적으로 한나라 때의 부뚜막에는 구멍이 뚫려 있어서, 거기에 솥과

도판 4-4 부뚜막 명기明器〔湖北省 荊州市
謝家橋1號漢墓 출토〕

시루를 걸었다.[25] 이런 형태를 부증형식釜甑形式이라 부르며 삼국
시대 이전에 주류를 이루었다. 행군을 하는 군대도 솥과 시루를 이
용해 밥을 지었는데[26] 이는 밥이 주식이었음을 말해준다.

　이처럼 부뚜막은 음식을 만드는 데 필수적인 시설이었으며, 대
부분의 집에 부뚜막이 있었기 때문에 3일간 부뚜막에 불을 지필 수
없으면 가난하다고 여겨졌다.[27] 이는 당시 사람들에게 하루나 이
틀 금식하는 일은 충분히 있을 수 있었음을 시사한다. 어쨌든 당시
에는 집집마다 식사 때가 되면 부뚜막에서 연기가 모락모락 피어
올랐다. 이와 반대로 일부 지역에서는 한겨울에도 한 달 넘게 불
을 사용하지 못하게 하는 관습이 있었다. 그래서 따뜻한 요리를 먹
지 못하는 건 물론이고 난방도 할 수 없어서 얼어 죽는 사람이 많았
다.[28] 이처럼 굴뚝에서 피어오르는 연기는 그 집에 살고 있는 사람

들의 생사를 알려주는 역할도 했다. 또 지붕 위로 솟아 있는 굴뚝에는 종종 제비와 참새가 둥지를 틀기도 했다.[29]

　부뚜막은 전체적으로 사각형인데 몇 가지 유형이 있다. 어떤 부뚜막은 조리를 하는 사람이 서 있는 곳과 불을 지피는 아궁이가 일자로 배치되어 있고, 또 다른 부뚜막은 한쪽에 조리하는 사람이 서고 그 사람의 왼쪽과 오른쪽에 불을 지피는 아궁이와 굴뚝이 있었다. 한나라 때는 전자에서 후자 쪽으로 변해갔다.[30]

　전자는 조리하는 사람이 스스로 화력을 조절할 수 있다는 점에서 편리한 반면, 발 근처에 불이 있어서 조금 위험하다. 후자는 화력을 조절하려면 조리하는 사람이 일일이 좌우로 이동하거나 조리 담당과 화력 담당이 따로 필요하기 때문에 조금 번거롭기는 하지만 그 대신 조리 기구를 조작하기에 편리하다는 장점이 있다.

서민의 부식

식사에는 탄수화물이나 단백질이 빠질 수 없다. 탄수화물은 생명을 유지하는 데 필요한 에너지원으로, 과일이나 꿀 혹은 곡물 속에 있는 전분을 통해 섭취한다. 전분은 오랫동안 보존할 수 있다는 점에서 귀중하다. 한편 단백질은 보존하기 어려운데, 대두는 예외적으로 보존하기 매우 쉬운 식품이다. 한나라 때는 북중국에서 대두를 즐겨 먹었다.[31]

하지만 다른 고단백 식재료는 보존하기가 어렵기 때문에 건조, 탈수, 발효, 가열, 냉장, 냉동, 훈증, 밀폐 등을 통해 신선도를 유지하는 기술이 꼭 필요했다. 사람이 살아가려면 탄수화물과 단백질 이외에도 다양한 영양분을 섭취해야 한다. 그래서 부식 즉, 반찬이 필요하다.

뭐니 뭐니 해도 가장 대표적인 반찬은 채소다. 저렴한 채소로는 파, 부추(야생 파나 달래를 포함할 수도 있음), 숙주가 있다.³² 한나라 때 시가에서 '출세했다고 해서 조강지처를 버리지 마라. 생선과 고기가 싸다고 파와 부추를 버리지 마라. 삼베가 싸졌다고 골풀과 볏짚을 버리지 마라'라고 했듯이, 빈민들 대부분은 골풀이나 볏짚을 엮어 몸을 가리고 파와 부추를 먹었던 것으로 보인다. 부추는 계란과 함께 볶아서 먹는 게 일반적이었다.

부추, 파, 숙주 외에도 다양한 채소를 먹었는데, 예를 들어 장안에서는 진나라의 귀족인 소평召平이 심기 시작한 동릉과東陵瓜, 즉 오이가 유명했다.³³ 오이는 음력 8월경에 껍질을 벗기고 절임으로 만들어서 먹는다.³⁴ 그 밖에도 명아주 잎이나 콩잎 등이 저렴한 식재료로 알려져 있다.³⁵ 또 기근이 들었을 때는 뽕나무 열매, 부들, 돌콩, 달팽이, 우렁이 등도 먹었다.³⁶

이처럼 몇몇 채소가 반찬으로 인기를 얻은 반면, 평소에 쇠고기를 반찬으로 먹는 서민은 거의 없었다. 이는 쇠고기가 입에 맞지 않아서 그런 게 아니라 소가 귀한 데다 농사를 짓는 데도 도움이 되기 때문이다. 전국·진한 시대에는 농사를 지을 때 부리는 소를 죽이지 못하도록 하는 정책도 있었으며, 함부로 쇠고기를 먹은 백성은 천벌을 받는다고도 했다.[37] 그러므로 쇠고기는 제삿날이나 되어야 맛볼 수 있을 정도였고, 대신 개고기를 먹으며 참는 수밖에 없었다.

양고기 꼬치도 현대 중국에서는 싸지만 한나라 때는 쉽게 구할 수 없는 음식이었다.[38] 하급 관리조차 매일 찐 쌀과 채소를 먹었고[39] 공무 출장 중에도 역사驛舍에서 곡물, 조미료, 부추나 파를 넣고 끓인 국을 먹는 게 고작이었다.[40] 어쨌든 고기는 상당히 비쌌던 것으로 보인다.

바다에 가까운 지역이나 하천 유역에서는 빈부에 상관없이 쉽게 생선을 먹을 수 있었고, 활어회가 나오는 곳도 있었다.[41] 내륙 지방에서도 생선을 좋아했는데, 예를 들면 전국 시대 노나라의 장관이었던 공의휴公儀休가 생선을 좋아하기로 유명했다. 그러한 요구에 부응하기 위해 물고기를 양식하기도 했다.[42] 그러나 생선은 특정 지역에 한정된 식재료였다. 여기서는 가장 대중적인 채소를 먹는 걸로 하자.

채소의 조리 방법으로는 우선 수프(국)를 들 수 있다. 수프는 전형적인 가정 요리로, 건더기가 많아서 프랑스 요리인 포토푀pot-au-feu와 비슷하며 서민들도 집에서 먹었던 듯하다. 어른이 되고 나서 어머니가 만들어준 수프의 맛을 잊지 못하는 사람도 있었다 하니[43] 현대 일본인에게는 된장국에 해당하는 음식이다. 다른 레시피도 여러 가지 알려져 있었지만, 청동제 조리 기구를 사용하던 상류계급과는 달리 서민은 토기나 와기瓦器로 조리하기 때문에 기름과 화력이 필요한 볶음 요리나 튀김은 할 수 없었다.[44] 그래서 서민의 조리 방법은 굉장히 제한적이었다.

상류계급의 부식

서민 요리와는 대조적으로 상류계급들은 소·양·돼지·말·사슴·개·
토끼 등의 가축, 닭·꿩·오리·메추리·참새·기러기·백조·학 등의 조
류, 잉어·붕어·쏘가리 등의 생선을 먹었다. 특히 송아지, 새끼 양,
어린 새처럼 부드러운 고기를 선호했으며, 봄에는 번식기에 있는
거위를, 가을에는 어린 닭을, 겨울에는 온실에서 기른 아욱과 부
추를 먹는 등 계절마다 호화롭고 현란하기 그지없는 요리를 먹었
다.[45] 전국 시대의 왕 중에는 곰 발바닥이나 닭발을 좋아하는 사
람도 있었다. 잉어회, 알배기새우 수프, 구운 자라 같은 메뉴도 있
다.[46]

　부자들 중에는 식재료가 어떻게 길러졌는지부터 깐깐하게 신경
쓰는 미식가도 있었다. 그중에서도 사람의 모유로 키운 돼지를 먹
는 미식가가 있어서 해도 해도 너무한다는 비난을 받았다.[47] 현대
에도 이베리코 돼지에게 도토리를 충분히 먹여서 맛있는 하몽을
만드는 방법이 알려져 있는데, 이렇게 사료를 통해 식재료의 맛을
좋게 만든다는 점에서 당시의 발상 자체는 지금과 비슷한 점이 있
다. 그렇게 하면 맛있으니까 어쩔 수 없는 일이다. 필자도 이베리코
돼지로 만든 하몽을 굉장히 좋아한다.

　하지만 너무 호화로운 식사를 하면 서민들이 시기하므로 정치
인이라도 검소한 식사를 하는 게 바람직했다. 또 좋은 음식을 너무
많이 먹으면 비만, 통풍, 당뇨병에 걸릴 수 있는데, 그때도 이미 그
런 식단의 위험을 경고하는 목소리가 있었기에 독한 술이나 기름

진 고기는 건강에 좋지 않다고 여겼다.[48]

　상류계급 사람들은 육류도 마음껏 먹었다. 조리법으로는 양념을 한 육포인 오熬, 고기가 들어간 수프인 갱羹, 고기를 넣은 채소 수프인 탁濯, 육회·고기를 불에 구운 자炙, 조림 요리인 유濡 등이 있다. 수프는 누룩·소금·술 등을 기본으로 해서 어떤 재료를 추가하느냐에 따라 메뉴가 달라지는데 잘게 자른 육포를 넣은 해갱醢羹, 쌀가루와 고기를 넣은 백갱白羹, 미나리와 고기를 넣은 건갱巾羹, 순무와 고기를 넣은 봉갱葑羹, 씀바귀와 고기를 넣은 고갱苦羹, 이렇게 5개가 대표적이다. 그 밖에도 곡물과 고기를 함께 조리하는 요리도 있었다. 예를 들면 삼糝은 소·양·돼지 고기를 작게 자른 다음 찹쌀과 고기를 2:1의 비율로 섞어서 구운 요리다.

　고기로 만든 꼬치구이도 부자들이 자주 먹던 음식으로, 요리사가 고기를 나무 꼬치에 꿴 다음 뽕나무 숯과 같은 고급 숯으로 구워서 만든다.[49] 고기 부위도 세밀하게 나누었는데, 마왕퇴1호한묘馬王堆一號漢墓에서 나온 부장품 목록인 유책遺冊을 보면, 지금과 마찬가지로 고기를 등심, 삼겹살, 부채살, 간, 위, 천엽, 혀, 염통 등으로 따로따로 나누어 부장副葬한 점이 흥미롭다.

　상류계급이 사용하는 조미료도 아주 다양하다. 사탕수수즙인 탁장拓漿은 중요한 조미료였고 후한 시대에는 음료로도 먹었다. 사탕수수는 고대에도 씹어 먹는 게 일반적이었으며, 탁장은 특히나 손이 많이 가는 조미료나 음료로 여겨졌다.[50] 당시에는 아직 설탕이 없었기 때문에 사탕수수는 중요한 감미료였다. 또 곰 발바닥을 먹을 때는 작약 뿌리를 섞은 장醬을 사용했다.

　장은 당시 가장 인기 있는 조미료 중 하나로 콩이나 고기, 생선에
다 소금, 누룩, 향신료를 더해서 만들며 거기에 젓갈을 섞어서 사
용할 때도 많다. 젓갈은 말린 고기 다진 것과 소금, 좁쌀로 만든 누
룩, 술을 섞어서 항아리에 넣고 밀폐한 다음, 백일 동안 숙성시켜서
만든다. 콩에 소금을 섞은 후에 어두운 곳에서 차분히 숙성시킨 메
주도 인기가 많다.[51] 향신료로는 생강, 산초[52], 계피, 양하蘘荷, 염교,
목련이 있고 전한 중기 이후에는 서역에서 마늘도 전해져 원래 중
국에 있었던 마늘과 함께 고기 요리에 사용되었다.[53] 일반 가정에
서 먹을 수 있었던 양조羊棗는 대추의 일종으로, 입안을 깔끔하게
하는 데 좋다. 고추와 두부는 아직 없었기 때문에 마파두부는 당시
에 존재하지 않았다. 중국 고대 요리는 지금의 중국 요리와는 전혀
다르다고 보면 된다. 어쨌든 당시 사람들도 알고 있듯이 강렬한 양
념, 강한 향신료, 진한 술은 몸에 나쁘니까[54] 여기서는 담백한 요리
를 먹기로 하자.

　상류계급의 식탁에는 또 다른 진미가 있다. 후한 말 승상이었
던 조조는 북방 지역에서 생산되는 요구르트(낙酪)를 입수해 신하
들에게 나눠줬고,[55] 동진 시대에는 승상인 왕도王導가 방문객에게
을 대접하기도 했다. 그 후에 낙은 남쪽에도 전해졌다.[56] 북위 시대
의 『제민요술齊民要術』이라는 책에는 건조한 치즈(乾酪)와 버터 오
일(酥) 등의 유제품을 만드는 방법이 적혀 있다.[57] 유제품은 목축을
하는 사람들에게 가장 중요한 식품인데[58] 그 무렵에 북방 유목민
이 화북으로 몰려들면서 그 영향으로 북방의 식문화도 함께 유입
된 것으로 보인다. 장강 유역에서 나는 식해(鮓), 마름菱 열매, 창포

무침도 화북에 진미로 전해졌을 가능성이 있다.[59] 다만 이런 진미
는 어디까지나 상류계급의 입에나 들어갈 뿐이었고, 서민과는 관
계가 없는 음식이었다.

식기의 종류와 사용법

바로 식사를 해보자. 식기에는 어떤 것들이 있고 어떻게 사용할
까?[60] 상류계급은 청동기와 옻칠한 목기를 식기로 사용했고, 서민
은 목기, 대나무, 토기, 와기를 썼다. 음식을 먹을 때는 젓가락, 숟가
락, 포크를 사용했다. 포크는 칼이나 숟가락과 함께 사용하기도 했
지만, 진한 시대 이후로는 쓰이지 않았다. 포크는 고기를 먹을 때
사용하는데 쓸 기회도 적은 데다 젓가락이 더 편리하기 때문에 서
서히 도태된 것이다.

젓가락은 한나라 때 많이 사용되었는데, 주로 청동이나 대나무
로 만들었으며 시장에서 구입할 수 있었다.[61] 선진 시대先秦時代 유
적에서는 뼈, 청동, 상아로 만든 젓가락이 많이 출토되었는데 대개
길이 25cm 전후, 지름 2~3mm의 원기둥 모양이며, 수프에 들어 있
는 채소를 건져 먹을 때 사용되었다. 개중에는 옻칠이나 투조透彫
등 뛰어난 기교를 뽐내는 물건들도 있다.[62] 밥 먹을 때는 숟가락을
사용하며 밥공기를 들고 먹는다.[63]

식기는 너무 호화롭지 않은 게 좋다. 상아 젓가락을 쓴다면 당연

히 토기 접시와는 어울리지 않을 테니 코뿔소 뿔이나 옥으로 만든 그릇을 쓰게 될 것이고, 그 안에는 모우旄牛(야크)나 코끼리 고기 또는 표범 내장을 담게 되며 심지어는 호화로운 저택에 살면서 비단 옷을 입고 싶어질 것이다.[64] 인간의 욕심은 이렇게 끝이 없기 때문에 식기도 적당한 물건으로 고르는 것이 좋다.

앉는 방법과 자리 배치의 예법

식사할 때는 자리에 앉아서 먹는다. 고대 중국의 앉는 방법으로는 무릎을 꿇고 앉는 좌坐, 무릎을 대고 서는 궤跪, 무릎을 세우고 쪼그려 바닥에 앉는 준거蹲踞, 두 다리를 뻗고 앉는 기거箕踞가 있는데[65] 식사할 때는 무릎을 꿇고 앉는 자세가 일반적이다. 지금의 일본에서는 무릎을 구부린 상태에서 다리를 벌리고 발끝으로 쪼그려 앉는 방법을 준거라고 하며, 검도를 하는 사람들이라면 친숙한 자세일 것이다. 하지만 고대 중국의 준거는 무릎을 세우고 바닥에 쪼그려 앉는 자세에 가까우며, 당시 사람들은 이를 무례한 자세라고 여겼다. 두 가지 준거가 완전히 다르게 앉는 방법이므로 주의해야 한다. 윗사람과 함께 자리할 때는 고대 중국에서도 편하게 앉으면 안 되며, 무릎을 꿇는 자세를 하는 것이 가장 좋다. 하지만 그렇게 앉아 있으면 다리가 저릴까 봐 고민이 된다.[66]

후한 말에는 호상胡床, 즉 의자가 서역에서 전래되어 호좌胡坐(책상다리)도 하게 되었다. 그 이전에도 어딘가에 앉는 사람은 있었는데, 예를 들면 고조 유방은 참모인 역이기酈食其, 장군 영포英布와 만났을 때 평상에 앉았다.[67] 평상은 직사각형 모양의 낮은 의자臺座와 비슷하며 잠잘 때는 침대로 사용되기도 했다.(도판 4-5)

　　그러나 의자에 앉는 것은 그다지 예의 바르다고 할 수 없었으며, 의자가 전래된 이후에도 무례하다고 여겨졌다.[68] 무릎을 꿇을 때는 혼자밖에 없다면 판독좌板獨坐라고 하는 의자에 앉고, 여러 명이라면 폭 80cm 정도 되는 평상이나 더 큰 의자에 앉는다. 이런 의자와 평상은 주로 나무로 만들며 평소에는 벽에 세워두었다.[69]

　　사람들은 평상이나 의자 위에 방석 같은 깔개를 깔고 앉는다. 깔개를 여러 장씩 겹쳐서 앉는 경우도 있었다. 후한 시대에 황제 앞에서 논쟁이 벌어진 일이 있었는데, 어느 학자가 뛰어난 의견을 올릴 때마다 황제는 그에게 깔개를 하사해, 나중에는 8~9장을 겹쳐서 깔고 앉게 되었다고 한다.[70] 마치 TV 프로그램 「쇼텐笑点(재치 있는 입담을 겨루는 일본의 장수 TV 프로그램으로 큰 웃음을 준 출연자는 상으로 방석을 받아 더 높은 자리에 앉음_옮긴이)」을 현실에 옮겨놓은 듯하다. 가난한 집에서는 따로 마련된 좌석조차 없어서 평상에 그대로 앉는데, 겨울에는 너무 춥다 보니 양가죽을 깔고 앉기도 했다.[71] 효심이 지극했던 나위羅威는 추운 날이면 자신의 체온으로 자리를 따뜻하게 데운 후 노모를 앉게 했다는 이야기도 전해온다.[72] 반대로 부유한 집에서는 계절에 따라 여러 가지 깔개를 바꿔가며 사용했다. 참고로 황제가 내린 칙서가 도착했을 때는 비록 식사 중이었더라도 깔개에서 일어서서 공손하게 명령을 받아야 했다.[73]

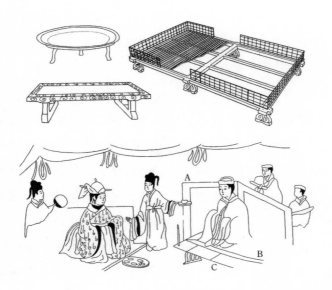

도판 4-5 청동 밥상(왼쪽 위). 모사〔廣東省 廣州
출토〕, 옻칠한 밥상(왼쪽 아래). 모사〔河南省信陽
출토〕, 나무 밥상(오른쪽 위). 모사〔河南省
信陽 출토〕, 병풍A·평상B·밥상C(아래). 모사
〔遼寧省遼陽漢墓 벽화〕

　자리에 앉으면 바로 앞에 있는 궤几에 음식이 차려진다. 궤는 안
案이라고도 불렸는데 밥상으로 쓰기도 하고 자리에 앉았을 때 기
대는 용도로도 쓰였다. 궤 중에는 양 옆에 팔걸이가 있는 형태인 복
궤伏几(당나라 때의 협슬夾膝)도 있었다.[74]

　여기서 다시, 앉을 자리의 위치도 확인하자. 호화로운 저택에서
는 식사하는 자리 뒤쪽으로 병풍을 세워놓는다. 한나라 때는 사람
들이 식탁에 둘러앉아서 식사를 하는 공안共案과 사람마다 따로 상

도판 4-6 공안共案. 화상석 탁본 〔四川省 新都馬家
출토〕

을 차려놓고 식사를 하는 분찬分餐이 있었다. 일반적으로 공식적인
장소에서는 분찬이, 마을 제사에서 다같이 식사하거나 친한 사람
들끼리 모이는 연회에서는 주로 공안이 많았다.(도판 4-6, 4-7)[75]

자리 배치에는 세세한 규칙이 있었다. 우선 지체 높은 사람과 마
주 앉아 정식으로 식사하는 자리에서는 식탁을 중심으로 북쪽이
상석, 남쪽이 말석이 된다. 가까운 사람들끼리 함께 식사할 때는 가
례家禮에 따라 신분이 낮은 사람·나이가 어린 사람·제자·연회 주최
자가 동쪽에, 신분이 높은 사람·연장자·스승이나 빈객이 서쪽에 앉
는다. 네 명이 모여서 연회할 때는 윗사람부터 순서대로 서·북·남·
동에 앉는다.[76] 나란히 앉아 식사할 때는 오른쪽이 상석이다.[77]

도판 4-7 분찬分餐. 벽화 모사〔四川省 中江塔梁子 출토〕

과식에 주의하자

아침 식사 준비가 완료되었다. 앞서 말했듯이 서민은 하루 두 끼가 기본이기 때문에 아침밥을 먹고 나면 오후 3시 무렵까지는 배가 고파도 참아야 한다. 노예들은 기본적으로 오전과 오후의 식사량이 똑같지만, 중노동을 하는 죄수들은 오전에 먹는 식사량이 더 많다.[78]

귀족들의 식사는 아침부터 화려하다. 한 졸부는 아침부터 '배가 터지도록' 먹고 배를 두드려대는 등 행실이 지금이나 옛날이나 전혀 다르지 않다.[79] 만약 가신이 황제 앞에서 식사를 한다면 배가 80% 정도만 차도록 먹는 게 좋다. 일찍이 중산효왕中山孝王은 부친인 성제成帝 앞에서 식사하면서 배가 부를 때까지 먹는 바람에 자리를 나서면서 신발 끈을 묶지 못했고, 그 모습을 본 성제는 그를 무능하게 여겼다.[80] 윗사람 앞에서는 그렇게 걸신들린 듯이 먹기보다는 몸가짐을 단정히 하는 것이 온당하다.

누군가의 집에 얹혀 살고 있다면 확실히 공기를 읽어야 한다. 만약 아침에 일어났는데 밥이 없다면 냉큼 나가라는 뜻이고,[81] 주인이 솥 바닥을 긁는 소리를 내면 그만 먹고 일어나라는 의미다.[82] 아주 완곡한 표현이지만 그걸 읽어낼 줄 알아야 어른인 것이다. 지금의 일본이라면 교토 쪽이 이런 표현 방식에 정통하지 않을까 싶다.

한편 집에서 노인과 아이가 함께 뭘 먹을 때는 잘 지켜보는 게 좋다. 대개 노인들은 손자가 너무 귀여운 나머지 먹을 게 있으면 바로 아이에게 주기 때문이다.[83] 또 가난한 사람들은 식비를 낭비하는 어리석은 짓은 피해야 한다. 중국 역시 한 10년 전까지는 모두 굶주렸기 때문에 "밥은 먹었는가."가 일상적인 인사였다. 고대도 이와 다르지 않아서 "애써서 밥을 더 챙겨 먹어라."라는 인사말이 있다.[84]

실내에서는 신을 벗어야 할까?

실내를 살펴보자. 지금의 일본에서는 방에 들어갈 때 신을 벗는 게 보통이지만 유럽이나 미국, 중국에서는 실내에서도 신을 벗지 않는 경우가 많다. 그럼 고대 중국은 어땠을까?

　전국 시대에 어떤 사람이 열자列子의 집을 방문했다가 안채 앞
이 방문객들의 신발로 가득 차 있는 걸 보고는 북쪽을 바라보며 잠
시 생각하더니 그냥 돌아가려고 했다. 어느 방문객이 그 모습을 보
고 열자에게 알려주었더니 열자는 맨발로 뛰어나가 문 근처에서
그 사람을 따라잡았다고 한다.[85] 이 고사에 따르면 열자의 집은 남
쪽에 문이 있었고 중정을 지나 북쪽에 안채가 있었다. 그리고 손님
은 안채 바로 앞에서 신발을 벗었으니 실내에서는 맨발이었을 것
이다.

　또 전국 시대에 노자가 여관에 묵었을 때 방문객인 양주楊朱와 양
자거陽子居는 문 앞에서 신을 벗고 실내로 들어와서는 무릎을 꿇
고 노자에게 다가가 가르침을 청했다.[86] 이와 같이 집이든 여관이
든 보통은 문 앞에서 신을 벗고 안으로 들어갔다. 밤이면 외로움에
괴로워하며 잠을 설치던 여성이 '신을 신고 일어나 문을 나서네[87]',
'옷을 걸치고 띠를 끌며 신은 채 신지도 못하고 마당으로 내려오
네[88]'라고 했던 시가를 보더라도, 모두 신을 신고 외출하는 모습이
다.[89] 또한 진나라의 공자인 호해胡亥는 형제들과 함께 시황제를
알현한 후 식사를 하사받고 나설 때, 계단 아래에 나란히 놓여 있
는 신발을 보고 특히 멋진 신발을 짓밟았다는 이야기가 전해져온
다.[90] 이 이야기가 사실이든 아니든 간에 궁전 안에서도 신을 벗어
야 하는 곳과 그렇지 않은 곳이 있었음을 알 수 있다.

　예상하지 못한 손님이 왔을 때 맨발 그대로 집을 뛰쳐나간 사례
가 후세의 문헌에도 여러 차례 나오는 것을 보면 '실내에서는 맨발'

이 여러 시대에 걸친 통시적通時的인 관습이었다고 생각된다.[91] 그래서 한나라 때의 예법에서는 방 밖에 신발 두 켤레가 있을 경우에 안에서 대답하는 목소리가 들리면 방에 들어갈 수 있지만 별다른 응답이 없으면 방에 들어가서는 안 되었다고 한다.[92] 그때 방에는 최소한 두 사람이 있을 텐데 대답하는 목소리가 없으면 어수선할 가능성이 많으므로, 들어가는 게 오히려 방해될 수 있기 때문이다.

신을 신고 밖으로 나가자

어쨌든 외출하기 전에 신부터 신어보자. 우리는 아직 방에서 나오지도 않았다. 한나라 때는 보통 마麻로 만든 신발을 신었다. 지금 우리가 신는 신발은 발등 부분을 끈으로 묶는 형태가 많은데, 확실하게 설계되어 있어서 신발이 잘 벗겨지지 않는다. 하지만 당시의 신발은 허술하게 만들어져 있다 보니 병사들처럼 활동이 많은 사람은 끈으로 둘러서 신발과 발을 같이 묶어야 안심할 수 있었다.

신을 살 때는 일단 신어보는 게 아니라 미리 발 크기를 재보고 시장에 가서 딱 맞는 신발을 샀다. 신발 가게에서 크기를 재볼 수도 있었다.[93] 만약 신발 끈이 풀어지면 스스로 끈을 묶지만 조정에서 군주의 신발 끈이 풀어진다면 신하가 그것을 묶어주는 경우가 많았다.[94]

신발은 길들여야 하는 물건이다. 당시 사람들도 신을 처음 신을 때는 얼마간 걸어서 길들여야 했다. 그렇지 않으면 피부가 쓸려서 벗겨질 수 있기 때문이다. 그래서 당시 사람들은 신을 새로 산 다음 먼저 시험 삼아 신어보고 발이 불편하지 않은지부터 확인했다. 이를 시리試履라고 불렀다.

　마로 만든 신발은 아주 저렴해서 잃어버려도 새로 구입하면 되지, 다른 사람에게 빌릴 필요까지는 없었다. 그래서 그 신발을 불차不借(빌리지 않는다는 뜻)라고도 불렀다. 관리에게는 부서별로 신발이 지급됐다.[95] 신발의 종류는 다양해서 의식을 치를 때 신는 고급 비단신은 물론, 바닥이 두꺼운 남성 신발인 석舃, 바닥이 두꺼운 여성 신발인 완하翫下, 신과 짚신의 중간인 혜鞋, 진창에서 신는 신발인 극屐, 신분이 낮은 사람이 신는 신발인 교屩[96], 나막신, 샌들 등이 있다.(도판 4-8, 4-9) 깔창과 양말도 있어서 발의 피부가 상하지 않도록 해준다. 보통 여성용 신발은 코가 둥글고 남성용 신발은 사각형이었다.[97] 신발 중에서도 자수 놓은 비단으로 만든 신은 아주 호화로워서 전국 시대에는 이유 없이 그런 신발을 신는 행위가 금지되어 있었다.[98]

　그 후에는 상황에 맞게 각반(사복邪幅, 행등行縢)이나 장갑을 준비하면 먼 곳까지도 여행할 수 있다. 만약 옷을 여러 벌 가지고 있다면, 남은 옷은 옷걸이에 걸어두고 나머지는 개어놓도록 하자.[99]

도판 4-8 삼국 시대의 짚신

도판 4-9 옻칠을 한 바닥이 두꺼운 가죽신.
길이 27.6cm, 높이 13.5cm

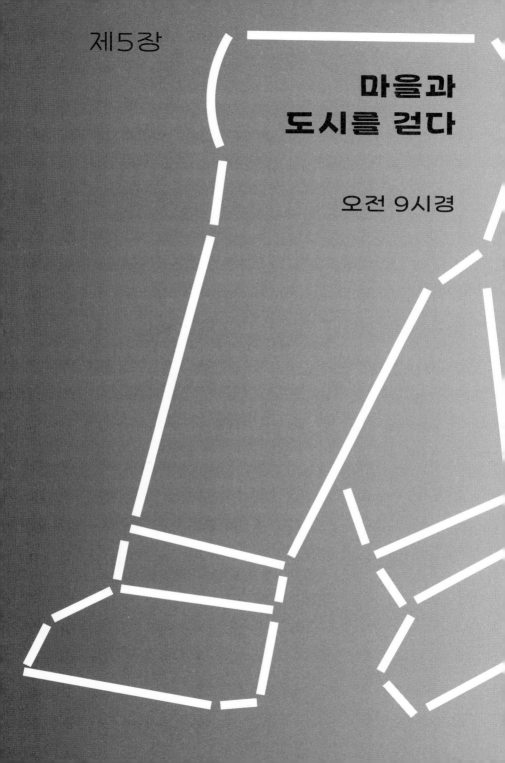

제5장

마을과
도시를 걷다

오전 9시경

사합원의 형태

외출 준비를 마쳤다면 이제 방에서 나가보자. 중원中原 지역의 건물은 이른바 사합원四合院의 형태가 주류였다.(도판 5-1)[1] 사합원은 길쭉한 건물이 사방에서 중정을 둘러싸며 사각형으로 배치되어 있는 형태로, 그 역사가 지금까지도 계속되고 있다. 사합원은 중국을 대표하는 특징적인 건축 양식이며 역대 수많은 주택, 궁전, 관공서, 묘가 사합원의 형태다.

　사합원은 남쪽을 향해 문이 열리는 경우가 많으며 그 문을 통해 사람들이 출입한다. 네 개의 벽은 도둑을 비롯해 외적의 침공을 방어하는 기능을 할 뿐만 아니라 초봄에 황사가 난무하는 지역에서는 모래바람을 막아주는 기능도 했다.

　방을 나오면 바로 눈앞에 중정이 펼쳐진다. 우선 중정 내부를 차분히 관찰해봤으면 한다.

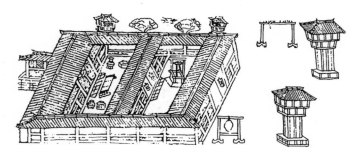

도판 5-1 한나라 때의 사합원四合院 건축. 화상석
모사

　중정은 사합원에서 없어서는 안 될 요소로, 늘 사람들이 모여 있는 장소다. 중정이 있는 덕에 집 전체에 통풍이 원활하게 이루어지고, 건물 내부까지 햇볕이 잘 든다. 그래서 세탁물을 중정에서 말릴 수도 있다. 중정에는 천장이 없다 보니 하늘을 바라볼 수 있어서 당시 사람들은 중정을 하늘과 통하는 장소라고 생각했다. 그 때문에 궁전이나 종묘의 중정에 새가 날아들면 상서로운 조짐이라거나 하늘에 노여움을 산 징조라는 식으로 소문이 날 때가 자주 있었다.

　중정은 조상신과 연결되는 곳이라는 말도 있었다. 춘추 시대 이전에는 친족이 사망하면 시신을 잠시 동안 중정에 묻기도 했다. 일반적으로 중정에는 번양煩壤이라고 하는 배수구가 있어서 빗물이나 쓰레기가 모여 밖으로 배출되는 구조다. 중정은 거룩한 장소기 때문에 항상 물을 흘려 깨끗하게 해두는 편이 좋다.

　사람들은 사합원 안에 우물신, 뒷간신, 부엌신 등 다양한 신이 있다고 믿었다. 원래 한나라 때 사람들은 다신교적인 사고방식을 가지고 있었는데, 이는 일본이 8백만 종류의 신에 대한 신앙을 가진 것과 비슷하다. 마치 미야자키 하야오 감독의 영화 「원령공주」나 「센과 치히로의 모험」에 나오는 세계처럼 사람들은 자연신과 조상신을 믿었고, 세상 여기저기에 신이 깃들어 있다고 생각했다. 하지만 유감스럽게도 마음이 깨끗하지 않은 필자에게서는 더 이상 그런 믿음을 찾을 수 없다. 보통 중정에는 우물과 취사장도 있다. 중정에 서서 주위를 둘러보면 사방으로 건물이 있고, 그 건물들은 다시 여러 구획으로 나뉘어 있으며, 구획마다 몇 가구씩 모여 살고 있다.

주민은 생판 모르는 타인은 아니고 대개 친척이었다. 다시 말하면 사합원은 부모와 자식이 각자 따로 살림을 사는 2세대 주택이거나 친족들이 모여 사는 친족 동거의 형태였다.

각각의 가구를 들여다보면, 일당이내一堂二內 또는 일우이내一宇二內인 경우가 많은데 이 두 가지가 똑같은 것인지 지금으로서는 확실히 알지 못한다. 하지만 적어도 일우이내는 하나의 건물 안에 두 개의 방(內는 방을 의미)이 있다는 뜻이다.[2] 사람들이 기거하는 건물을 침寢이라고 부르는데 근처에 화장실이 같이 있는 곳도 있다. 중정 좌우에는 차고, 가축 사육장, 취사장, 창고 등이 있는 경우도 있다.[3]

건물의 변형

사합원의 형태에도 몇 가지 유형이 있으며 지역에 따른 차이도 있
다.[4] 예를 들면 중앙에 누각이 있는 형태, 사방에 감시대가 있는 형
태, 높은 벽이나 건물에 둘러싸인 형태, 남문과 전정前庭을 'ㄇ' 자로
둘러싼 형태, 중정이 두 개라서 '日' 자 모양을 한 형태 등이 있다.

건축 운세(후대의 풍수)라는 개념은 한나라 이전부터도 있었으며[5]
사람들은 그 개념에 따라 건물을 배치했다. 지금의 일본에서도 이
력이 복잡한 물건에는 액막이굿을 하는 사람이 있는가 하면 풍수
에 따라 방의 인테리어를 바꾸는 사람도 있다. 이처럼 풍수를 아주
신뢰하는 사람들의 행동은 지금이나 옛날이나 별로 다르지 않다.

주택의 벽은 판축版築, 흙벽돌(土坯), 돌(石積), 구운 벽돌(磚) 등으
로 만든다.(도판 5-2, 5-3) 판축은 널빤지로 만든 틀 속에 흙을 넣고
목봉으로 위에서 쿵쿵 찧어서 흙이 단단해지면 나무틀을 떼어내
는 방법으로, 그렇게 해서 만든 벽을 가리키기도 한다. 판축은 고대
중국에서 가장 대중적인 방법이며, 현대 중국의 농촌에서는 아직
도 판축으로 집을 만들고 있다. 구운 벽돌은 도로를 포장하는 데도
사용되었으며, 속이 비어 있는 공심전空心磚이나 가느다란 모양의
소조전小條磚도 있었다. 특히 전한 말부터는 소조전이 인기를 얻었
다. 한편 소조전은 세로·가로·두께가 대체로 4:2:1이며, 그렇게 규
격화하고 쌓는 기술이 발전함에 따라 소조전을 이용해 원기둥 모
양의 건축물이나 돔 모양의 건축물도 만들어졌다. 벽에는 석회로
된 회반죽을 바르는데 때로는 조개껍데기를 구워서 만든 패회貝灰

도판 5-2 햇볕에 말린 흙벽돌로 지은 한漢의
봉화대狼火台

도판 5-3 돌을 쌓아 만든 진秦의 장성長城

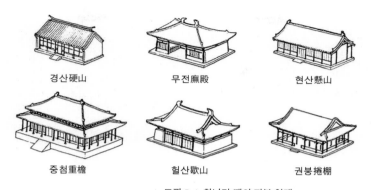

경산硬山　　　　　　무전廡殿　　　　　　현산懸山

중첨重檐　　　　　　헐산歇山　　　　　　권붕捲棚

도판 5-4 한나라 때의 지붕 형태

를 섞기도 했다. 회반죽을 칠한 벽은 하얗게 빛났으며[6] 햇빛이 비치면 주변까지 상당히 밝아진다.

　지붕의 형태도 다양해서 그 집에 사는 사람들의 신분에 따라 달랐는데, 한나라 때는 특히 현산이라는 지붕 형식이 유행했다.(도판 5-4)[7] 새로 만든 집은 아직 흙이 젖어 있고 서까래도 건조되지 않아서 지붕이 조금 들떠 있다. 시간이 좀 지나면 흙 무게 때문에 서까래가 휘어지면서 장중한 형태가 된다.[8] 강풍이 불면 집 옆을 지날 때 지붕을 덮은 기와가 날아올 수도 있으므로 주의하는 것이 좋다.[9]

　한나라 때는 사합원뿐만 아니라 동굴에서 사는 사람도 있었는데 주로 중원 지역이나 사천의 산악 지대에 많았다.[10] 예를 들면 황토 대지의 옆쪽에 굴을 파고 들어가서 사는 이른바 요동窯洞이 여기에 해당한다. 가난한 사람들 중에는 쑥으로 지붕을 인 오두막집에 사는 사람도 있다.[11]

　또 남중국에서는 이른바 고상식高床式(간란식干闌式)의 건축도 성

도판 5-5 한나라 명기明器로 살펴본 건축 양식

행했다.[12] 하지만 이는 간란식이 본래 지대가 낮은 습지나 물 위에 만들기에 적합하기 때문에 결과적으로 습한 남중국에서 많이 만들어졌다는 것이지 반드시 국가 단위에서 '북쪽=수혈竪穴', '남쪽=고상高床'이라는 식으로 결정한 것은 아니다.(도판 5-5)[13]

이처럼 건물에는 여러 가지가 있고, 시대와 지역에 따라 서로 달랐다. 또 건축 자재나 건축 방법 역시 다양했다. 사합원은 그중에서도 특히 유명했다고 할 수 있다.

닭·개·고양이와의 만남

이제 사합원 밖으로 나가보자. 당시, 낮에는 외출하는 것이 상식이었기 때문에[14] 한낮이 되었는데도 방에 틀어박혀 있는 사람이 있으면 방문객이 "어디 아픈가요?"라고 말을 걸기도 했다. 다시 말하면, 그때는 '은둔형 외톨이'에게 곱지 않은 시선을 보내던 사회였으니 가능하면 우리도 낮에는 외출하는 편이 좋다.

　중정을 지나 남문으로 가서 길이 12cm 정도 되는 열쇠로 문을 열고 사합원 밖으로 나가보자.[15] 길에는 이미 적지 않은 사람들이 있다. 십자로에서는 소년들이 투계闘鷄를 즐기고 있고, 그 옆에는 빗자루를 들고 청소하는 남성이 있다.(도판 5-6) 그 남자는 귀인의 저택에서 일하는 사람인 듯하다.[16] 아침부터 노래를 부르는 남성이 있는가 하면 흥겹게 추임새를 넣어가며 곡물을 찧는 여성도 있다.[17]

　집집마다 닭과 개를 기른다. 닭은 시간을 알려주고 계란을 낳는 유익한 가축이다. 비둘기와 올빼미를 바구니에 넣어 기르는 집도 있다.[18]

도판 5-6　빗자루를 들고 있는 사람

〔敦煌佛爺廟灣墓M133 출토〕

도판 5-7 목걸이를 하고 있는 개. 한대漢代 명기明器

개는 고대에도 인간의 반려동물로 맹활약했다.(도판 5-7) 잘 알려진 바와 같이 개는 늑대와 달리 주인의 표정을 읽고 함께 놀 수 있는 존재다. 그리고 개들은 주인과 비슷한 성격으로 닮아가기 때문에 그만큼 인간과 확고한 관계를 쌓을 수 있는 동물이었다.[19]

당시 개는 사냥개인 전견田犬와 경비개인 수견守犬을 귀하게 여겼고, 양치기개는 없었다.[20] 산둥반도의 한묘漢墓에서 사냥개를 감정하는 방법을 설명한 책인 『상구경相狗經』이 출토되는 등 한나라 사람들은 오래전부터 개를 감정하는 데 주의를 기울였으며, 전국시대에 이미 개 감정사가 있었다. 개들은 사슴이나 멧돼지를 추적할 뿐만 아니라 때로는 쥐를 잡기도 했다.[21]

한나라 때는 개를 이용한 도박은 물론 투견도 행해졌다. 그 외에도 사냥할 때 말과 함께 개를 데리고 다니기도 하고, 경주를 시키기도 했다.[22] 넓은 의미에서 개경주는 경마와 마찬가지라고 할 수 있다. 역대 황제뿐만 아니라 후한 말에는 무명 시절의 유비도 경마에 빠졌었다고 한다.

경비개들은 각각 이름이 있고, 목과 다리에 끈을 달고 있다.[23] 자신이 기르는 소에게 이름을 붙이는 사람도 있었는데, 검둥이 등의 이름으로 불렸던 사례가 있다.[24] 아무래도 당시에는 가축이 가진 신체적 특징을 보고 이름 지었던 것 같다. 그 밖에도 반호盤瓠라고 불렸던 전설로 내려오는 개가 있었고 그 개의 후손들이 번성해 남쪽 오랑캐인 만이蛮夷가 되었다는 전설도 있는 걸 보면,[25] 가축에 이름을 붙이는 습관은 그 기원이 상당히 오래된 것으로 보인다.

경비개는 누군가를 보면 바로 컹컹 짖어댄다. 하지만 경비개라도 무작정 짖기만 한다면 곤란하다.[26] 예를 들어 술집에서 기르는 경비개가 손님들을 향해 너무 짖어대면 손님들도 발걸음을 멀리할 것이기 때문이다.[27]

개들 중에는 충견도 있는데, 삼국 시대 오나라의 승상인 제갈각諸葛恪과 관련된 재미있는 고사가 있다. 어느 날 아침, 제갈각이 조정으로 가는데 기르던 개가 제갈각의 옷을 물고 놓지 않았다. 그래도 제갈각이 뿌리치고 조정으로 갔는데 그날 제갈각은 궁전에서 암살당했다고 한다.[28]

길가에는 고양이도 있는데 가리家狸, 이노狸奴, 이성狸狌 등으로 불렸으며 쥐를 잡는 데 도움을 주었다.[29] '이狸'라고 하는 한자는 지금 일본에서는 너구리를 뜻하지만, 옛날 중국에서는 고양이를 가리키는 글자였다. 쥐를 잘 잡는 고양이는 100전錢 전후에 거래될 정도로 귀하게 여겨졌다.[30] 이미 신석기 시대부터 주로 리비아 야생고양이를 가축으로 길러왔고, 벵골 야생고양이도 가축화되었던 것으로 보인다.[31] 진한 시대에는 오래 산 고양이는 둔갑을 할 수 있다고 믿었으며 사회 전반에서 느껴지는 고양이의 위치는 일본과 비슷했다.[32]

이제 마을을 둘러보자. 사람들 중에는 까마귀를 기르는 사람도 있었다. 까마귀의 아래턱을 자르면 사람의 도움 없이는 먹이를 먹지 못하므로 사람에게 순종하게 된다. 그런 식으로 까마귀를 키우다니[33] 이 얼마나 끔찍한 이야기인가. 지금이라면 당연히 동물애호단체들이 분노를 터트릴 만한 일이다.

또한 태고에는 새의 말을 통역하는 이례夷隸와 짐승의 말을 통역하는 맥례貉隸라는 관직도 있었던 듯하나 실제로 어떻게 일했는지는 알 수 없다. 그 밖에도 공야장公冶長, 개갈로介葛盧, 첨하詹何, 관락管駱이라는 사람들은 새와 짐승, 가축의 말을 이해할 수 있었다고 한다. 하지만 이런 전설은 지어낸 이야기려니 생각하고 듣는 편이 좋을 것이다.

도로의 이름과 쓰레기의 행방

대도시에는 도로가 종횡무진으로 뻗어 있으며, 문과 도로에는 각각 이름이 붙어 있다. 도로 중에는 그 일부에 이름을 붙인 경우도

있다. 예를 들어 전한의 장안성 안에는 장대가章臺街라는 이름의
도로와 장대문章臺門이라 불리는 문이 있었는데 이는 장대章臺라는
궁전 이름을 본떠 지은 것으로 보인다.[34] 다만 이름을 붙이는 규칙
이 무엇이었는지 지금으로선 분명하게 알지 못하며 '시황제 거리'
처럼 인명을 앞에 붙인 도로 이름은 없었다.

　도로변에는 나무가 심어져 있다. 낙양성에서는 도로를 따라 복
숭아나무와 자두나무가 줄지어 있어서 봄이 되면 바람에 나풀거
리는 꽃과 나뭇잎이 굉장히 아름답다.[35] 대추나무가 심어져 있는
길도 있는데 마음대로 과실을 땄다가는 관리자에게 야단맞는다.[36]
장안성에는 회화나무가 줄지어 서 있는 길도 있다.[37]

　도로에는 쓰레기가 떨어져 있기도 하는데, 지금처럼 청소를 전
담하는 업자가 없기 때문에 도시 주민에게 쓰레기는 아주 큰 문제
였다. 채소 끄트러기나 토기 파편 등은 길가에 버려지는 경우가 많
았으며,[38] 쓰레기가 썩어서 악취를 내뿜기도 했다. 한편 수도에는
구획마다 하수 시설이 마련되어 있었다. 전국 시대 제나라의 수도
인 임치臨淄에는 하수도가 있었고,(도판 5-8) 서안의 서쪽 교외에서
는 함양성의 일부로 보이는 진나라 때의 하수관이 발견되기도 했
다. 하지만 이런 하수 시설들은 모두 도시에만 있는 기반 시설이다.
지금도 중국 농촌에 현지 조사를 나가보면 여름에는 악취에 시달
리는 일이 적지 않다.

도판 5-8 임치臨淄의 하수도

사를 중심으로 마을을 배치하다

다음으로 마치 드론을 날려 상공에서 내려다보듯이 마을 전체를 살펴보자. 춘추 시대 이전의 도성은 역대 군주의 종묘를 중심으로 거리가 형성되어 있다. 종묘란 군주의 조상을 제사 지내는 곳으로, 정기적으로 소를 제물로 바쳤다. 소는 비단으로 치장하고 호화로운 식사를 한 뒤에 종묘에서 죽을 운명이었다.[39]

　이러한 종묘 중심의 도시 설계는 진한 시대에도 계승되었다. 그러나 기원 전후에 도성 근교에서 천지天地에 제사를 드리는 일, 즉 교사郊祀를 중요하게 여기면서 조상신보다 하늘에 있는 신인 호천상제昊天上帝를 특히 중시하게 된다.[40] 또한 장안의 남북에는 남교南郊, 북교北郊라는 시설이 새로 지어졌는데 특히 남교에서 올리는 제사가 중시되면서 조상의 종묘는 궁성宮城에서 남교로 이어지는

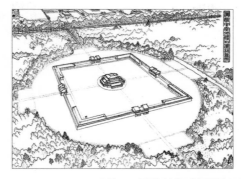

도판 5-9　장안의 남교南郊 복원 모델

도로 옆으로 옮겨졌다.(도판 5-9)

　이들 대도시의 도시 설계나 제사 형태와는 대조적으로, 각지에 흩어져 있는 작은 마을에서는 대체로 그 중심에 토지신의 묘인 사社가 있었고 백성들은 정기적으로 사에 제물을 바쳤다. 사는 수목과 대지의 정령에 대한 숭배와 관련된 시설로, 호천상제에 올리는 제사와는 별도로 민간에서 올리는 제사가 거행되는 장소였다.[41] 현의 중심에도 사가 있었고, 중앙 정부는 음력 2월과 연말에는 각 현에 양과 돼지를 지급하고 현사縣社에 제물로 바치도록 했다.[42] 후한 시대가 되면 군과 주에도 사가 설치되고, 양과 돼지를 제물로 바쳤다.[43]

　이처럼 사는 마을마다 설치되어 있는 시설로, 마치 현대 일본의 신사와 비슷하다고 할 수 있다. 그러나 둘의 차이가 단지 신앙의 대상에만 있지는 않아서, 현대 일본의 저명한 신사가 훌륭한 건물과 부지로 이루어진 반면 고대 중국의 사는 건물은 물론 지붕도 없었

다.[44] 그저 흙을 쌓아올린 돈대 위에 신의 조각상이나 초상 대신 표
지석이 놓여 있고, 그 옆에는 느릅나무와 회화나무가 심어져 있을
뿐이었다.[45] 그래서 사는 언제나 비바람에 노출된 구조였다. 사가
이런 구조를 갖게 된 이유는 그곳이 하늘과 통하는 장소라고 여겨
졌기 때문이다.

반대로 전쟁으로 어떤 나라를 멸망시키면 그 전쟁에서 이긴 나
라는 패전국의 사를 지붕으로 덮고 땅에는 잡목을 쌓았다. 그렇게
함으로써 패전국의 사가 다시는 하늘과 소통하지 못하게 하려 했
던 것이다.[46] 사에서는 비가 내리는 날을 제외하고, 맑은 날씨와
흐린 날씨에 제사를 드렸다. 그리고 생쥐들이 사의 제단 아래에 소
굴을 만드는 일이 자주 있기 때문에 정기적으로 연기를 피워 생쥐
들을 쫓아내야 했다.[47] 사에는 진흙을 바른 나무가 있는데 거기에
쥐가 소굴을 만드는 경우도 있었다.[48]

한편 각 마을에는 사 이외에 그 지방 출신의 유명한 사람을 기리
는 묘도 있다. 예를 들면 장강 유역의 여강군廬江郡에서는 초한 전
쟁에서 활약했던 군사 범증范增에게 올리는 제사가 이어져 내려오
며,[49] 업鄴에서는 전국 시대의 정치가 서문표西門豹에게 제사를 올
린다. 연燕과 제齊 지방의 난공사欒公社라고 불리는 장소에서는 한
나라 초기의 장군 난포欒布에게 제사를 올리며, 그곳이 사의 역할
을 하고 있다. 또 동해군 사람들은 공평한 재판관이었던 우공于公
을 기리기 위해 우공이 살아 있을 때 우공사于公社를 지었다고 한
다.[50] 아직 살아 있는 사람에게 제사를 올린다는 점이 흥미롭다.

마을을 걷다

마을의 크기는 제각각이라 일정하지 않으며 대략 수십~수백 명이 살고 있다. 한 현성을 예로 들면, 그 현은 10개의 마을로 이루어져 있고 높이 3~6m의 토벽이 현 전체를 둘러싸고 있다. 각각의 마을은 약 380m×175m이며, 여기에 100호 정도가 모여 산다.(도판 5-10)[51]

　이렇게 마을들이 가지런하게 줄지어 있는 현성도 있지만, 현성의 바깥쪽에 작은 마을들이 여기저기 흩어져 있는 곳도 있다. 그런 마을 중 하나를 보면 5~30m 정도 간격을 두고 6채의 가옥이 늘어서 있으며, 각각의 집은 부지가 160평 정도이고[52] 가옥의 면적은

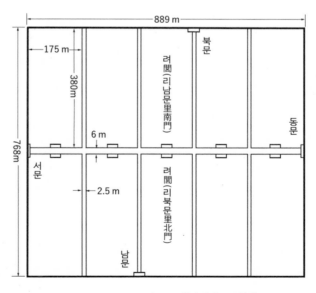

도판 5-10 한나라의 오급현성午汲縣城

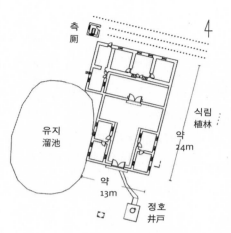

측
厠

유지
溜池

식림
植林

약
24m

약
13m

정호
井戸

도판 5-11 하남성河南省 성내城內의
황삼양장2호한대정원黃三揚莊2號漢代庭院 유적

수십 평이다.

　그 밖에도 산속 여기저기에 겨우 10호 정도 되는 작은 마을이 흩
어져 있다.[53] 또 다른 마을과 뚝 떨어져서 논밭 옆에 있는 사합원 한
채에 여러 가족이 모여 사는 경우도 있다.(도판 5-11, 5-12) 그런 가
옥들은 대체로 약 30평(가로 10m×세로 10m) 크기에, 남쪽 절반은 중
정이다.[54] 그다지 넓지는 않지만, 당시 농민은 텔레비전도 없고 전
기도 없어서 실내에서 할 일도 많지 않았기 때문에 그 정도로도 충
분했을지 모른다.

　그 밖에도 몇 가지 형태의 가옥이 있다. 굉장히 큰 저택은 궁宮이
라 불렀고, 크고 높으면서 위엄이 있는 건물은 전殿, 높은 누각은
관觀, 방위하기 위한 높은 누각은 루樓, 주위를 살피기 위한 망루는

도판 5-12 하남성 성내 황삼양장黃三揚莊 유적의
3D모델

노로櫓, 흙을 쌓아 만든 높은 단 위에 만든 고층 건축물은 대臺라고 불렀다. 지금의 일본에서 대저택을 고우테이豪邸, 저택을 야시키屋敷, 단독주택을 잇켄야一軒家 등으로 부르듯이 고대 중국에서도 건물의 모양에 따라 다양한 명칭이 있었다.

마을에 있는 공인工人은 오늘도 집을 보수하고 있다. 공인 중에는 국가에 소속된 사람도 있고, 민간인도 있는데, 둘을 비교하면 역시 국가에 소속된 공인의 기술 수준이 높다. 예를 들어 진시황릉에 있는 병마용兵馬俑은 실제 병사를 본떠 하나씩 만들었다고 알려졌지만, 최근 연구에 따르면 그 병마용은 얼굴의 각 부분을 대량으로 생산한 다음, 그 부분들을 조합해서 만들었다고 한다.[55]

병마용에는 공인 87명의 이름도 새겨져 있는데, 거기에는 남성뿐만 아니라 여성의 이름도 보인다. 그 안에는 궁전의 배수관이나 기와를 제조한 사람의 이름도 포함되어 있어서 그들이 병마용을 전문으로 하는 공인은 아니었음을 알 수 있다. 그들은 궁정에서 같은 공방에 소속되어 동일한 훈련을 받은 사람들로, 물건의 제조 공정을 분업화해 대량 생산을 하는 일에 종사했던 것이다.

　이상으로 볼 때, 이른바 공장제 수공업이 15~16세기부터 이루어졌다는 통설은 다시 검토해볼 여지가 있다.[56] 어쨌든 지금 우리는 선진적인 건축과 공예 기술로 만들어진 거리를 걷고 있다.

다리를 건너다 — 한센병 환자, 전쟁고아, 귀신

이제 마을 문을 지나 밖으로 나가보자. 마을 내부에서 마차가 다닐 수 있도록 허용해주는 마을도 있지만 위험하고 난폭하다는 이유로 내부에서는 마차가 통행할 수 없는 마을도 있다.[57] 성벽으로 둘러싸인 도시 역시 사정은 비슷하다. 한편 마을과 마을 사이의 길은 마차로 이동하는 것이 편하고 예의상 별다른 문제도 없다. 만약 마차가 비싸다면 우차도 괜찮다. 상인은 신분적인 제약이 있어 마차를 탈 수 없으니 주의하자.

　도시 안에 하천이 흐르고 그 하천 위로 다리가 설치되어 있는 곳도 있다. 다리는 공공 기반시설이므로 마을 사람들이 힘을 합쳐 만든다. 다리 건설은 지방 장관이 지휘를 맡으며, 공사하는 시기는 농번기를 피해서 수확을 한 다음이 이상적이다.[58] 보통은 다리를 건널 때 따로 내야 하는 통행료가 없지만, 현지 유력자가 제멋대로 통

행세를 받는 경우도 있다.[59]

　다리는 이쪽과 건너편을 연결하는 구조물인데 고대인들은 막연하게 다리가 다른 세상과 연결되어 있다고 생각했다. 그래서 당시에는 '다리 근처에서 귀신을 보았다'는 식의 풍문이 무성했다.[60] 일본에서도 다리 근처에서 도깨비가 출몰한다는 옛이야기가 많은데, 이 역시 같은 생각에 뿌리를 두고 있는 셈이다. 밤이 되면 수도의 큰 다리에는 등불이 켜져서[61] 굉장히 운치가 있다.

　다리를 걸어보자. 다리 옆에 거지와 한센병 환자들이 드러누워 있기도 하다.[62] 한센병 환자 중에서 범죄를 저지른 사람은 다른 죄수들과 구별해서 나천소癩遷所라는 격리 시설에 수용된다.[63] 이로 미루어본다면 적지 않은 한센병 환자가 서민들과는 항상 거리를 두고 살았을 가능성이 있다. 실제로 춘추 시대의 예양豫讓이라는 인물은 한센병 환자인 척하고 다리 밑에 엎드려 있다가 그곳을 지나는 원수를 암살하려고 했던 일도 있었다. 전국 시대에는 전쟁으로 부모를 잃은 고아들이 길에서 구걸했는데, 그 아이들도 다리 근처에 살았다.[64] 아마도 다리 근처는 한센병 환자와 전쟁고아가 모이는 장소였던 듯하다.

　하지만 한센병 환자라고 해서 언제나 예외 없이 차별받고 격리된 것은 아니다. 어떤 환자는 원래 가족과 마을 안에서 같이 살고 있었는데, 얼마 지나지 않아 주위에서 가족들에게 "살아 있을 때 버리는 게 나아. 그렇게 하지 않으면 자손대대로 병에 걸리고 말 거야."라고 하는 바람에 어쩔 수 없이 환자를 산속에 버렸다고 한다.[65] 적어도 한센병에 걸린 즉시 마을에서 내쫓기지는 않았던 것이다. 그렇다 하더라도 환자에 대한 압력은 작지 않았고 결과적으로 환자는 깊은 산속으로 쫓겨나고 말았다.

고급 주택가는 어떨까?

다리를 건너면 으리으리한 대문을 자랑하는 저택과 발을 늘어뜨린 귀족들의 집이 늘어선 고급 주택가가 펼쳐진다. 마음이 약한 사람이나 주변의 눈치를 살피는 사람이라면 그런 집 앞을 지날 때 자기도 모르게 종종걸음을 칠지도 모른다.[66] 대저택 앞에서는 문지기가 빗자루로 집 앞을 깨끗하게 쓸고 있다. 교육을 잘 받은 면밀한 문지기라면 쓰레받기가 자신을 향하도록 해서 길을 가는 사람들에게 먼지가 날리지 않도록 배려하는 일도 잊는다.[67]

　수도의 고급 주택가는 특히 호화로우며, 황제가 살고 있는 궁전 바깥쪽에도 거대한 관청과 숙소들이 여기저기 들어서 있다. 중앙 부처의 문은 붉게 칠해져 있어서, 붉은색 문 안에서 일한다는 것은 당시 관리들에게 최고의 영예였다.[68] 수도에는 민간인들이 사는 마을도 여기저기 흩어져 있으며, 그런 마을들 사이에 지체 높은 고급 관리들이 사는 상관리尚冠里와 종실 관계자들이 모여 사는 척리戚里도 있다. 상관리와 척리는 지금 말하는 고급 주택가였다. 관공서 안에는 장관의 사저가 있고, 다른 관리들은 바로 근처에 있는 관사에서 살기도 했다. 궁전에서 일하는 환관과 궁녀는 궁전 안에 살면서 일한다.

문득 위를 올려다보면 궁전 지붕에는 아름다운 와당瓦當이 쭉 늘어서 있다. 미앙궁未央宮을 지키는 위위衛尉의 청사에는 '위衛' 자가 있는 와당을 얹었고 다른 관공서들에서도 그에 걸맞은 다양한 문양이나 글자가 있는 와당瓦當을 얹었다.[69](도판 5-13) 관공서의 벽에 그려진 열사의 모습은[70] 더욱 장엄한 분위기를 만든다. 궁전에는 성왕聖王인 요堯와 순舜뿐만 아니라 옛날의 폭군인 걸桀과 주紂도 그려 경계하고 스스로를 돌아보도록 했다.[71] 글씨나 수묵화로도 장식을 했는데 이는 전국 시대 이전부터 시작된 풍습이다.[72] 변경에서 싸우는 용사는 자신의 늠름한 모습이 벽화로 그려지기를 소망했다고 하며[73] 책과 그림에 굉장히 다양한 모습으로 그려졌다.

길가에는 신수神獸의 모양을 본뜬 동상이 있다. 동상의 입에서 흘러나온 물은 도로 위의 오물을 씻어내며 배수로로 흘러간다.[74]

도판 5-13 한대의 와당瓦當
'사이진복四夷盡服'이라는 네 글자가 있다.

이런 신수의 모습은 현대 싱가포르에 있는 머라이언Merlion을 연상시킨다.

수도에는 군저郡邸도 있다. 매년 각 지방의 군에서는 회계를 보고하기 위해 상계리上計吏가 수도로 올라오는데, 그때 상계리들이 머무는 곳이 군저다. 군저에는 금고는 물론 감옥까지도 구비되어 있다. 군을 다스리는 태수太守도 상경했을 때 군저에서 묵는다. 다시 말하면 에도 시대에 다이묘大名(각 지방의 영주_옮긴이)가 참근교대參勤交代(교대로 주군을 만나는 일_옮긴이)를 할 때, 각각 자신이 소속된 번藩에서 관리하는 번저藩邸에 숙박했던 것과 마찬가지다. 각지에 영토를 가지고 있던 황족이나 제후왕諸侯王, 열후列侯의 저택도 으리으리했다. 집에서 바로 대로로 연결되는 형태를 제第[75]라고 하는데 그들의 저택도 이와 같은 형태였다.

고급 주택가에는 누각도 우뚝 솟아 있다.(도판 5-14) 교외에도 부자들의 별장이 있는데 어떤 별장은 가정용 수리 시설까지 구비되어 있다.[76] 관공서 근처에는 곡물 창고가 있으며 곡물 창고의 형태는 장방형도 있고 원주형도 있다. 곡물은 현과 향의 관리가 함께 관리하며, 멍석으로 구분해서 1만 석(약 20만ℓ) 단위로 관리한다. 담당 관리는 쥐나 벌레가 창고의 곡물을 먹어 치우지 않도록 주의를 게을리하지 않는다. 또 닭은 곡물을 쪼아 먹을 수 있기 때문에 창고 근처에서는 아예 기를 수 없다.[77]

현정 가까이에 있는 무기고는 차량을 보관하거나 부품을 제조하는 장소로 사용되었다. 그래서 관리는 물론 죄수들에 이르기까지 아주 다양한 사람들이 그곳에서 일하고 있었다.[78] 남북조 시대에

도판 5-14 후한의 고층 건축 명기明器

는 창고 옆에 불을 끌 때 사용하는 소화용 연못이 있었다고 하니[79] 그러한 방재 설비의 기원이 진한 시대라고 해도 전혀 이상하지 않다. 현에는 공금전公金錢을 모아두는 부府도 있었다.[80]

제국에는 모두 2000곳이 넘는 감옥이 있었고 전한 후기에는 사형에 처해지는 사람만 해도 매년 수만 명에 이르렀다.[81] 1991년에서 2000년까지 일본에서 사형 판결을 받은 사람 중에서 실제로 사형이 집행된 사람은 모두 84명이다. 이에 비해 고대 중국에서는 사형을 당한 사람이 훨씬 더 많았다. 현대인의 가치관으로 시비를 가릴 수는 없지만, 고대 중국은 적어도 필자가 상상했던 태평한 세상은 아니었다.

부곽궁항

화려한 대로에서 옆으로 빠지면 곳곳에 가난한 사람들이 아무렇게나 드러누워 있다. 흔히 마을 문으로 들어갔을 때 왼쪽으로 빈민들이 모여 사는 여좌閭左라는 구획이 있다고 잘못 알고 있는데, 여좌는 호족豪族이나 부자를 지칭하는 호우豪右와 반대되는 말로, 실제로는 서민 전반을 가리킨다. 당시 통념으로는 오른쪽이 왼쪽보다 높다고 보았기 때문에 이런 식으로 표현하게 되었다.[82] 그러므로 마을 문으로 들어갔을 때 언제나 왼쪽 지역에만 빈민이 살았던 것은 아니다. 오히려 빈민의 대부분은 다리 밑에서 살았으며 혹은 마을 안에서 살기도 했다.

한편 도시의 성문 근처에는 노래를 부르며 그날그날 벌이를 하는 여행자도 있었다.[83] 또 군성이나 현성의 외벽인 곽郭 바로 바깥쪽에도 많은 빈민가가 줄지어 있었는데, 이를 부곽궁항負郭窮巷이라 불렀다. 그 일대의 집들은 멍석을 문으로 삼고 생쑥으로 지붕을 이었으며 밑이 빠진 항아리로 창문을 만든 초라한 집이었다. 그러다 보니 비라도 오면 빗물이 새서 질척거렸다.[84] 그곳에 사는 가난한 사람들은 비천한 놈이라며 업신여김당하거나 예비 범죄자로 간주되었기 때문에 그들이 부자와 결혼한다는 것은 꿈에서조차 바랄 수 없는 일이었다.

무엇보다 아이러니한 사실은 그곳이 성곽 안쪽과 가장 인접한 곳이라서 논밭을 일구기에는 최적의 입지라는 점이었다. 그래서 관리와 부자들은 그런 곳에 논밭을 소유하고 있었다. 그 논밭은 부곽전負郭田이라 불렸으며, 비옥한 땅의 대명사로 통했다. 성곽에 가까운 부곽 근처의 길에는 다양한 사람들이 오갔는데, 개중에는 투계鬪鷄를 하는 사람도 있고 나무를 하기 위해 매일 왕래하는 사람도 있었다.[85]

부곽 구역과는 대조적으로 성곽에서 멀리 떨어져 있는 논밭은 성곽 안에서 하루 만에 왕복하기가 어려웠다. 그 때문에 농번기가 되면 사람들은 논밭 옆에 여사廬舍 또는 전사田舍라 불리는 오두막을 짓고 거기에 머무르면서 일을 하는 경우가 많았다. 사정이 이러하다 보니 도시와 마을에서 멀리 떨어져 있는 논밭은 저렴하게 거래되었다.

이렇게 마을과 도시를 걷는 동안 많은 사람들이 우리를 지나쳐간다. 이제는 그 사람들의 모습을 보자.

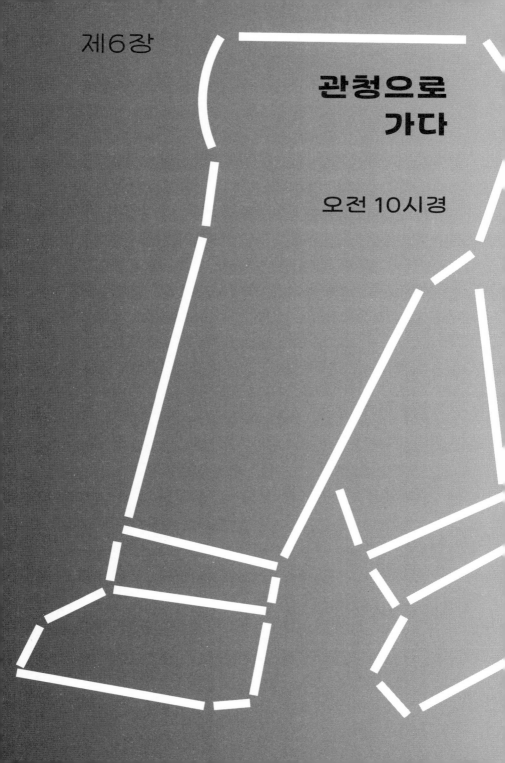

제6장

관청으로
가다

오전 10시경

길가는 남성과 마차, 우차

전국 시대에는 시골 젊은이가 대도시인 한단邯鄲에 가서 도시의 걸음걸이를 보고는 그 걸음걸이를 따라 하려 했지만, 결국에는 걷는 법을 배우지 못하고 예전에 걷던 걸음걸이도 잊는 바람에 네발로 기어서 고향으로 돌아갔다는 재미있는 고사가 있다.[1] 그렇게 도시와 시골은 사람들의 걸음걸이도 서로 달랐던 듯하다. 그렇다면 필자도 파리 컬렉션에 참가한 모델처럼 걸을 수는 없다는 말인가? 아무튼 한단은 진한 시대에도 손꼽히는 대도시로, 한단의 대로를 당당하게 걷는 사람의 정경이 눈에 선하다.

　길에는 걸어가는 사람도 있고, 마차나 우차를 타고 가는 사람도 있다. 그 당시 마차는 최고급 차량이었고, 그다음이 우차였다.[2] 일본의 고대 귀족은 오직 우차만 탔지만 사실 우차보다는 마차가 더 고급이었다. 황제는 물론 제후 계급은 대부분 마차를 탔는데(도판

6-1) 전한 후기 이후로 제후가 힘을 잃으면서 우차를 타는 제후도 나타났다.[3] 마차는 주로 바퀴가 2개였으며[4] 특히 고급 관료가 타는 마차는 바퀴를 붉은색으로 칠했기 때문에 '주륜朱輪'이라고 불렸다.

　한편 상인은 돈이 있어도 마차를 탈 수 없는 등[5] 차별적인 대우를 받았다. 다만 대상인은 대개 관직을 겸하고 있거나 관리에게 몰래 뇌물을 주고 은근슬쩍 마차를 타고 다녔다. 정부 고관은 법률상 고리대업을 할 수 없었고 상인의 자식은 관리가 될 수 없는 게[6] 원칙이었음에도, 실제로는 상인 출신의 관리가 적지 않았다. 신분이 높은 여성 중에도 마차를 타는 사람이 있었다.

　걸어가는 사람들을 한번 살펴보자. 화장을 한 여성들의 얼굴은 앞에서 보았으므로 여기에서는 남성들의 얼굴을 살펴보겠다. 유전학적으로 1만~5000년 전에는 황하 중류와 장강 중류 지역에 각

도판 6-1 천자天子(황제)의 마차. 벽화〔陝西省 楡林市 渠樹濠遺跡 출토〕

각 다른 계통의 집단이 있었던 듯하나, 진한 시대에는 이미 상당히 많이 뒤섞인 상태였다.[7] 춘추 시대까지는 산둥반도에 유럽 계통의 유전자를 가진 사람들의 흔적도 있지만, 진한 시대에는 그런 흔적도 사라지고 현대 중국인의 조상격인 사람들이 압도하게 된다.[8] 그들 대부분은 얼굴이 평평했으며, 중앙아시아에서 살았던 극히 일부의 사람들만 이목구비가 뚜렷한 얼굴을 가지고 있는 정도였다.

미남의 기준

당시 사람들에게 미남의 기준은 무엇이었을까? 유명한 미남이라고 하면 흔히 춘추 시대의 자도子都, 삼국 시대의 하안何晏, 서진西晋 시대의 반악潘岳을 꼽는다. 그들은 마초 스타일도 아니고 피부가 까무잡잡하지도 않았으며, 오히려 투명하고 하얀 피부에 빛나는 눈동자와 멋들어진 수염을 가진 남자였다. 전설적인 미녀인 나부羅敷도 자기 남편이 잘생겼다고 자랑하면서 결백석潔白晳(피부가 하얀 미남)에 수염이 더부룩하다고 말했다.[9]

그들이 대로를 걸으면 여성들의 날카로운 비명이 들린다. 여성들은 아주 적극적이어서 미남이 타고 있는 마차를 향해 과일을 던지기도 하고 에워싸기도 한다.[10] 아가씨들은 물론이고 유부녀들조차도 미남을 향해 달려간다. 그런 모습은 잘생긴 아이돌에게 몰려드는 지금의 여성들과 별 차이가 없다. 남성이 여성에게 수작을 걸

기도 한다. 미남 중에는 거울을 보며 자기 얼굴에 황홀해하는 나르
시시스트도 있었다.[11]

　　한편 미남이 아닌 남성은 시대를 불문하고 처량한 신세다. 원래
취향이란 제각각이고 남성이 보는 미남과 여성이 보는 미남은 다
를 수 있는데 당시에는 눈초리가 위로 올라간 눈, 각진 어깨, 올빼
미 코, 매부리 코, 뻐드렁니, 튀어나오지 않은 턱 등을 못생긴 얼굴
의 조건이라 보았다.[12] 또 유럽이나 중앙아시아에서 자주 눈에 띄
는 금발, 푸른 눈, 뚜렷한 이목구비도 그다지 좋게 보지 않았다.[13]
추남이 미남 흉내를 내며 거리를 활보했다가는 여성들이 떼로 몰
려와 침을 뱉을 수도 있다.[14]

　　물론 남성의 성격도 중요하다. 하지만 못생겼는데 여성에게 인
기가 있었던 사례는 드물다. 그 보기 드문 예가 애태타哀駘它다. 애
태타는 춘추 시대 위국衛國에 살았던 추남인데 그와 대화를 나눈
남성은 마음이 끌리고, 여성은 부모에게 "다른 사람의 부인이 되기
보다는 애태타의 첩이 되고 싶다."고 부탁할 정도였다. 이는 아마
도 애태타가 덕이 아주 높은 사람이었기 때문일 것이다.[15] 하지만
예외는 예외일 뿐. 이 사례가 기록되어 사료로 남을 수 있었던 이유
도 그만큼 애태타의 인기가 놀라운 일이었기 때문이다.

　　대머리나 작은 키, 말더듬이, 신체에 장애가 있는 사람은 더욱 비
참했다. 특히 말더듬이는 경력을 쌓는 데 악영향을 미쳤는데 이를
극복하고 유명해진 사람이라고 해봤자 한비자韓非子, 조예曹叡, 등
애鄧艾, 성공수成公綏 등으로 그다지 많지 않다. 한편 뚱뚱해서 취
직하지 못했다는 이야기는 없고, 오히려 몸집이 매우 크면서 사인

士人(주나라 때의 계급으로 고관보다는 낮지만 서민보다는 높은 계급_옮긴이)으로 높은 평가를 얻은 사례가 있다.[16] 그렇다고는 해도 체중이 너무 많이 나간다면 놀림감이 되었던 것으로 보인다.[17] 어쨌든 당시, 일반 가정에 체중계는 없었고 허리둘레로 체중을 표현했기 때문에 사람들은 체중을 대략 짐작할 수밖에 없었을 것이다.

　키도 작지 않은 편이 좋다. 진한 시대에는 백성에게 노역을 시킬 때 키와 나이를 기준으로 했기 때문에 국가가 백성들의 키를 기록하고 있었다. 평균 신장을 명기한 기록은 남아 있지 않지만 사서史書를 읽어보면 성인 남성은 대체로 7척(약 161cm)이라고 적혀 있다.[18] 또한 문헌에는 특별히 키가 컸던 사람에 대한 기록이 남아 있는데, 8척(약 184cm) 이상인 사람은 대체로 "그 모습이 굉장히 크다姿貌甚偉.", "용모가 아주 남다르다容貌絶異.", "용모가 긍엄하다容貌矜嚴."고 할 정도의 거구로 여겨졌다. 『삼국지』를 예로 들자면, 유비의 키가 7척 5촌이라고 적은 것 외에는, 대개 8척 이상의 사람만 특별히 키가 크다며 언급하고 있다. '키가 8척이라도 병에 걸리지 않는 사람은 없다[19]'고 하는 관용구를 보더라도 8척인 신장은 몸이 건강하고 튼튼하다는 증거였다.

　한편 6척(138cm) 미만은 노역에서도 면제받고, 신체에 장애가 있는 사람의 하나로 간주되었다. 아무리 고위관직에 오르고 영화를 누리려고 해도, 전국 시대의 맹상군孟嘗君처럼 키가 작으면 바보 취급을 당했다. 예를 들어 풍근馮勤의 일가친척은 모두 키가 컸는데 오직 풍근만 키가 7척이 되지 않았다. 자식이 자기를 닮아 키가 작을까 봐 걱정이 된 풍근은 키가 큰 여성을 부인으로 맞았다.[20] 풍근은 키가 대대로 닮는다는 사실을 알았던 것으로 보인다.

　　그리고 당시 사람들은 시력이나 청력에 대해서는 잘 알지 못했다. 다만 시력이 뛰어났던 이주離朱와 청력이 남달랐던 사광師曠에 대한 전설이 있는 걸 보면, 시력과 청력에 개인차가 있음을 알고 있었던 듯하다.

관청에 들어가다

이제 관청에 가까이 가보자. 전한의 수도 장안이라면 관청들이 모여 있는 곳 옆에 미앙궁未央宮이 있고, 황제는 그곳에서 신하들과 회의를 거듭했다. 후한 시대에는 수도인 낙양에 조당朝堂이라고 하는 회의실이 있었고, 황제는 거기서 회의를 열었다.[21] 한나라 초에 신하는 필요한 경우에만 궁궐에 들어갔지만 그 이후에는 5일에 한 번씩 입궐하게 되었으며, 황제를 배알하려면 사전에 예약을 해야 했다.[22] 지위가 높은 신하라고 해도 쉽사리 고개를 들어 황제의 존안을 볼 수 없었으며, 더군다나 서민이라면 더욱 그럴 일이 없었다. 여기서는 관리가 근무하는 관청을 둘러보는 정도에서 만족하자.

　　한나라 때의 관청에는 붉은 깃발이 나부끼고 있다. 궁전이나 관청 입구 부근의 지면도 붉게 칠해져 있는데 이를 단지丹墀라고 한다. 한나라 때는 이처럼 붉은색을 중시했는데, 사실 붉은색과 함께 검은색도 중시했다. 예를 들어 군기는 단순히 붉은색 깃발이 아니

라 정확히는 '검은색 테두리가 있는 붉은색 깃발'이었다.[23]

이제 승상부丞相府로 들어가보자. 승상은 현재 일본의 총리대신과 같은 수준인 최고급 관직이다. 승상부 안에는 떡갈나무가 심어져 있어서, 수천 마리의 새가 모여들 때도 있다.[24] 승상부 내부에는 승상이 정무를 보는 당堂과 중정(廷, 聽事, 廳)이 있으며, 매년 음력 10월이 되면 상계리上計吏 수백 명이 모여서 각 지방의 회계를 보고하고, 황제가 내린 명령서인 조칙詔勅을 포고하면 공손한 자세로 들었다.

당과 중정은 회랑으로 둘러싸여 있어서 그곳에 들어가려면 중문을 거쳐야 한다. 중문 바깥쪽에는 주차장인 주가駐駕가 있고, 중문 옆으로는 쪽문인 합閤이 있었다. 합은 창두蒼頭(하인)가 지키고 있는데, 승상의 총애를 받는 속리屬吏(하급관리)라면 언제라도 합으로 들어가서 승상을 만날 수 있었다. 관청 문에는 대개 멋지게 장식된 고리 모양의 손잡이가 붙어 있다. 예를 들어 원제묘元帝廟의 문에는 거북이와 뱀 모양의 청동 손잡이가 붙어 있었다.[25]

승상부의 중문 앞에는 주차장뿐만 아니라 속리의 사무소가 있다. 당의 뒤쪽으로는 승상의 사저私邸인 편좌便坐가 있고, 더 안쪽으로 들어가면 후당後堂이 있다. 군현郡縣 수준의 관청 역시 이와 동일해서, 관청 안쪽에 장관의 사저가 있다. 사저 앞은 장관이 집무를 보는 곳이고, 중문을 지나 그 바깥쪽에 주차장과 속리의 사무소가 있다.

장관은 매일 집무 장소에 있지는 않았으며, 개중에는 5일에 한 번 출근하는 장관도 있었다. 출근이라고 해봤자 엎어지면 코가 닿을 정도로 가까운 거리에 불과한데도, 사저에서 나오지 않는 걸 보면 벼슬이 좋기는 좋다.

또 지방 장관의 출근 시간도 사람마다 제각각이어서, 여름에는 해가 뜰 때 출근하고 겨울에는 정오부터 일을 시작하는 장관도 있었다. 물론 그 이외의 시간에도 장관은 사저에서 조금이나마 일은 하고 있었을 테니 재택근무라고 해도 좋겠지만, 그래도 속리가 사저에 들어가기는 어려웠기 때문에 굉장히 애를 먹었다. 장관과 만나고 싶은 사람은 일부러 길일을 택해서 가야 했다고 하니, 관리라고 해도 장관급과 쉽게 만날 수 있었던 것은 아니다.[26]

장관들은 자신이 출근하는 대신에 우수한 서생과 창두를 혹사시키기도 했다. 또 이제 막 부임한 장관은 속리들에게 무시당하는 경우도 자주 있었다. 속리들은 거짓으로 병을 앓는다고 속이기도 하고 관사에서 처자와 함께 사는 등 금지된 행위를 하기도 했다.

우뚝 솟은 성벽

대부분의 도시는 하천에 인접한 위치에 만들어지고 사각형 모양이다. 성벽은 주로 판축城壁이며, 현존하는 성벽의 두께는 5m 전후에서 수십 m로 다양하다. 판축벽은 밖에서 보면 수직으로 솟아 있지만, 성벽 안쪽은 병사가 뛰어올라갈 수 있도록 경사져 있다. 또 성벽의 풍화를 막기 위해 성벽의 안쪽과 바깥쪽을 흙으로 덮기도 한다. 이렇게 돋운 땅을 호성파護城坡라고 부르며, 성벽과 호성파 바깥쪽에는 해자垓字도 설치되어 있다. 해자는 대개 성벽에서 수에서 수십 m 떨어진 곳에 위치하며 폭은 20~30m, 깊이는 3~4m라고 한다.

성벽 안으로 들어가려면 성문을 통하는 수밖에 없다. 대도시인 임치臨淄를 예로 들면 외곽에 11개의 문이 있으며, 문의 폭은 8~20m, 길이는 20~86m까지 있다. 성문과 연결되는 대로라고 해서 반드시 성 내부를 바둑판의 눈처럼 지난다고 할 수는 없다. 바둑판처럼 정연하게 배치된 대로가 있는 일본 고대의 헤이안쿄平安京는 중국의 도시를 본떠 만들어졌다고 알려져 있지만, 이는 북위의 낙양성이나 수의 장안성을 따라한 것일 뿐 진한 시대의 도시와는 관계가 없다.[27] 그에 비해 진한 시대의 도시는 도로가 반듯하게 정렬되어 있지 않은 형태였다. 물론 예외도 있다. 장안성 안에는 중앙에 황제만 다닐 수 있는 20m의 치도馳道와 좌우 양쪽에 12m 정도 되는 일반 도로로 구성된 폭 45m의 대로가 있고 낙양성에도 대로가 있어서 약간은 정리된 느낌을 준다. 그렇다고 해도 바둑판 눈처럼 정연한 것과는 거리가 멀다.

군이나 현의 관청이 있는 마을은 비교적 규모가 크고 사람의 왕래가 잦은 편이었다. 대도시에서는 집들이 가까이 붙어 있어서 일단 화재가 발생하면 큰일이었다. 옛날부터 '재해가 마구 일어날 때는 군대로도 구하기 어렵다'는 관용구가 있었는데[28] 이를 통해 화재가 발생했을 때 군대가 동원되었음을 알 수 있다.

평균 이상의 외모였던 관리들

여기서 관공서에 모여 있는 관리들의 얼굴을 봐두자. 놀랍게도 다들 평균 이상으로 잘생긴 얼굴이다. 그도 그럴 것이 한나라 때는 미남이 관리의 채용 조건에 들어 있는 경우가 있었다.[29] 공자조차도 외모로 사람을 판단했다가 나중에 후회했을 정도이기 때문에[30] 외모가 도움이 된다는 사실은 예나 지금이나 변함없는 진리라고 할 수 있다. 신체장애가 있으면서 입술갈림증이 있는 남자가 군주를 설득하기 위해 유세를 했다는 전설도 있고 추악하게 생긴 남자에게 외교를 맡겼다가 나라가 망했다는 설화도 있지만[31] 그런 일은 현실에서 거의 있을 수 없기 때문에 전설과 설화가 되어 특별히 역사책에 기록된 것이다.

특히나 빛나는 외모를 자랑했던 관리들은 궁정 호위인 집금오執金吾와 군주를 수행하던 시중랑侍中郎 같은 부류다. 광무제光武帝도 어린 시절에는 집금오가 되기를 꿈꾼다.[32] 만약 15세에 말단 관리, 20세에 중앙 관료, 30세에 시중랑, 40세에 성주가 된다면 여성에게 큰 인기를 얻을 수 있다.[33] 당시는 인맥 중심의 사회였기 때문에 권력자의 자제라면 외모와 상관없이 상당히 높은 지위까지 올라갈 수 있겠지만 그래도 청결함은 유지하는 편이 좋다.

호위관이라면 당연히 무술 실력이 뛰어나야 했지만, 태평한 세상에서는 전투를 통해 공을 세울 수 있는 기회도 많지 않다. 그 때문에 한나라 때는 실전 대신 투석投石, 발거拔拒, 수박手搏 등의 경기를 시행해서, 그 기량을 승진의 조건으로 삼기도 했다.[34]

특급 관리와 일반 관리

관리와 인사를 나누기 전, 실례를 하지 않기 위해 그들의 신분을 확인해두자. 전한에서는 총인구 6000만 명 중에서 국가 소속 노동자약 150만 명과 병역 복무 중인 사람 약 70~80만 명이 상시로 일하고 있다.[35] 이외에 관리가 있으며, 관리 중에는 상근 고용자와 비상근 고용자가 있다.[36]

상근 고용 관리는 대개 관사에서 지내며 대략 5일에 한 번씩 돌아오는 휴일에는 집으로 돌아간다.[37] 진나라 때는 물론 전한 초기에도 그런 휴일이 1년간 총 수십 일씩 주어지기도 했는데 휴일을정하는 방식은 바뀌기도 했다.[38] 최소한 진나라 때는 결혼이나 부모의 병이 위중할 경우 10일 정도의 휴일이 주어졌다.[39]

휴일이 아니라면 관리는 관사에서 지내는 것이 원칙이며 혼자부임하는 형태가 많았다. 다만 개중에는 처자식과 함께 관사에서지내는 사람도 있었던 걸 보면 관리에게 적용되던 원칙이 그렇게엄하지는 않았던 듯하다. 여기서 말하는 상근 고용 관리는 아주 뛰어난 관리로, 지금으로 치면 어려운 시험에 합격한 특급 관리이며그에 걸맞은 급료가 지급된다.

이에 비해 비상근 고용자는 보다 간소한 과정을 통과한 일반 관리나 아르바이트로 일하는 사람을 말하며, 상대적으로 사소한 업무를 위주로 한다. 이들 중에서 능력을 인정받은 사람은 용관冗官이라 불리며, 매일 출근하면서 특급 관리에 가까운 대우를 받기도했다. 이처럼 상근하는 일반 관리들과 달리, 보통의 비상근 고용자

는 경편更이라고 하는 윤번제에 따라 한 달 단위로 돌아가면서 업무
에 편입되었다. 비상근 고용자들은 관공서에서 근무해야 하는 기
간이 아닐 때는 민간에 고용되어 일을 하기도 하고 농사를 짓기도
한다. 사실 당시에는 범죄자도 돌아가면서 노역에 동원되었으며,
아침부터 밤까지 매일 쉬지도 못하고 매를 맞으면서 일을 하지는
않았다. 또 백성의 대부분도 윤번제에 따라 노역이나 병역에 종사
했고, 노역의 하나로서 일반 관리의 업무를 떠맡는 사람도 있었다.

호북성湖北省 형주시荊州市 형주구荊州區 기남진紀南鎭에 있는 송
백한묘松柏漢墓에서 출토된 간독을 보면 전한 무제武帝 시기의 남
군南郡에는 현 등급의 행정구역이 17개(현이 14개, 후국侯國이 4개)가
있었다. 남군에는 나이가 많아 노역을 면제받은 면로免老와 장애,
질병, 부상이 있는 파륭罷癃이 각각 3000명에 약간 못 미치는 수
가 있었고, 15세 이상인 성년 노동 인구는 남자가 2만여 명, 여자가
3만 2000여 명이었으며, 미성년(7세~15세) 노동 인구는 남자가 2만
5000명, 여자가 1만 6000여 명이었다. 6세 미만인 유아의 수는 분
명하게 알 수 없다. 그리고 남군 전체의 병역 대상자는 약 1만여 명
에 이르렀으며, 실제 병역에 복무 중인 인원수는 상시 2000여 명이
었다. 병역 대상자와 실제 복무 인원수에 차이가 나는 이유는 당시
병역 제도가 윤번제를 쓰고 있었기 때문이다. 이처럼 병역에 복무
하는 사람과 노역에 종사하는 사람(죄수 포함)의 대부분은 돌아가
면서 업무에 편입되었고, 일반 관리 역시 마찬가지였다.

일반 관리 중에는 반강제적으로 업무를 맡게 된 사람도 있었는
데, 기본적으로는 별 볼 일 없는 역할이었다. 심지어 촌장에 해당하

는 이전里典은 마을에서 신분이 낮은 사람이 맡는 일이었다.[40] 그러므로 '촌장=가장 높은 사람'이라고 오해하면 안 된다. 다만 관공서에서 근무하는 일반 관리 중에는 질병을 앓는 사람, 부상자, 신체장애자도 있어서[41] 관청이 그들을 도와주는 역할을 했다. 그런 의미에서는 관공서 일을 감사하게 여기는 일반 관리도 있었을 것이다. 여기서 특급 관리가 얼마나 대단한 사람들인지 확인하기 위해 전한 후기의 동해군을 예로 들어 살펴보자.(표 6-1)[42] 현 등급의 행정장관인 현령縣令, 현장縣長, 국상國相과 부장관인 현승縣丞, 군사장관인 현위縣尉에게는 특급 관리에 상당하는 급료가 지급된다. 그들 중에는 법무과장인 옥승獄丞과 경찰서장인 정장亭長이 있는데, 그중 일부는 일반 관리 취급을 받았다. 그 아래로 더 많은 사람들이 잡무 담당으로 근무한다.

특급 관리에 해당하는 사람은 동해군 전체에서 100명 미만이었고, 전한 시대에는 모두 100개 남짓의 군이 있었으므로 중앙 조정에서 근무하는 관리를 포함한다고 해도 제국 전체의 특급 관리는 수만 명 정도에 불과했다. 동해군의 관리는 일반 관리를 포함해서 모두 2000명 남짓이었으니 제국 전체라면 수십만 명에 달한다. 다시 말하면 관리의 대부분은 일반 관리이며 그 아래로 방대한 비상근 인력이 잡무 담당으로 일했다.

승진은 어떻게 할 수 있을까?

다음으로 후한 시대에서 특급 관리로 승진하는 경로를 보자. 한 가지 방법은 먼저 지방 관부에서 일반 관리 중 비상근 직원으로 일하면서 상근 직원의 자리를 획득해야 한다. 상사가 "너는 그럭저럭 성실하니까 몇 달 간격으로 한 달씩 나오지 말고 이제부터 매일 출근해라."라고 하면 된 것이다. 그리고 연사掾史, 독우督郵 혹은 주부主簿, 오관연五官掾, 그리고 공조功曹로 승진을 거듭해간다.(도판 6-2) 이 관직들은 모두 지방 하급 직원의 서열이다.

　더 나아가 지방의 상급 직원이나 중앙 부처 직원으로 승진하려면 특급 관리의 자격을 새로 취득해야 한다. 그러려면 중앙 관료와

도판 6-2 후한 시대의 문하공조門下功曹.
벽화 〔河北省 望都1號墓 출토〕

표 6-1 동해군의 현과 후국에 근무하는 관리들

행정단위	령令	장長	상相	질秩	승丞	질秩	위尉	질秩	옥승獄丞	관유질官有秩	향유질鄉有秩	영사令史	옥사獄史
해서현海西縣	○			1000	1	400	2	400	0	1	4	4	3
하비현下邳縣	○			1000	1	400	2	400	0	2	1	6	4
담현郯縣	○			1000	1	400	2	400	1	0	5	5	5
난릉현蘭陵縣	○			1000	1	400	2	400	0	1	0	6	4
구읍朐邑	○			600	1	300	2	300	0	0	1	3	2
양분현襄賁縣	○			600	1	300	2	300	0	1	2	6	3
척현戚縣	○			600	1	300	2	300	0	0	2	4	2
비현費縣		○		400	1	200	2	200	0	0	2	4	2
즉구현卽丘縣		○		400	1	200	2	200	0	0	0	4	2
후구현厚丘縣		○		400	1	200	2	200	0	0	0	4	1
이성현利成縣		○		400	1	200	2	200	0	0	1	3	3
황기읍況其邑		○		400	1	200	2	200	0	0	0	4	2
개양현開陽縣		○		400	1	200	2	200	0	0	1	4	3
증현繒縣		○		400	1	200	2	200	0	0	1	4	2
사오현司吾縣		○		400	1	200	2	300	0	0	0	3	2
평곡현平曲縣		○		400	1	200	1	200	0	0	1	4	2
임기현臨沂縣		○		300	1	200	2	200	0	0	0	4	1
곡양현曲陽縣		○		300	1	200	1	200	0	0	?	?	?
합향현合鄉縣		○		300	1	200			0	0	0	3	2
승현承縣		○		300	1	200			0	0	0	3	2
창려후국昌慮侯國			○	400	1	200	2	200	0	0	1	4	2
난기후국蘭旗侯國			○	400	1	200	2	200	0	0	0	3	2
용구후국容丘侯國			○	400	1	200	1	200	0	0	1	4	2
양성후국良成侯國			○	400	1	200	1	200	0	0	1	4	2
남성후국南城侯國			○	300	1	200	1	200	0	0	0	4	2
음평후국陰平侯國			○	300	1	200	1	200	0	0	0	4	2
신양후국新陽侯國			○	300	1	200			0	0	0	3	2
동안후국東安侯國			○	300	1	200			0	0	0	3	2
평곡후국平曲侯國			○	300	1	200	1	200	0	0	0	3	2
건릉후국建陵侯國			○	300	1	200			0	0	0	3	2
산향후국山鄉侯國			○	300	1	200			0	0	0	3	2
무양후국武陽侯國			○	300	1	200			0	0	0	2	1
도평후국都平侯國			○	300	1	200			0	0	0	2	0
오향후국都鄉侯國			○	300	1	200			0	0	0	3	2
건향후국建鄉侯國			○	300	1	200			0	0	0	3	2
간향후국干鄉侯國			○	300	1	200			0	0	0	3	1
건양후국建陽侯國			○	300	1	200			0	0	0	3	1
도양후국都陽侯國			○	300	1	200			0	0	0	2	0

표의 숫자는 정원으로, 실제 관리의 숫자는 아니다. 표에서 '?'는 판독할 수 없는 부분이지만, 관리의 총 인원에서 역산해보면 모두 더해서 6명이 들어간다.

관색부 官嗇夫	향색부 鄉嗇夫	유요 游徼	뇌감 牢監	위사 尉史	관좌 官佐	향좌 鄉佐	우좌 郵佐	정장 亭長	후가승 侯家丞	복행인문대부 僕行人門大夫	선마쿵서자 先馬中庶子	총 수
3	10	4	1	3	7	9	0	54				107
3	12	6	1	4	7	9	2	46				107
3	6	3	1	3	9	7	2	41				95
4	13	4	1	4	8	4	0	35				88
4	6	2	1	2	4	6	0	47				82
3	5	4	1	3	7	4	0	21				64
3	3	1	1	3	5	5	0	27				60
3	5	5	1	3	8	4	2	43				86
2	8	4	0	2	6	4	0	32				68
2	9	2	1	3	4	1	0	36				67
2	3	3	0	3	5	5	1	32				65
2	5	3	1	3	6	2	0	23				55
2	4	3	1	3	6	2	0	19				52
2	3	2	1	2	4	2	0	23				50
2	7	2	1	2	6	0	0	12				41
2	0	2	0	3	4	2	0	4				27
0	7	3	2	2	4	2	2	36				66
2	0	2	1	2	6	1	0	5				28
0	2	1	1	2	5	0	0	7				25
0	1	1	1	1	4	1	0	6				22
2	2	2	1	2	7	1	0	19	1	3	14	65
1	4	2	1	2	7	2	1	12	1	3	14	59
0	2	2	1	2	5	2	0	11	1	3	14	53
1	1	2	1	2	5	3	0	7	1	3	14	50
0	2	1	1	2	3	2	0	18	1	3	14	56
1	3	2	1	2	4	3	0	11	1	3	14	54
0	2	2	1	1	4	0	0	12	1	3	14	47
0	1	1	1	2	5	0	0	9	1	3	14	44
0	2	2	1	1	5	0	0	5	1	3	14	42
0	1	1	1	1	4	0	0	6	1	3	14	39
0	1	1	1	1	4	0	0	4	1	3	14	37
0	1	1	1	1	3	0	0	3	1	3	14	33
0	1	1	0	1	3	0	0	3	1	3	14	31
0	1	1	1	2	5	1	0	5	1	3	14	41
0	1	1	1	2	5	1	0	4	1	3	14	40
0	1	1	1	1	6	1	0	2	1	3	14	37
0	1	1	1	1	6	2	0	5	1	3	14	41
0	1	1	0	1	4	0	0	3	1	3	14	32

지방 장관이 인재를 중앙으로 추천하는 찰거察擧와 중앙의 고급 관료가 자신의 막료幕僚로 초빙하는 벽소辟召를 거쳐야 하는데, 만약 당신이 정부 고관과 아는 사이도 아니고 좋은 가문 출신도 아니라면 벽소는 아예 생각하지 말아야 한다.

그렇다면 남는 선택지는 찰거인데, 찰거는 지금 일본의 대학 입시처럼 몇 가지 수험 방법이 있다. 만약 당신이 평범한 가문 출신이라면, 찰거 중에서도 특히 효렴孝廉이 되는 것을 목표로 하는 수밖에 없다.

효렴은 매년 인구 20만 명마다 1명씩 시험을 통해 선발하며, 40세 이상의 지방 하급 직원 또는 지위나 관직이 없는 사람을 대상으로 한다. 효렴을 선발하는 시험은 면접 위주다. 일반적으로 중소 귀족의 자제들이 효렴 자리를 노리고 몰려들다 보니 서민이 합격하기란 굉장히 어려운 일이었다. 만약 관리에게 추천받은 사람이 능력 부족으로 판명되면 나중에 추천을 한 사람까지 엄한 처벌을 받기 때문에[43] 추천하는 사람도 인선에 신경을 많이 썼다. 하지만 유력 가문의 자제를 추천한다면 그런 문제는 생기지 않는다. 사정이 이러하다 보니 서민의 자제는 죽기 살기로 열심히 공부하는 수밖에 없었다.(도판 6-3, 6-4)

또한 특급 관리가 되기 위해서는 사실 재산 규정도 있었다. 원래의 규정대로라면 10만 전이 넘는 재산이 있고 노예나 식객을 거느리고 있으면서 스스로 말을 내놓을 수 있는 정도가 되어야 했다. 나중에는 규정이 완화되어 경제景帝 이후로는 4만 전 이상의 재산이면 가능했다. 물론 공우貢禹처럼 빈곤한데도 발탁된 사람이 전혀

도판 6-3　붓과 간독簡牘을 들고 마주앉은 문관
〔1958년 長沙市 金盆嶺9號墓 출토〕

도판 6-4　한대의 벼루. 뚜껑에는 용과 오수전五銖錢
문양이 있다.〔山東省 沂南縣 北寨2號墓 출토〕

없지는 않았지만, 기본적으로 평범한 집안 수준인 중가中家 이상의
재력은 되어야 했다.[44] 다시 말하면 서민의 자제가 관리 직급의 관
리가 되고자 한다면 열심히 공부해야 하는 건 당연하고, 사전에 경
제적인 여유까지 갖추고 있어야 했다.

　만약 효렴의 자격을 얻었다면 이어서 특급 관리로 나아가는 경
쟁이 시작된다. 효렴이 된 사람은 보통 황제를 가까이서 모시는 낭
중으로 시작해서 충분히 경험을 쌓고 나면 잠시 현령 같은 지방의
상급 관리로 옮겨 가게 된다. 그리고 지방에서 더 많은 업적을 달성
하면 다시 중앙 정부로 소환된다. 즉 당시의 엘리트는 지방과 중앙
을 오가면서 조금씩 승진했다.[45]

엘리트의 긍지와 노고

이상의 구조에서 알 수 있듯이 아무리 천재라고 하더라도 가문, 자
금, 인맥, 운이 없으면 애초에 학교 교육을 받을 수 없을 뿐만 아니
라 시험에서 합격하기란 이룰 수 없는 꿈에 불과했다.

　현대 사회에서도 좋은 대학에 들어가려면 좋은 교육을 받는 편
이 좋고, 경제 자본, 인적 자본, 사회 자본 등의 주변 환경도 중요하
지 않는가. 다시 말하면 부모의 격차가 아이의 격차로 이어지기 때
문에 아이가 장래에 성공할지 여부가 아이의 능력만으로 결정된
다고 할 수는 없다. 진한 시대에는 그런 경향이 지금보다 더 심했던

것으로 보이며, 위진 시대가 되면 그런 경향성은 더욱 심화된다.[46] 이런 상황에서 특급 관리로의 승진은 어떤 의미에서는 로또 당첨보다 어려운 일이었다. 역사책에는 '어렸을 때 가난했다'는 인물이 여기저기에서 나오는데, 나중에 고위 관료가 된 경우도 있지만 사실 그 내용을 무턱대고 믿어서는 안 된다. 역사책에 나오는 사례는 어디까지나 성공 스토리로 윤색된 내용이며, 중국 역사책에서는 이런 윤색을 흔히 찾아볼 수 있다.

앞서 말했듯이 특급 관리는 부잣집 자제인 경우가 많았다. 그러므로 그들은 개인적인 이해득실에 그다지 얽매이지 않았고, 정치적으로 언쟁을 할 수 있는 입장에 있었다. 하지만 실제로 관리의 세계는 이권을 다투는 아수라장이며, 현실 정치에 민의가 얼마나 반영되는지는 알 길이 없다. 백성은 관리들이 가진 엘리트로서의 긍지에 기대를 거는 수밖에 없었다.

여러분이 발을 들여놓은 관청은 이런 엘리트의 세계다. 열린 민주주의나 공정한 선거 제도가 없는 시대였기에 관리들이 백성을 힘들게 해도 백성은 어찌할 도리가 없었다. 관리들의 비위를 건드리지 않도록 주의하면서 관청으로 들어가보자. 우선은 문 앞에 다다르면 마차나 우차에서 내린다.[47] 몸을 구부린 채로 조심조심 걸어서 안으로 들어간다. 일단 궁전이나 관공서에 들어갔다면 같은 자세를 유지하고 종종걸음으로 걷는다.[48]

관리들은 누군가와 인사를 나눌 때 먼저 두 손을 앞으로 내밀어 맞잡고 읍揖을 한다. 귀인에게 인사를 올릴 때는 길게 읍을 하는 건 물론이고 절을 빠트려서도 안 된다.[49] 이런 인사 방법은 세세하게

정해져 있으니 알아두지 않으면 큰일 날 수도 있다.[50]

　일단 자리에 앉았다면 자리를 건너뛰어 누군가에게 인사하러 가는 것은 좋지 않다. 또 계단에서 아는 사람을 만났을 때는 아래위로 차이가 나는 위치에서 인사를 하면 안 된다.[51] 조정에 있는 관리는 대검帶劍 즉, 칼을 소지할 수 없으며 종종걸음으로 이동한다. 궁전에서 칼을 차거나 보통 걸음으로 걷는 것은 극히 일부의 공신에게만 허용되는 특권이다.[52]

　이처럼 관리의 세계는 즐거운 일만 있는 것은 아니다. "관청 근무는 너무 답답한 일이다. 거북해서 왠지 묶여 있는 느낌이다. 관모 끈은 죄인을 묶는 포승줄 같다. 어떻게 하면 규정에서 벗어날 수 있을까." 하며 한탄하는 관리가 있는 게 당연하다.[53]

제7장

시장에서
쇼핑을 즐기다

오전 11시경~
정오 넘어서

시장의 소란

이제 '식좌食坐' 또는 '막식莫食' 등으로 불리는 시간대가 되어, 사람들은 모두 아침밥을 먹고 있다. 보통, 회의가 있는 날이라고 해도 이 무렵이면 회의가 끝나고 관리들은 각자 자기 부서로 돌아가 일을 시작한다.

　성에서 멀리 떨어져 있는 외딴집에서는 아직까지 자고 있는 사람도 있다. 어쩌면 어제 밤중까지 일을 했기 때문일 수도 있고 단지 급한 일이 없어서일 수도 있으며 혹은 아침을 먹고 나서 잠깐 쉬고 있을 수도 있다. 이때 불행하게도 갑자기 강도가 그 집을 침입해, 자고 있는 이들을 살해하고 돈이 될 만한 물건들을 훔쳐서 달아났다. 강도는 길을 가는 사람들에게 훔친 물건을 팔면서 유유히 성내로 돌아갔다.[1] 평온한 아침이라고 해서 절대 안심할 수는 없다. 이런 풍경이 고대 중국의 아침이었다. 어쨌든 주변 상황에 주의를 기울이면서 우리도 성내를 산책해보자. 먼저 사람이 모이는 시장으로 가보자.

시장은 이미 사람들로 붐비고 있다. 물건을 판매하는 상인도 있고 점심 재료를 사러 온 주부[2]도 있으며 멀리서 온 손님들도 있다. 여성이 시장에 갈 때는 아이가 같이 가고 싶다고 조르기도 한다.[3] 돈보다 떡을 더 좋아하는 아이들이다 보니[4] 시장에 가면 재미있을 것 같아 같이 가려는 걸 게다. 시장에는 보기 드문 상품들이 진열되어 있고 여러 가지 소문도 들을 수 있다. 당시 여행자들도 대개는 사람이 많은 도시가 목적지였고 도시에 도착하면 제일 먼저 시장으로 향했다.[5]

당시에는 참수형을 당한 죄인의 시체를 내다버리는 기시棄市[6]라는 형벌이 있었는데, 시장에서는 사형이 집행되는 장면을 직접 볼 수도 있었다. 그런 경험은 아이 교육에 나쁘다고 하는 부모도 있을 테지만, 신기한 마음에 남녀노소 가릴 것 없이 사형 현장에 모여든다. 사형에도 여러 가지 등급이 있는데 가장 무거운 법정형은 허리를 베어 죽이는 요참腰斬이었고, 그 외에 파격적인 극형도 있었다. 공포를 자아내는 형벌인 거열車裂은 네 대의 마차에 죄인의 손과 발을 각각 묶은 후 네 방향으로 끌어당기는 형벌이다. 끌어당기는 힘이 똑같으면 죄수의 몸이 단번에 찢어져 죽겠지만, 운이 나쁘면 오른발만 떨어져 나가거나 왼팔만 남은 상태로 괴로운 비명을 지르며 죽기만을 기다리게 된다.

전한 초기에 있었던 책磔이라는 법정형은 기시보다는 더 무겁고 요참보다는 가벼운 사형 방식이었는데 이 역시 특수한 형벌이다. 책은 참수당한 죄수의 시체를 수레 위에 묶어두고, 부패해서 찢어지면 꿰매면서 가능한 한 오랫동안 사람들이 시체를 볼 수 있도록 하는 형벌이다.[7] 그러니까 전한의 책은 예수 그리스도가 받았던 책형과는 다르다. 그렇게 시체를 계속 놔두면 냄새가 굉장히 심하게 났을 텐데 그런 곳에서 장사를 계속했을지는 의문이다. 당나라 때 수도인 장안에서는 죄수의 시체를 시장이 아니라 성 밖에 걸어두었다.[8] 진한 시대에는 죄수의 목을 시장에 걸어두는 광경이 종종 있었으니[9] 아닌 게 아니라 시장이 아닌 곳에서도 책형을 받고 죽은 죄수의 시체를 같은 식으로 내걸었을 수도 있다. 어쨌든 시장은 사형수가 내지르는 단말마의 목소리가 울려 퍼지는 장소였다.

인파 속으로

사람들이 시장에 가는 목적은 다양하지만 가장 큰 목적은 역시 상품을 사고팔기 위해서다. "학문하는 사람이 대화하면 인仁, 의義가 화두겠지만 백성이 대화하면 재財, 리利가 화제다."라고 하는 당시의 말처럼[10] 백성에게는 재산과 이익이 가장 큰 관심사이다 보니 시장에서는 늘 싸움이 벌어진다. 그래서 평온한 삶을 선호하는 귀족들이 살기에는 시장 근처가 적당하지 않다. 또 아이를 키우는 집에서는 돈 계산만 하는 아이로 자라면 곤란하다는 이유로 이사하는 사람도 있었다.[11]

　　시장에는 활기찬 분위기에 이끌려 이유 없이 돌아다니는 사람도
있고, 다투기를 좋아하는 불량배도 있다. 보통 새벽에는 상인들끼
리 거래를 하고 저녁에는 서민들이 모여드는 경향이 있어서 오전
에는 아직 상인들이 많이 보인다. 아침에는 상품이 많지만 저녁이
되면 물건이 품절될 수도 있기 때문이다.[12] 지나가는 사람과 어깨를
부딪치지 않고 걷기가 어려울 정도로 시장은 사람들로 붐빈다.[13]

　　이런, 누군가의 발을 밟아버렸다. 불량배라면 큰일이지만 그렇
지 않으면 "방오放鷔."라고 하면서 깍듯하게 사과하고, 손위의 친족
이라면 "구嫗."라고 가볍게 미안함을 표시하며, 친한 사이라면 별
말을 하지 않아도 괜찮을 것이다. 다시 말하면, 가까운 사이일수록
형식적인 예를 갖추지 않아도 무방하다.[14]

　　시장에는 사람이 너무 많아서 평소에 만날 일이 없는 사람끼리
스치듯 지나가기 때문에 가끔은 도깨비나 괴물을 봤다는 헛소문
을 내는 사람도 있다. 그러다 가뭄이나 화재가 생기면 시장에 나타
난 괴상한 것들 때문이라며 액운을 막기 위해 시장을 옮기거나 폐
쇄하기도 했다. 당시 사람들은 시장을 다른 세계와 연결되어 있는
공간이라고 보았기에 그렇게까지 했던 것이다.[15] 아무튼 이제 장사
가 어떻게 이루어지는지도 볼 겸 시장으로 들어가보자.[16]

　　걸어서 왔다면 그대로 시장에 들어가면 된다. 하지만 마차나 우
차를 타고 왔다면 시장으로 들어가는 시문 앞에서 내려야 한다.[17]
시문 부근에 말이나 소의 똥이 있으면 시리市吏는 관리에 소홀했다
는 이유로 문책당하기 때문에, 오늘도 시리의 명령을 받은 사람이
청소를 하고 있다. 시장에도 문지기가 있으며, 시장 안을 순찰하는

관리도 있다.[18]

상당히 외진 곳에 위치한 시장이 아니라면, 시장은 사방이 벽으로 둘러싸여 있었다. 당시의 도시에는 지금의 뉴욕, 도쿄, 런던, 베이징처럼 거리 곳곳에 상점이 즐비하지도 않았고 마을 길가에 편의점이 있지도 않았다. 시장이라고 하는 한정된 장소에 상점들이 몰려 있다 보니 물건을 사려면 시장으로 가야 했다. 마을이나 길가에서 물건을 파는 행위가 완전히 금지된 것은 아니지만 제약이 있었다. 임시로 길거리에서 상품을 판매할 수는 있지만 같은 장소에서 10일 이상 연속해서 판매할 수는 없었다.[19] 사방이 벽으로 둘러싸인 도시 체제가 해체되고 아무 길가에서나 상점을 차리는 현상이 나타난 것은 대체로 당나라 전후부터라고 한다. 이런 변화는 단순히 도시 체제가 바뀐 데 그치는 게 아니라 중국 고대 도시의 경관이 지금과 달랐음을 의미한다.

다채로운 상점

시장은 마을마다 하나씩 있는 건 아니었으며, 향에 하나가 있으면 그나마 다행이었다. 군성과 현성에 있는 시장인 군시郡市, 현시縣市는 늘 북적북적했고, 사방이 벽으로 둘러싸여 있었다. 벽 내부에는 가로세로로 길이 나 있고, 중앙에는 경찰서에 해당하는 정亭이 있었다.(도판 7-1) 군성이나 현성 바깥쪽에 있는 시장도 있었다.[20]

시장의 크기는 천차만별이다. 전한 장안성에 있는 동시東市와 서
시西市는 사방이 벽으로 둘러싸인 거대한 시장이다. 동시는 동서로
약 780m, 남북으로 약 700m에 이르고 서시는 동서로 약 550m, 남북
으로 약 480m이며, 시장을 둘러싼 벽의 기초 부분은 두께가 5~6m
에 달한다. 시장의 동서남북 각 면마다 문이 2개씩 있다.(도판 7-2)
길가에 줄지어 선 열사列肆라는 상점은 업종별로 정리되어 있다.

시장 안을 보면 어느 구획에는 옷 가게가 늘어서 있고, 다른 구획
에는 생선 가게가 모여 있다. 고어지사枯魚之肆(건어물 가게), 염물옥
染物屋,[21] 용사傭肆(인력 시장),[22] 술집이 늘어서 있는 곳도 있다.[23] 술
집에서는 술을 사서 항아리나 기름칠이 된 마대에 담아 가져갈 수
도 있고[24] 그 자리에서 술을 마실 수도 있다.[25] 용사에서는 예쁘게

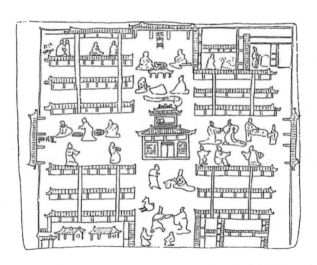

도판 7-1 한대漢代의 시장. 화상석 탁본 모사

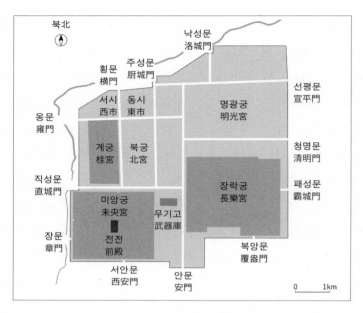

도판 7-2 전한 장안과 동·서시東·西市

차려입은 노예가 우리에 갇혀 있는 모습을 볼 수도 있는데,[26] 결국 그곳에서 인신매매가 이루어지기도 한다.

선술집에는 가게를 나타내는 포렴布簾과 깃발이 나부끼고 있는데[27] 이는 다른 열사에서도 마찬가지일 것이다. 시인矢人(화살 장인), 함인函人(갑옷 장인), 무장巫匠(병을 치료하는 무당), 심지어 황금을 취급하는 환전상도 있으며[28] 모두 업종별로 줄지어 있다.

열사에 있는 가게들은 크기가 평균 3~5㎡ 정도이고,[29] 고급품을 파는 가게와 값싼 물건을 파는 가게는 크기가 서로 다르다. 채소 매장에는 인근 주부들이 몰려들어 경쟁하는 모습이 보인다. 한 직물

점에서는 "부인 한번 보세요! 비칠 것같이 아름다운 천이에요. 새
하얗기도 해라. 이렇게 투명한 건 증자曾子님 마음하고 이 삼베밖
에 없을 겁니다. 장강과 한강의 맑은 물로 깨끗이 씻은 다음에 가을
햇볕으로 바짝 말려서 이렇게 하얗게 만든 거랍니다. 특가예요!"라
며 판매에 열을 올리고 있다. 남방 사투리가 강한 가게 주인의 외침
은 때까치가 울어대는 소리처럼 듣기 거북하지만, 그럼에도 유행
에 민감한 부인들은 가게로 몰려든다.[30]

시장에는 열사뿐만 아니라 좌고坐賈도 있다.(도판 7-3) 좌고란 정
해진 점포 없이 길가에 주저앉거나 임시로 천막 같은 것을 치고 상
품을 사고파는 사람을 말한다. 새를 사냥할 때 쓰는 화살 끝에 다는
실을 파는 사람, 구두 수선하는 사람, 짚신 장수, 부채 장수, 나무로
만든 양 모양 장식품을 파는 사람, 약장수, 거울닦이 등 정말 다양
한 장사꾼들이 있다.[31]

도판 7-3 한대 시장과 좌고坐賈. 화상석 탁본

　좌고 중에는 생계를 위해 부업으로 자신이 만든 물건이나 쓰지 않는 물건을 파는 백성도 있다. 이런 이들을 판부販夫, 販婦라고 부른다. 좌고는 군시, 현시뿐만 아니라 야시장이나 마을 축제에 맞춰 열리는 시장, 매월 또는 매주에 한 번씩 열리는 시장, 심지어 마을이나 길가에서도 장사를 한다. 시장에는 거지들도 돌아다니고 있으니 주의하는 게 좋다.[32] 아무튼 다음으로 시장의 진열품들과 가격을 보자.

실로 다양한 화폐들

시장에서 물건을 살 때는 돈이 필요하다. 돈이 있으면 상품을 구입할 수 있다. 물건을 파는 사람은 물건을 팔고 받은 돈으로 다른 상품을 살 수 있다. 당시 가장 사용하기 편리했던 돈은 반량전半兩錢이나 오수전五銖錢 같은 소액 화폐였다.(도판 7-4) 지금도 동전, 지폐, 전자 화폐 등이 있듯이 역사에서도 금속으로 만든 돈만 있었던 것은 아니다.

　고대 중국에서도 금속 화폐인 전錢 말고 마직물(약 185cm×약 58cm)이 11전 상당, 황금 1근(약 250g)이 1만 전 전후에 상당하는 가치를 지닌 화폐로 사용되기도 했다. 일용품을 사고팔 때는 전을 가장 많이 사용하지만, 집을 구입할 때는 한 번에 몇 만 전을 준비해야 하기 때문에 소액 화폐를 주고받기가 힘들다. 그때는 황금을 사

도판 7-4 오수전五銖錢(위)
도판 7-5 한대의 황금(아래)

용한다.(도판 7-5)

　지금도 캔 주스를 살 때 10만 원짜리 수표를 내면 거스름돈이 많아져서 귀찮다. 반대로 TV를 살 때 100원짜리 동전으로 지불하는 사람도 없다. 고액 화폐인 황금 1근과 소액 화폐인 1만 전은 숫자상 같은 화폐라도 용도가 아주 다르다. 그래서 당시 사람들도 때와 장소에 따라 전, 황금, 마직물 등을 바꿔가며 사용했다. 당시 물가를 보면 고정관가固定官價, 평가平價, 실세가격實勢價格 세 가지가 있었다. 고정관가는 법률 조문에 명시된 물가다. 가령 한나라 초에는 세금으로 꿀蜜과 짚藁을 바치는 제도가 있었는데, '꿀 1석(약 20ℓ)=짚 3석=15전'이라고 하는 고정관가를 바탕으로 꿀이나 짚 대신 전으로 세금을 낼 수 있었다.

　실세가격은 때와 장소에 따라 변하는 가격이다. 지금 일본에서

도 이른 아침에 수산물 경매장에 가면 그런 가격을 볼 수 있다. 실
세가격은 경매로 결정되는 가격이다. 매장에는 상품이 빽빽이 들
어차 있는데, 같은 종류의 채소라도 벌레 먹은 데가 있으면 싸고 맛
이 좋으면 비싸다. 또한 조와 밀은 풍년에는 1곡斛(약 20ℓ)에 30전
정도지만 기근일 때는 1곡에 1만 전이 되기도 한다.

　평가는 적어도 매년 음력 10월에 현에서 정하는 가격이다. 후한
시대에는 매월 변경되어 월평月平이라고도 불렸다. 평가는 정확하
게는 '평가平賈'라고 쓰며, 전국 시대에는 '정가正賈'라고도 불렸는
데, 나중에 사물의 가치나 수준을 평하거나 물건 값을 헤아리는
'평가評價'라는 말의 어원이 된다. 평가는 실세가격을 참고해서 정
해졌다.

　고정관가, 평가, 실세가격 중 민간의 상거래에서 중요했던 가격
은 실세가격이었다. 관부에 세금을 낼 때나 관부가 지불 또는 가격
을 결정할 때는 고정관가나 평가를 우선했다. 고정가격과 실세가
격이 너무 차이 날 때는 평가를 기준으로 삼았다. 정리하면 당시 물
가는 세 가지 모두 반드시 고정되어 있지는 않았으며, 같은 물건이
라면 같은 가격으로 정한다는 일물일가一物一價의 원칙은 성립되
어 있지 않았다. 국가가 물가를 완전히 통제하는 시장은 특수한 경
우였다.[33]

거래에도 기술이 필요하다

이상을 바탕으로 해서 실제로 시장에 물건을 사러 가보자. 당시 시
장에서 사용되던 최소 액면가의 화폐는 전錢 한 장, 즉 1전이었기
때문에 1전 미만의 상품은 팔 수 없었다. 그래서 채소라든가 곡물
은 낱개로 판매하지 않았다. 왜냐하면 당시에는 한 푼이라도 있으
면 어느 정도 되는 양의 채소나 곡식을 살 수 있기 때문이었다. 그
래서 사람들은 묶음으로 구매했다. 채소 묶음은 가격의 등락에 따
라 양이 달라졌다. 예를 들어 대파의 가격이 변동한다면 대파 하나
의 가격이 변하는 게 아니라 대파 한 묶음에 있는 대파 개수가 늘어
나거나 줄어드는 형태로 나타났다. 이렇게 상인은 경쟁하면서 되
도록 상품을 비싸게 팔려 하고, 구매자는 상품을 싸게 사려 하다 보
니 매매는 경매 양상을 띠게 된다.

　질이 좋은 상품을 싸게 사려면 기술이 필요하다. 전한의 관리 조
광한趙廣漢은 구거鉤距에 능했다. 구거란 미리 판매자에게 여러 상
품의 가격을 물어봄으로써 자신이 사고 싶은 상품의 호가가 타당
한지를 추측하는 방법이다. 가령 말을 사고 싶을 때는 개, 양, 소의
가격을 확인한 후에 말 가격을 물어보면 말 가격이 적정한지 아닌
지 판단할 수 있다.[34]

　악덕 상인에게 속는 구매자도 있다. 어떤 쌀장수는 계량 기구에
장난질을 치기까지 했다. 이런 악질에게 순수하고 무구한 어린이
가 심부름으로 물건을 사러 온다면 그야말로 먹잇감이 제 발로 찾
아오는 격이었다. 그래서 한나라 때에는 '꼬맹이는 시장에 심부름

보내지 말라'는 속담까지 있었다. 상황이 이렇다 보니 당시 관리들은 국가가 저울의 규격을 확실히 정해둬야 사기를 방지할 수 있다고 말한다.[35]

이처럼 가격 협상에서 사기 행각이 벌어지고 구매자마다 지불 금액이 크게 다른 이유는 상품 가격에 일물일가의 원칙이 적용되지 않다 보니 때와 장소에 따라 가격이 달라지기 때문이다. 그리고 구매자가 싸구려를 비싸게 사게 되는 이유는 구매자가 미리 가격의 정확한 추이를 알 수 없을 뿐더러 어느 것이 타당한 가격인지, 상품의 질이 어느 정도인지도 모르기 때문이다.

반면 판매자들은 자신이 팔려는 상품의 시장 평균 가격을 구매자보다 잘 알고 있다. 그렇기 때문에 상대가 어떤 사람인지를 보고 비싼 값을 부르거나 형편없는 상품을 품질이 좋다고 속일 수 있다. 요약하면 동일한 상품에 대해 판매자가 가진 정보와 구매자가 가진 정보가 양적으로나 질적으로 서로 큰 차이가 난다는 말이다. 게다가 판매자도 전 세계의 시장을 다 조사한 다음, 상품 가격을 결정하지는 않는다. 인터넷 덕분에 전 세계의 정보가 넘나드는 현대 사회에서도 그렇게까지 할 수는 없다. 전국에 있는 성시城市를 돌아다니기조차 힘들었던 고대 중국에서는 상품 정보를 파악하기가 더욱 어려웠다.

요컨대 당시에는 판매자와 구매자 모두 '불완전한 정보'에 둘러싸여 있었고 판매자와 구매자 사이에는 '정보의 비대칭성'이 가로놓여 있었다. 이런 경우에는 판매자가 구매자의 무지를 이용해 조악한 물건을 질 좋은 상품으로 속여서 판매할 위험성이 있다. 구매

자도 이런 점을 미리 경계해서 모든 상품의 품질을 의심하고 무조
건 저렴한 가격에 구입하려고 한다. 그 결과, 질 좋은 상품은 제값
에 팔리지 않고 전반적인 상품의 품질이 떨어질 수 있다.[36] 그러면
고대 중국인들이 언제나 그런 의심 귀신에 사로잡혀 있었는가 하
면 사실 그렇지도 않다. 여기서 주목해야 할 부분이 시제市制와 고
객 관계일 듯하다.

　이미 말했듯이 당시 대부분의 상거래는 사방이 벽으로 둘러싸
인 시장에서 이루어졌다. 그런 만큼 상품 정보의 비대칭성을 줄일
수 있다. 지금의 일본에서는 일용잡화를 판매하는 가게가 시내 여
기저기에 흩어져 있다 보니 정말 싸고 좋은 물건을 사고 싶다면 시
내를 돌아다니며 가게들을 둘러봐야 하고 어느 가게에서 세일을
하는지도 알아봐야 한다. 하지만 고대 중국에서는 상점들이 시장
에 집중되어 있었기 때문에 어느 가게가 가장 저렴한지는 의외로
알아내기 쉬우며 가격 경쟁도 예상보다 치열하다.

　또 시장에서는 종종 판매자와 구매자 사이에 오래된 고객 관계
가 구축되어 있었다. 가령 유방劉邦은 젊었을 때 두 군데의 선술집
을 들락거리며 일 년 내내 외상으로 술을 마셨다. 이런 외상 매입을
세貰라고 부른다. 세는 전세, 월세라고 할 때의 그 세로, 무언가를
빌려 쓰고 내는 대가를 말한다. 이때 판매자는 구매자를 속이지 않
으며 상품 가격도 요동치듯 변하지 않는다. 그렇지 않으면 외상값
을 받지도 못하고 고객도 잃고 만다. 이런 고객 관계 역시 상품 가
격을 안정시키는 한 요인으로 작용했다.[37]

　참고로 집, 가축, 노예 등의 큰 거래에서는 한 번에 수천 전이 넘

는 큰돈이 움직이기 때문에 실랑이를 피하기 위해 중개인인 쾌儈
가 활약한다. 중개인은 백성들 중에서 선정되는데, 상거래가 공정
하고 원활하게 이루어지도록 하며 거래가 성사되면 수수료를 받
는다. 대개는 현지의 유지 중에서 선정된다. 어쨌든 참고로 한나
라 때 물가의 일부를 정리해두었다.(표 7-1) 표를 보면 곡물은 저렴
할 때 20ℓ에 100전 정도, 말 한 마리는 5000전 정도, 소 한 마리는
3000전 정도였다. 노예는 1만 5000전 전후로 살 수 있었다고 한다.

시장의 계층성

원하는 물건은 어느 가게에서 사야 할까? 일상품을 살 때는 군시
나 현시에 가지 않더라도 향시鄕市나 야시장, 길거리에 있는 임시
로 연 가게처럼 근처 작은 시장의 좌고에서 충분히 살 수 있다. 산
속에 사는 사람이라면 생선조차 쉽게 구할 수 없기에, 일일이 수백
km 떨어진 시장에 사러 가야 한다.[38] 작은 시장에서는 지역 주민들
이 자신이 쓰지 않는 물건을 팔고 필요한 물건을 사는 경우가 많아
서 그만큼 생필품을 구입하기에 편리했다. 전문적인 큰 상인이 원
거리 교역을 통해 이익을 내는 반면 보통 농민들은 기껏해야 농작
물을 수레에 싣고 지역 시장으로 팔러 가는 정도에 불과해 같은 장
사라고 해도 둘의 행동 범위에는 아주 큰 차이가 있었다.[39]
　무엇보다 지역 주민은 가을이 오면 다 같이 작물을 팔기 때문에

표 7-1 한대 물가 목록

종류	물품	가격	출전
곡물	쌀 1석石(20ℓ)	1000여 전錢	『후한서後漢書』주휘전朱暉傳(기근일 때)
	곡물 1석	1000전	『후한서』우후전虞詡傳(고가일 때)
	곡물 1석	80전	『후한서』우후전(저렴할 때)
	곡물 60석	소 1마리	간독簡牘(거연居延EPF22.4-5. 평가일 때)
	곡물 1석	100전	『후한서』제오방전第五訪傳(태평할 때)
	곡물 1석	30전	『후한서』유우전劉虞傳(태평할 때)
농지	1무畝(457㎡)	2000전	간독(거연EPT50.33A)
	1무	100전	간독(견수肩水73EJT30:115)
기물	붓 1	3전	『어람御覽』권卷605 인引『열선전列仙傳』
	칼 1	18전	간독(돈황敦煌1407)
	검 1	650전	간독(거연258.7)
	활 1	550전	간독(거연EPT65.126)
가축	말 1	5500전	간독(거연143.19)
	말 1	5300전	간독(거연206.10)
	소 1	3500전	간독(거연EPT53.73)
	소 1(2세)	1200전	간독(견수73EJT27:15A, 16A)
	양 1	250전	간독(거연EPT51.223)
음식물	포脯 1묶음	10전	간독(견수73EJT23.294A)
	생선 10마리	곡물 1말斗	간독(거연EPT65.33)
	신장 1개	10전	간독(거연258.13)
	고기 1근斤(250g)	4전	간독(거연EPT51.235A)
	위 1근	4전	간독(거연EPT51.235A)
	신장 1근	4전	간독(거연EPT51.235A)
	간 1근	42전	간독(거연EPT51.235A)
	장腸 1개	27전	간독(거연EPT51.235A)
	술 1석	100전	간독(견수73EJT6.154A)
	장醬 1근	10전	간독(견수73EJT23.294B)
	생강 1되升(0.2ℓ)	20전	간독(거연505.16)
	파 1단	4전	간독(거연32.16)
	부추 1단	3전	간독(거연175.18)
	양羊 1	250전	간독(견수73EJT21.5)
	술 1석	140전	간독(견수73EJT21.6)
	호떡 胡餠	30전	『삼국지三國志』염온전閻溫傳 주석 중 『위략魏略』
의류	단의單衣(홑옷) 1	500전	『후한서』오우전吳祐傳
	가죽옷裘 1장	600전	간독(견수73EJT23.934)
	저고리 1장	900전	간독(견수73EJT37.1039A)
	신발 1켤레	150전	간독(거연ESC86)

헐값에 팔게 될 가능성이 많다. 자금이 넉넉한 상인들은 이 기회를 놓치지 않고 작물을 사재기했다가 봄이 되면 비싼 값에 판다. 여윳돈이 있는 관리 중에도 이런 식으로 장사를 하는 사람이 있었다.[40] 농민들도 서로 시기가 겹치지 않게 작물을 팔 수 있으면 좋겠지만, 사실상 그렇게 하기 어렵다. 농민들에게는 작물 말고는 팔 물건이 없지만 그럼에도 불구하고 겨울용 솜옷도 사야 하고, 바람이 새는 집도 수리해야 하며, 농작물 수확을 축하하는 수확제收穫祭 비용에다 겨울에 추위로 죽는 사람을 위한 장례비도 필요하다. 그러므로 가을에 돈을 모으지 않으면 안 된다.

이런 작은 시장의 상인들은 늘 관리의 감시를 받는 것도 아니고 매일 그 시장에 나오는 것도 아니었다. 가게를 차리지 않은 만큼 자유롭게 상품을 사고팔 수 있고, 주저앉아 있거나 옆으로 누워 있는 사람도 있었다. 직물과 쓰지 않는 물건을 파는 농민도 있었다. 그들이 팔고 있는 물건들은 장인이 만든 상품에 비해 품질도 떨어지고 품목이 다양하지도 않았으며 진귀한 물건도 아니었다.

그곳에서는 황금이나 포백布帛 같은 고액의 화폐보다는 전錢이나 곡물 같은 소액 화폐를 더 선호한다. 감시가 심한 열사에서는 푼돈이나 손상이 심한 전을 잘 받아주지 않기 때문에 사람들은 좌고로 몰려들게 된다. 반대로 좌고들은 자신들이 팔고 있는 상품과 어울리지 않는 데다 잔돈을 마련하기 귀찮다는 이유로 고액 화폐를 꺼린다. 싸구려 불량 과자 가게에서 과자를 만들면서 황금 밀방망이를 사용하는 게 가당키나 하겠는가.

군시와 현시

한편 군시와 현시는 사람들이 사방에서 모여드는 장소로, 먼 곳에서 오는 사람들도 많다. 군과 현의 관리들도 이곳에서 필수품을 샀다. 현의 행정부는 현시에서 매매도 하고 세금도 거두었다. 그래서 군시와 현시에는 생필품뿐만 아니라 평소에 보기 어려운 고급품까지 진열되어 있었다. 그런 의미에서 고대 중국의 시장은 판매되는 상품군의 가격이나 품질의 수준에 따라 계층성이 있었다.

　군시와 현시의 열사는 가게 구조부터 금전을 받는 상황에 이르기까지 세세하게 관리의 감시를 받았고, 손님 중에는 관리도 있었다. 군시와 현시에는 '품질이 떨어지고, 폭이나 길이가 규정에 미치지 못하는 마직물은 화폐로 유통시켜서는 안 된다[41]'는 규정이 있어 그곳에서 통용되는 화폐는 양질일 확률이 높았다.

　군시와 현시에서는 먼 곳에서 가져온 귀중품도 거래된다. 그런 물건을 매입해서 운반하는 데는 많은 위험이 있고 막대한 거래 비용이 소요되는데, 그런 어려움을 이겨내고 부를 이룬 사람들이 『사기史記』 「화식열전貨殖列傳」 편에 이름을 올린 큰 상인들이다. 이들 중 상당수는 각지의 관리와 절친한 사이로, 제철업 등의 제조업과 판매업을 모두 장악함으로써 거래 비용을 크게 절감했다. 군시와 현시에는 관리가 있는 데다 고급품을 구입하는 사람도 있어서 거래가 활발했다.

　이처럼 군현 수준의 시장과 그 미만의 시장은 상인의 질은 물론 진열되어 있는 상품도 다르다. 그러므로 농작물을 팔고 생긴 돈으로 고급 화장품을 사려고 한다면 여러 곳의 시장을 들러야 한다. 이와 관련되는 예로는 전한 후기 학자 왕포王襃가 지은 『동약僮約』을 들 수 있다.[42] 『동약』은 유머와 풍류, 리듬이 풍부한 문학 작품으로, 군현 수준의 큰 시장에서 구입한 고급품을 작은 시장에서 팔아치우는 일상 풍경과 시장 안에 있는 길에서 소리를 지르며 장사하는 어느 노예의 모습을 그리고 있다. 그들 중에는 책상다리를 하고 앉아 있거나 옷을 입은 채로 쓰러져 자는 사람이 있는가 하면 호객을 하면서 악담을 하거나 소리를 지르는 사람도 있다. 어디에서나 대체로 같은 상품을 살 수 있는 현대 일본의 편의점과 달리 고대 중국 시장에서는 장소마다 상품이 달랐기 때문에, 물건을 거래하는 사람들은 노상강도와 도둑을 조심하면서 여러 시장을 돌아다녀야 했다.

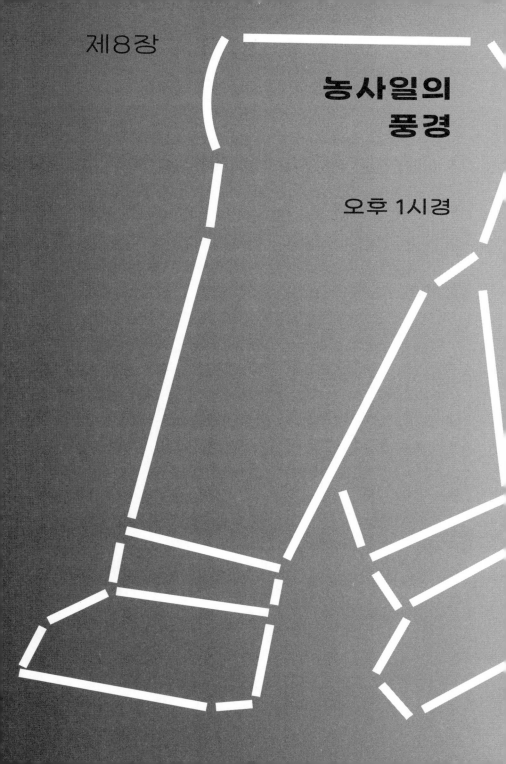

제8장

농사일의
풍경

오후 1시경

농민들의 생활은 어땠을까?

소란했던 아침이 지나고 사람들은 자신이 맡은 일에 집중한다. 날
씨는 조금 구름이 낀 정도고 푸른 하늘이 펼쳐져 있다. 따가운 햇살
이 아침부터 밭에서 제초 작업을 하는 농민들에게 쏟아진다. 갓으
로 직사광선을 가려보려는 사람도 있지만(도판 8-1) 대다수 농민들
은 그대로 햇볕을 맞는다. 이미 오랫동안 햇볕에 그을린 탓인지 그
들의 목덜미는 검게 변해 있다. 삶이 얼마나 힘든지 농민들은 남녀
할 것 없이 주름이 가득하고 손은 굳은살투성이다.[1]

　농민들은 도롱이와 삿갓을 쓰고 논밭에 서서 작황을 걱정한다.[2]
이런, 소나기가 내리니 농사일을 멈추고 뽕나무 밑에서 비를 피하
자.[3] 농사일에 특히 애쓰는 사람들은 역전力田이라 불리며 나라에
서 상을 받기 때문에, 비가 내리는데도 비옷을 입고 계속 일하는 사
람들도 있는 듯하다.

도판 8-1 밭일을 하는 모습. 화상석 탁본〔1953년
德陽市 柏隆 출토〕

    화북 전체에서 쇠도끼를 써 나무들을 베어내는 일이 진행되며
이제는 마을 주변으로 논밭이 상당히 넓어졌다. 농민들은 농한기
에는 마을에 모여 살지만, 농번기에는 논밭 근처에 오두막을 짓고
그곳에서 생활했던 것으로 보인다.[4] 특히 대도시에 사는 농민들은
집에서 성 밖에 있는 논밭까지 거리가 멀다 보니, 농기구를 일일이
가지고 다니기도 힘들다. 그렇다고 누가 훔쳐갈지도 모르는데 끝
부분이 금속으로 된 귀한 농기구를 논밭에 내팽개치고 올 수도 없
다.(도판 8-2) 실제로 어떤 농민은 농기구를 놓고 온 걸 깜빡하고는
괜히 이웃이 훔쳤다고 의심하기도 한다.[5]
    마을과 도시에 있는 본가에는 노인과 아이들이 남아 있다. 특히
농번기에 메뚜기라도 발생하면 사태를 수습하기 위해 관리가 일
꾼들을 이끌고 논밭으로 가버린다. 그러고 나면 마을은 한산해지

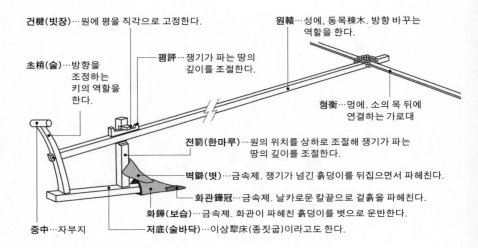

건樓(빗장)···원에 평을 직각으로 고정한다.

원轅···성에, 동목棟木. 방향 바꾸는
역할을 한다.

초梢(술)···방향을
조정하는
키의 역할을
한다.

평評···쟁기가 파는 땅의
깊이를 조절한다.

형衡···멍에. 소의 목 뒤에
연결하는 가로대

전箭(한마루)···원의 위치를 상하로 조절해 쟁기가 파는
땅의 깊이를 조절한다.

벽鏵(볏)···금속제. 쟁기가 넘긴 흙덩이를 뒤집으면서 파헤친다.

화관鏵冠···금속제. 날카로운 칼끝으로 겉흙을 파헤친다.

화鏵(보습)···금속제. 화관이 파헤친 흙덩이를 볏으로 운반한다.

중中···자부지

저底(술바닥)···이상犁床(종짓굽)이라고도 한다.

도판 8-2 한나라 때 쟁기

고[6] 집안일하는 몇몇 여성을 제외하면 노인과 아이들만 남게 된다. 노인과 아이들 중에는 매일 호찬壷餐이나 양饟, 다시 말해 도시락을 만들어 논밭에서 일하는 부모에게 가져다주는 아이도 있었다.[7] 화북의 마을에서는 돼지와 닭을 길렀으며[8] 노인과 아이들이 가축을 돌보았다.(도판 8-3) 원래 70세가 넘은 노인들은 지팡이를 짚고 서서 느긋하게 강변을 바라보며 새소리에 귀를 기울이거나 작은 물고기가 헤엄치는 것을 즐기며 천천히 여생을 보내고 싶겠지만[9] 가난한 농가에서는 그렇게 할 수 없다.

도판 8-3 마을의 생활풍경. 벽화 모사
〔和林格爾漢墓 출토〕

화북 농업의 어려움

같은 '농업'이라고 해도 그 실태는 지역에 따라 다양하다. 화북에서
는 빗물에 의지하는 밭농사 위주여서 농사일이 힘들었다. 유럽에
서는 겨울에 비가 내리고 그동안 잡초는 잘 자라지 않는다. 그러니
까 여름이 끝나갈 때 가축을 이용해 흙과 잡초를 함께 갈아엎으면
잡초는 비료가 되므로 나중에 곡식을 수확하기만 하면 된다.

　하지만 화북에서는 여름에 비가 내리고, 그때 논밭에는 곡식과
잡초가 동시에 무성해진다. 잡초를 제거할 때는 농작물이 상하지
않도록 잡초 하나하나를 손으로 뽑거나 낫으로 잘라내야 한다. 이

때 곡물을 솎아내는 작업도 함께 한다. 제초와 솎아내기를 합쳐 치묘治苗라고 부르며, 치묘는 파종과 함께 아주 많은 노력이 필요하다. 그래서 노역형을 받은 죄수라도 치묘나 파종 시기가 되면 20일간 귀가를 허용할 정도였다.[10]

화북의 농사일에는 또 다른 어려움도 있다. 원래 화북을 뒤덮는 '황토'는 히말라야산맥에서 날아오는 흙으로, 고르게 쌓인다. 그렇게 해서 생긴 토양을 황면토黃綿土라고 하는데, 입자가 세밀하고 끈기가 없어서 식물이 자라기 어렵다. 황면토 속에는 흙 알갱이들 사이로 모세관이 쉽게 생기며, 이 관을 타고 지하수가 올라와 공기 중으로 증발된다. 그 결과, 토양이 건조해져 사막처럼 되고 건조한 땅 표면에서는 염분이 들어 있는 여러 물질이 쌓이기도 해서 작물을 재배할 수 없는 땅이 되고 만다. 만약 그 땅을 논으로 만들면 모세관 현상을 예방할 수는 있겠지만 앞서 말했듯이 고대 화북은 조와 보리를 심는 밭농사 위주여서 논으로 바꾸기는 어렵다. 한편 논밭 근처에 삼림이 있으면 동물의 분뇨와 낙엽이 부식되어 논밭의 흙 알갱이들을 묶어주는 역할을 하기 때문에 역시 모세관 현상을 막을 수 있다. 하지만 전국 시대 이후 화북에서는 목재를 얻고 농지를 확대하기 위해 숲의 나무들을 계속 베어내고 있었다.

그렇다면 남는 방법은 농부가 끊임없이 겉흙을 계속 뒤집어엎으면서 모세관이 형성되지 않도록 하는 수밖에 없다. 이 작업을 우耰라고 한다. 우는 흙을 파내 부수고 그것을 씨앗에 뿌려서 땅속의 수분이 증발하지 않도록 하는 작업이다. 이렇게 밭을 갈고 거름을 주는 일을 계속하면 황면토는 누토壤土라는 기름진 땅으로 변한다.

진한 시대 이래로 화북에는 이러한 황면토와 누토가 여기저기 혼재되어 있다.

황하 하류 지역에는 황조토黃潮土라는 토양이 펼쳐져 있는데 황조토는 오랜 세월 황하를 타고 흘러온 황색 흙을 말한다. 이상과 같이 다양한 토양을 속칭 '황토黃土'라고 부른다. 따라서 '황토=그냥 내버려둬도 작물이 자라는 비옥한 땅'이 아니며, 오히려 화북에서 농사일은 중노동인 경우가 많았다.[11]

남중국의 논과 화전

논밭을 경작하는 방법은 장소에 따라 다양하다. 전국 시대에는 작조리作條犂라는 쟁기를 사용했다. 작조리는 주철로 만든 폭 14cm 정도의 보습(농기구 바닥에 끼우는, 넓적한 삽 모양의 쇳조각_옮긴이)이 달린 쟁기로, 10cm 깊이까지 갈 수 있었다. 당시에는 이미 소에게 코뚜레를 하는 습관이 있어서[12] 작조리를 소에 붙이고 끌게 했다. 한편 장강 유역에는 계단식 논이 많았는데 그런 논에서는 작은 반경으로 회전할 일이 많기 때문에 사람이 끄는 쟁기를 선호한 듯하다.

이렇게 화북에서 길러낸 작물을 보면 조, 기장, 보리가 많았다. 조는 지금 일본에서도 재배되며, 5월 하순에 씨를 뿌리면 대개 8월 하순에 이삭이 팬다. 아침 식사 때 설명했듯이 밀의 재배 면적도 조금씩 넓어지고 있었다. 화북의 밀은 매년 음력 8~9월경에 씨를 뿌려

이듬해 5월경에 수확하는 겨울밀이 주를 이뤘던 것으로 보인다.[13]

일반적으로 수수·조·기장은 쌀에 비해 단백질·지질脂質·칼륨·칼슘·마그네슘·인·철·아연·구리·망간이 많아 의외로 영양이 풍부하다. 물론 곡물의 바깥쪽에 있는 겨를 깎는 정백 과정을 어느 정도 거치는지에 따라 영양분은 달라진다. 예를 들어 10%를 깎아내는 도정 비율 90%와 30%를 깎아내는 도정 비율 70%를 비교하면 도정 비율 70%일 때가 영양분은 줄어들지만 그만큼 더 맛있다. 조와 기장은 '수확→탈곡(곡물과 줄기를 분리)→탈부脫稃(겨를 제거)→정백'을 거쳐야 먹을 수 있다.

남중국에서는 벼를 기르는 논농사가 활발했다. 다만 특히 다습한 지역에서는 잡초를 관리해야 하기 때문에 화전火田을 선호하기도 했다. 들판에는 한번 불이 붙으면 타는 범위를 조절하기 어렵기 때문에 화전은 평지보다는 경사면이 있는 곳에서 일구는 편이다. 예전에는 화전민 중에 삼림의 낙엽과 건초의 양과 건조 상태, 불을 지르는 방향을 계산해서 연소를 예방하는 기술을 가졌던 사람도 있었다고 하는데, 한나라 때 사람들이 어느 정도의 기술을 가졌는지는 알 수 없다.

화전민은 봄에 삼림을 베어내고 건조시킨 뒤에 불을 놓아 태우고, 그곳에 볍씨를 뿌린다. 이렇게 땅에 불을 지르면 몇 가지 이점이 있다. 첫째, 초목을 태워서 나오는 재에는 미네랄이 많이 들어 있다. 둘째, 토양에 포함되는 염류도 열을 받으면 곡물에 잘 흡수된다. 셋째, 땅에 불을 지르면 잡초·해충·병원균 등의 미생물을 제거할 수 있다. 넷째, 흙의 온도가 올라가면서 흙 속에 잠자고 있던 식물이 싹을 틔운다. 다섯째, 숲에 동물이 너무 많이 늘어나는 것을 막을 수 있다.

이렇게 만들어진 화전에서는 첫해에는 잡초가 거의 나지 않고 해충도 적고 수확량도 많다. 하지만 3년이 지나면 다시 잡초가 늘어나기 시작하고 땅속 영양이 부족해지므로 별도의 화전 후보지 두 곳을 선정한다. 원래의 밭은 휴경지, 휴한지로 만들어서 지력이 회복되기를 기다렸다가 다시 불을 지른다.[14]

불로 인해서 손실되는 양분도 있어서 이를 보충해줘야 하기 때문에 휴경 기간이 너무 짧으면 좋지 않다. 현대에 화전을 일굴 때 사용하는 도구는 불에 탄 나무를 베는 칼과 씨를 뿌릴 구멍을 내는 막대기 정도로 아주 단순하다. 따라서 고대의 화전민들도 간단한 도구들을 사용했을 것으로 여겨진다.[15]

농촌의 평균 수확량은 어땠을까?

이상을 바탕으로 농촌의 평균 수확량을 살펴보자.[16] 빈부 격차는 크지만, 보통 마을 하나에는 약 100호가 있고 1호에 4~5명이 살고 있으며 일할 수 있는 노동 인구는 한 호당 2~3명이다. 결국 호는 대체로 핵가족을 의미한다. 대개는 1호, 즉 한 집마다 30무畝 정도의 땅을 경작해서 겨우 생계를 유지하는데, 이는 어른 3명이 빠듯하게 생활할 수 있는 수입이라서 당시에도 그들은 '빈貧(가난뱅이)'이라고 불렸다. 가난하게 살고 싶지 않은 마음이야 예나 지금이나 마찬가지겠지만 고작 그 정도의 수입으로는 어찌할 도리가 없다.

여기서 말하는 '무畝'는 원래 100보步, 지금으로는 약 190m²에 해당하는 토지 면적을 가리키지만, 적어도 한나라 초 이후로는 240보(약 457m²)의 토지 면적을 의미하게 된다.[17] 당시 화전 1무에서 생산되는 조의 수확량은 대체로 4곡斛, 즉 80ℓ에 조금 못 미치는 양이었다.[18] 따라서 30무라면 120곡이 채 안 된다.

전국 시대 법률을 보면 벼·삼씨는 1무당 약 2.6두斗(약 5.23ℓ), 조·보리는 1무당 약 1두(약 2ℓ), 기장·팥은 약 0.6두(약 1.2ℓ), 콩은 약 0.5두(약 1ℓ)의 씨를 뿌리도록 되어 있다.[19] 1곡은 10두다. 품종 개량을 하지 않는 한 파종하는 양은 변하지 않으므로, 한나라 때도 대체로 비슷했을 것이다. 따라서 30무에 조를 심으려면 씨앗으로 조 3곡이 필요하다.

여기에 더해 만약 수확의 10%를 세금으로 내고, 성인 남성이 1년에 36곡, 여성이나 자녀가 25곡 정도를 소비했다면[20] 수확한 곡물은 더 이상 남지 않는다. 한 해 동안 종류가 다른 작물을 여러 번 심고 수확하는 다모작은 당시에는 아직 이루어지지 않았기 때문에[21] 곡물 수입은 더 이상 나올 곳이 없다. 여기에 의류비, 관혼상제비, 제사비 등의 지출이 더해진다.[22] 기근이나 전쟁이라도 있던 시기에는 눈 뜨고 볼 수 없을 지경이었다. 쑥, 명아주, 뽕나무 열매, 부들, 부추 같은 식물이나 달팽이라도 구해서 연명하는 수밖에 없지만[23] 어쨌든 30무를 경작하는 가난한 집에서는 농업 이외의 수입도 필요할 것이다.

　　그런 부수입 중 하나는 농한기에 관청에서 비상근 관리나 노동자로 일하는 것이었고, 그렇게 해서 사람들은 최소한 식비와 의류비만이라도 마련할 수 있었다. 당시에는 노역형을 받는 죄수가 독신일 경우 식비와 의류비를 지급했기 때문에[24] 비상근 관리와 노동자에게도 그에 맞는 대우를 해줬다고 봐도 된다. 그런 의미에서 진한 제국은 일할 의사가 있는 사람에게 기회를 제공하는 곳이었으며, 이는 결과적으로 유효 수요를 늘리는 케인스 정책과 같은 역할을 하고 있었다. 하지만 그렇게 해도 여전히 집안 형편은 넉넉하지 않았기에 곡물 이외의 수입원을 가진 농민들이 많았다.

가계를 지탱하는 또 하나의 기둥 ①
— 비단 직조와 뽕 재배

곡물 이외에 농가의 수입원으로는 직물업을 빼놓을 수 없다. 삼베인지 비단인지는 지역에 따라 다르다. 직물업을 중시하는 배경에는 남자가 땅을 일구고 여자는 베를 짠다는 남경여직男耕女織, 남편은 밭을 갈고 아내는 베를 짠다는 부경부직夫耕婦織이라는 생각이 있었다. 원래 이런 말들은 일부 학자들이 퍼트린 이념에 지나지 않았지만 나중에는 정부의 프로파간다가 되었고 전국 후기에는 벌써부터 '베 짜기는 여성의 일', '아내는 가내 분업으로서 베를 짠다', '가족의 옷은 아내가 짠다'고 전제하는 법률도 만들어졌다.[25] 이렇게 베 짜기는 보조 수입원으로 농가의 가계를 지탱하게 된다.

　다만 전한 중기 이후로 여성이 집 안에서 베를 짜는 행동은 도덕적으로 찬양할 만한 행위로 여겨진 반면, 베 짜기를 통한 이윤 추구는 비난받았다.[26] '열심히 가업을 지탱하는 것은 당연하다. 그렇지만 이익을 너무 추구하지는 말라'는 말이다. 한편 여성 중에는 상업·농업·가내노동·잡무·유모·점쟁이·무의巫醫로 일하는 사람도 있었으며 여성이라고 해서 모두가 베를 짜지는 않았다.[27] 더구나 조 같은 작물과 마·뽕나무는 재배 시기와 장소가 겹치는 경우가 많기 때문에 곡물 재배와 베 짜기를 동시에 하는 가정이 실제로 얼마나 있었는지는 의문이다. 결국 일반 농가에서는 직물업으로 생산하는 양이 그렇게 많지 않았다. 하지만 앞서 말한 대로 직물업이 가계를 지탱하는 하나의 보조 수입원인 것만은 확실하다. 여기서는 직물업의 과정을 좀 더 자세히 보자.

　예로부터 비단 짜기는 황하 유역에서 발달했으며, 특히 제나라(산동성)의 비단이 유명했다.[28] 비단은 원래 황색이나 백색이며[29] 개흙이나 단사丹沙를 이용해 검은색 또는 붉은색으로 염색되는 경우가 많았다. 알다시피 비단은 누에가 만드는 섬유다. 당시의 누에는 현재의 누에Bombyx mori와 마찬가지로 뽕잎을 먹고 성장해 고치를 만든다. 주로 가축화된 누에인 가잠家蠶을 이용했으며, 야생 누에인 야잠野蠶을 이용하기도 했다.[30] 누에는 애벌레 모양이라 당시에도 여자들은 불쾌감을 느꼈지만, 돈벌이가 되었기에 모양 따위에는 신경 쓰지 않고 여자아이들까지도 눈에 불을 켜고 일했다.[31]

누에는 '알 → 애벌레 → 번데기 → 성충(나방)'의 형태로 변한다. 애벌레는 뽕잎을 먹으면서 약 25일 동안 4번 탈피하고, 그 후 약 이틀 동안 고치를 만든다. 그리고 10~15일 정도 지나면 성충이 된다. 당시에는 일 년에 한 번 알을 낳는 누에인 일화성一化性이 기본으로, 매년 음력 4월경에 알을 낳으면 해가 바뀔 때까지 집집마다 그 알을 소중하게 관리한다. 하지만 그냥 내버려두면 뽕잎이 없는 2월(음력 1월) 전후에 알이 부화해 애벌레를 키울 수 없기 때문에 빙실氷室을 활용해 알을 동면 상태로 유지했던 듯하다.

한나라 때 저술된 『예기禮記』의 「월령月令」편과 『사민월령四民月令』이라는 책을 참고하면, 사람들은 전통적인 양잠과 뽕나무 재배 기술을 바탕으로 음력 3월경에 알을 부화시킬 준비를 하고 음력 4월 중하순에 애벌레를 사육용 개별 용기에 담는 상족上蔟을 한다. 그리고 성충이 되기 10~12일 정도 전에 고치를 건조하거나 냉동시켜 바삭바삭 소리가 날 정도로 건조해지면 고치를 삶는다. 따뜻한 물속에서 고치를 조금 문지르면 실이 풀리기 때문에 도구를 사용해 실타래를 만든다. 고치 하나에서 약 1300m(약 2g)의 생사生糸를 얻을 수 있다. 두 마리 이상의 유충으로 이루어진 쌍고치玉繭나 오염된 고치, 구멍 난 고치 등은 잿물(알칼리 성분)로 삶아 부드러워지게 해서 풀솜眞綿을 만든다. 직물 1반反(36cm×12m)을 만들려면 대략 고치 2480개, 뽕잎 52.2kg, 생사 900g이 필요하다.

누에 사육에는 뽕잎이 필요한데 뽕잎 따기도 주로 여성의 일이었다. 키가 큰 뽕나무인 고상高桑을 재배하는 집에서도 여자가 능숙하게 나무에 올라가 갈고리를 이용해 뽕잎을 관리했다.[32] 확실히

부자나 귀인의 집에서는 부인이 몸소 일을 하는 사례가 적지만[33]
그 외의 집에서는 여성이 뽕잎 따기부터 직조까지 전체 과정을 재
주껏 소화했다. 밤에는 마을 여성들이 모여서 베를 짜는데, 여성들
만의 커뮤니티를 만들어 분업을 한 것으로 보인다. 남성들이 베 짜
기 이외의 작업에 관여하는 경우도 있지만[34] 그 빈도는 알지 못한
다. 남북조 시대의 시가에 따르면 여성은 대개 13세 무렵부터 베를
짜고, 14세 무렵부터 뽕잎 따기를 시작했던 것 같다.[35]

가계를 지탱하는 또 하나의 기둥② — 삼베 짜기

다음으로 삼베 짜기를 살펴보자. 삼麻은 식물로, 수포기에서 질이
좋은 시마枲麻를, 암포기에서 질이 낮은 저苴를 얻는데, 저는 옷감
으로 사용하지 않는다. 당시에 삼이라고 하면 좁은 의미로는 대마
大麻, hemp를 가리키고 넓은 의미로는 고사릿과의 여러해살이풀인
모시苧, ramie를 포함한다. 한나라 때는 북중국에서 대마를, 남중국
에서 모시를 주로 재배했다. 대마와 모시를 재배하기 위해서는 비
옥한 땅이 필요하다. 한나라 때의 『사민월령四民月令』에 따르면, 식
용 저마苴麻는 음력 2, 3월에, 의류용인 시마枲麻는 음력 5월에 심는
다. 북위 시대의 『제민요술齊民要術』이라는 책에도 저마는 음력 3
월경, 시마는 하지 전후(음력 5월 중순)에 씨앗을 뿌린다고 되어 있
다.[36] 이 작업들은 마침 곡물의 씨를 뿌리는 시기와 겹치기 때문에

삼베 재배와 곡물 재배도 겹치기 쉽다.

그 후에 대략 음력 8월경이 되면 시마를 베어 한 달 정도 놔둔다. 그러면 시마는 갈색으로 변하는데 그것을 강에서 한 달 정도 물에 불리면 필요 없는 줄기와 섬유가 있는 껍질이 분리된다. 분리된 껍질을 잿물에 끓여서 다시 물에 담근 다음 섬유를 손으로 하나하나 찢어서 실을 만들고 격자 모양으로 짜서 삼베를 만든다. 『사민월령』에는 음력 10월경에 삼을 한 가닥씩 찢어서 실을 만드는 작업을 한다고 되어 있다.

때마침 음력 10월경에는 강이 차가워지기 시작해서 작업하는 사람은 손이 잘 튼다. 그래서 춘추 전국 시대에는 살이 트지 않도록 하는 약을 만들었는데, 특히 평판이 좋은 양약良藥을 발명한 일족은 자손대대로 풀솜을 물로 씻는 일을 생업으로 삼았다고 한다.[37] 진한 시대에도 강에서 삼을 불리는 여성은 있는데, 지나가던 남자들이 종종 그녀들에게 작업을 걸기도 하고 놀리기도 한다.

세탁도 여성의 몫이다. 그런데 그런 와중에도 마음씨가 좋은 여성은 취업에 실패해 강가에서 고개를 떨구고 있는 남성에게 밥을 차려주기까지 한다. "나중에 당신한테 꼭 보답할게.", "뭐야, 식비도 못 벌면서. 그런 건 바라지 않아요." 여성의 심지가 얼마나 굳센지 엿볼 수 있는 일화다.[38] 어쨌든 베 짜기는 결코 편한 일이 아니다.

산에서도 일은 끝나지 않는다

한나라 때는 농사일이나 베 짜기 외에도 일이 많았다. 오히려 진한 시대는 비교적 온난해서 산림에 풍부한 식생이 남아 있었고 야생 동물도 있었다. 그래서 수렵과 채집에 의존하는 백성들이 꽤 많았다.[39] 후한 시대에는 농업과 다른 일을 겸업할 수 없던 시기도 있었는데, 이런 정책 때문에 많은 사람들이 손실을 입었다.[40] 당시에는 겸업을 하고 있던 사람이 그만큼 많았던 것이다.

어업을 예로 들면, 중국에는 3대 강인 황하, 회하, 장강 외에도 하천들이 종횡으로 달리고 있으며, 많은 마을이 하천변에 있어서 어업은 중요한 일이었다. 어업에 사용하는 도구로는 낚싯바늘, 미끼, 큰 그물, 작은 그물, 뜰망, 통발이 있다. 옛날 어떤 사람이 월越나라의 회계산會稽山에 앉아서 동해에 낚싯바늘을 드리우고 거대한 물고기를 낚아 올렸다는 전설이 있는데, 실제로 큰 바다로 나가는 어부도 있었을 것이다. 그리고 민물고기를 잡는 어부도 있었다. 낚싯대와 낚싯줄을 메고 논밭의 관개용 수로로 가서 도롱뇽이나 붕어를 상대하는 것이다.[41] 태공망太公望처럼 남몰래 산속 바위 무더기에서 낚싯줄을 드리우는 사람이 있는가 하면 하천에서 통발을 치는 사람도 있다. 낚시는 농한기에도 할 수 있는 일 중 하나다. 이 밖에 수달을 잡기도 했다.[42]

사냥도 중요하다. 새를 잡을 때는 활, 노弩(쇠노, 쇠로 된 발사 장치가 달린 활_옮긴이), 새그물, 주살(화살에 끈을 달아서 새나 물고기를 잡을 때 쓰는 도구), 새총을 사용했고,[43] 지상의 동물에는 나무 올가미

인 삭격削格, 몰아넣는 올가미인 나락羅絡, 토끼 올가미인 저부罝罘
를 사용했다. 연못 주변에는 꿩이 있는데, 언뜻 새장 속의 새보다는
꿩이 행복해 보이지만[44] 새총에 희생되는 일이 자주 있다. 산속에
는 담비, 족제비, 날다람쥐도 있는데, 그 동물들의 모피는 비싼 값
에 팔린다. 지금의 경찰서장에 해당하는 정장亭長이 백성들을 이끌
고 나가 순록, 사슴, 꿩, 토끼 등을 사냥해 민관이 함께 돈을 벌기도
했다.[45] 하지만 당시에는 자연환경을 유지하기 위해 계절에 따라
사람들의 산림 출입을 제한했기 때문에 사냥은 한시적으로만 할
수 있는 일이었다.

나무꾼들은 수령이 100년에 이르는 거목을 베어서 의례용 나무
통을 만들기도 한다.[46] 가래나무, 측백나무, 뽕나무와 같은 목재는
도끼로 베었는데, 서너 명이 감싸 안을 만큼 굵은 나무는 높은 건물
을 지을 때 마룻대로 쓰고, 일곱 또는 여덟 아름이 되면 귀족이나
큰 상인들의 관을 만드는 데 사용되었다.[47]

산에서는 옥을 채취할 수도 있다. 예로부터 중국에서는 투명한
서양 보석류보다는 유백색의 옥으로 만든 제품을 쳐주었다. 신강
新疆 위구르 자치구의 허톈和田 부근이 옥의 산지로 유명하다. 옥
제품 하나를 만들기 위해서는 강가에서 원석을 채취하는 사람, 원
석을 감정하는 사람, 원석을 갈아서 옥만 남기는 사람, 옥을 가공
하는 사람이 필요하며 그들 모두 아주 뛰어난 기술을 가지고 있었
다. 전국 시대에는 화씨和氏의 벽璧이라는 전설적인 옥 제품이 있
었는데, 15개의 성城과 바꿀 만큼 가치가 있었다.(도판 8-4)

도판 8-4 옥벽玉璧〔馬王堆2號漢墓 출토〕

목축에서 원숭이 묘기까지

문득 성 밖을 내다보면 양을 방목하는 사람도 있다. 이런 일은 대개 하인의 몫이다. 의돈猗頓(춘추 시대 노나라의 부호_옮긴이)과 복식卜式(한나라 때의 정치가_옮긴이)처럼 양을 길러서 큰 부자가 된 사람도 있었다. 양을 기르는 일은 특히 화북에서 널리 이루어졌으며, 장강 유역에도 양치기가 있었다.[48] 개중에는 양은 돌보지 않고 책을 읽거나 도박을 하다가 양을 잃어버리는 바람에[49] 주인에게 호되게 혼나는 사람도 있었다.

  한편 장강 상류의 산간 지역에 사는 사람들은 따뜻한 저지대에서 겨울을 나고, 추운 고지대에서 여름을 보내는 이목移牧을 했다. 이목은 동물에게 먹일 풀을 찾아 광활한 초원 지대를 평행으로 이

동하는 유형의 유목遊牧과 달리, 산간 지역 등에서 지대의 높낮이
를 이용해 좁은 범위에서 이루어지는 형태의 목축이다. 산지와 분
지에서는 지대의 높낮이와 온도에 차이가 있기 때문에 목초가 자
라는 정도가 달라서, 비록 직선거리로는 가까운 곳이라도 산을 오
르내리기만 하면 새로운 목초를 찾아낼 수 있다. 이런 점이 바로 이
목의 장점이다.(도판 8-5)

　실제 목축에서는 유목과 이목이 혼재된 경우가 많고, 농사와 목
축을 겸업하는 사람도 적지 않아서 이들의 행동 범위도 넓다. 만리
장성 부근은 보통 농목 접양 지대農牧接壤地帶라고 해서 그보다 북
쪽을 유목 지대, 남쪽을 농업 지대로 보는 경우가 많은데, 사실 장

도판 8-5　이목移牧. 벽화〔鄂爾多斯市 鄂托克旗
鳳凰山漢墓 출토〕

강 유역에서도 목축을 하고 있었다. 반대로 몽골이라고 하면 수평으로 이동하는 유목이 성행한다고 생각하기 쉽지만 사실 산악을 이용한 이목도 적지 않았고 장성 이북에도 이목이 있었다. 도판 8-5는 장성 부근 오르도스 지방에서 이목이 이루어졌다는 증거로 볼 수 있다. 뿐만 아니라 몽골이나 내몽골에서는 예부터 수수를 재배하기도 했으므로 장성 이북의 생업을 유목뿐이라고 평가하는 것은 정확하지 않다. 장성 이북이 말을 번식시키기에 유리한 지역이라는 사실은 틀림없지만, 그렇다고 농업과 목축을 정확하게 구분하기에는 무리가 있다.[50]

이상의 어업, 수렵, 벌목, 옥 가공, 목축 등은 모두 산림과 하천의 혜택에 의지하는 일이다. 다만 산림과 하천을 활용할 때는 국가에서 법령으로 금지한 사항에 저촉되지 않도록 해야 했다. 예를 들어 전국 시대에는 봄(음력 3월)에는 나무를 베거나 하천을 막지 못하도록 했고, 여름(음력 4~6월)에는 들에 불을 놓는 행위는 물론 어린 새나 짐승을 사냥하고 새의 알이나 특정한 식물을 채집하는 행위도 금지였다.[51] 실상 고대 국가들도 자연 보호나 환경 파괴가 없는 지속적인 성장에 다소나마 주의를 기울이고 있었던 것이다.

이외에도 여러 가지 일이 있다. 전한 중기 학자이자 정치가인 광형匡衡은 농사를 지으면서 학비를 벌기 위해 날품팔이도 했다.[52] 한나라 초기의 장군인 주발周勃은 젊은 시절 누에를 키우는 도구인 박곡薄曲을 만들면서 장례식 때마다 퉁소를 부는 연주자로 일했다.[53] 지금의 정원사에 해당하는 장사場師도 있었다. 고구마를 먹이로 해서 원숭이를 길들여 원숭이 묘기 공연을 하는 사람도 있었다.[54] 이런 일은 '부업'이라고 하기에는 아주 괜찮은 수입원이었다. 그러나 농사를 중요시하는 관리와 역사가의 눈에 그런 일들은 어디까지나 부업 또는 부수적인 일로 비칠 수밖에 없었기에 역사책에는 그 실체가 별로 남아 있지 않다.

p

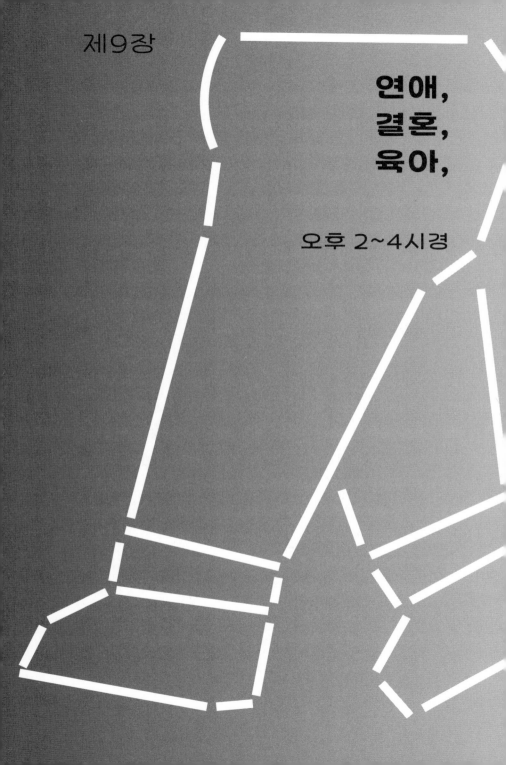

제9장

연애,
결혼,
육아,

오후 2~4시경

낮잠이 필요한 시대

하늘에는 태양이 빛나고 있다.

　3세기 말의 시詩에서 '새벽부터 문서를 정리했는데 저녁이 돼도 잠잘 여가가 없다'고 했듯이 한창 바쁜 관리들은 아침부터 일하는 경우가 많다. 하지만 그렇지 않은 관리들은 지금쯤이면 슬슬 낮잠을 잘 시간이다.

　남북조 시대에는 낮잠을 자는 사람의 모습을 볼 수 있다.[1] 그 까마득한 전국 시대에도 장자가 '낮잠을 자면서 나비가 되는 꿈을 꾸었다'는 이야기가 있는 걸 보면 전국 시대와 남북조 시대 사이에 있는 진한 시대에도 낮잠이 당연한 습관이었다고 봐도 무방할 듯하다. 당시에는 꿈 해몽이 성행했는데, 낮잠을 잘 때 꾼 꿈은 따로 해몽하지 않는다는 규칙이 있었기 때문에[2] 장자 이외에 낮잠을 자다 꾼 꿈에 신경 쓰는 사람은 없었던 듯하다.

　　이렇게 낮잠을 자는 습관에 대해 현대 일본인이라면 대부분 '팔
자 좋은 사람'이라고 생각할지도 모르지만, 낮잠은 현대 중국에서
도 중시된다. 낮잠은 쓸데없는 것이 아니라 오히려 일의 효율을 올
릴 수 있는 방법이 되기도 한다. 그래서 낮잠을 단순히 게으름과 비
효율의 상징으로 보는 것은 사실 문제가 있다. 하지만 현대 중국에
서는 낮에 휴식 시간이라고 하면서 관공서나 박물관 등이 문을 닫
기도 해 손님으로서는 불편한 점도 있다. 고대 중국인들은 낮잠의
장단점을 어떻게 생각했는지 궁금해진다.

사랑은 어떻게 시작될까?

여기서 서민이 생활하는 모습으로 눈을 돌려보자. 오후 2시경이면
농사를 짓는 사람도 있고 시장에서 물건을 사고파는 사람 등 다양
한 활동을 하는 사람들이 있다. 그중 마을 밖으로 향하는 길을 걷고
있는 십대 남녀가 보인다. 아무래도 그들은 연인 사이인 듯하다.

　　고대 중국의 문헌에는 사실 '사모하다(戀)'라는 뜻의 글자는 거의
등장하지 않고, 몇 안 되는 사례를 봐도 기껏해야 '생각한다'나 '그
리움'이라는 뜻의 글자가 사용된다. 연애戀愛한다는 말도 존재하지
않는다. '사랑(愛)'을 뜻하는 글자는 예부터 남녀 사이의 'Love'를
뜻하는 것으로 보이지만 역시 사용된 예는 많지 않다. 서기 2세기
이후에는 '정情'이라는 글자가 이른바 연애를 가리키게 되는데, 정

을 사용한 예도 많지는 않다. 옛 선비나 역사가들은 이성적인 사람
들이다 보니 연애 사건은 거의 못 본 척했던 것 같다. 하지만 사실,
기록으로 보이지 않을 뿐 옛사람들에게 연애 감정이 없었던 것은
아니다.[3]

　물론 '연애 감정'이라고 간단하게 말을 하긴 해도 정확하게 정의
하기는 매우 어렵다. 『일본어대사전(제2판)』에는 '특정한 이성에
게 특별한 애정을 느끼고 사모하는 것. 또한 그 상태'라고 되어 있
지만, 연애는 이성 간으로 한정되지 않으며, '애정을 느끼고 사모한
다'는 설명도 '연애'와 같은 말을 반복한 것이라서 특별히 잘 정의
됐다는 생각은 별로 들지 않는다. 연애의 정의에 대해서는 차라리
소학관小學館(일본의 종합 출판사_옮긴이)에서 2008년 5~11월에 했
던 '당신의 말을 사전에 실어보자'는 캠페인에 일반인이 기고했던
글이 훨씬 정곡을 찌른다. 예를 들면 '한순간에 인생을 괴롭게 하
고, 그 이상으로 인생을 행복하게 해주는 것', '상대방을 통해 나 자
신과 마주하는 것', '감정을 헤아리는 전투' 등이다. 아마 이 책을 읽
은 독자 여러분도 장황하게 설명하지 않더라도 연애가 무엇인지
알고 있을 것이다. 정의에 집착하기보다는 빨리 진한 시대의 사랑
은 어떤 모습이었는지 살펴보자.

　사랑은 종종 길가에서 수작을 거는 일로 시작된다. 뽕잎 따는 계
절이 되면 여자들은 뽕나무밭에서 잎을 딴다. 그때는 매실이 떨어
지기 시작하는 늦봄이다.[4] 뽕나무밭에 미녀가 있으면 미혼이냐 기
혼이냐를 막론하고 남성들은 곧바로 말을 건넨다. 만약 여성의 패
옥佩玉(고대 중국에서 귀인이 허리에 차던 옥)을 받으면 좋다는 사인이

도판 9-1 패옥佩玉을 차고 곡거曲裾를 두른 여성

다.(도판 9-1)

　어떤 남자는 아내와 함께 논밭에 나갔다가 근처의 뽕밭에서 일하는 미녀를 설득하고 있다. 하지만 실패하고 논밭으로 돌아와보니 아내는 화가 나서 그 자리를 떠나고 있었다.[5] 개중에는 몇 년간 혼자 부임지에서 일하고 고향으로 돌아가던 사람이 도중에 미녀에게 말을 걸었더니 사실은 자신의 아내였다는 울지도 웃지도 못할 이야기도 있다.[6] 남편이 길가에서 뽕잎 따는 미녀에게 수작을 걸다가 뒤돌아보니 아내도 어떤 남자에게 구애를 받고 있었다는 우스갯소리도 있다.[7] 공자조차 제자를 부추겨 강가에서 빨래 중인 여성에게 말을 걸었다가 실패했다.[8] 춘추 시대부터 남북조 시대의 사료에 비슷한 이야기가 많이 나오는 걸 보면 아주 옛날부터 어디에서나 볼 수 있는 풍경이었던 것 같다.

전국 시대 이전의 귀족 사회에서는 수작을 걸 때 남성이 여성에게 노래를 부르고 여성이 답가를 하는 방식이었다. 이런 식으로 서로의 연애 감정을 확인하는 것을 가원歌垣이라 부른다. 가원을 할 때는 여성들도 두근거리는 마음으로 잘생긴 남자를 찾는다. '미남을 원했는데 두꺼비가 왔네'라는 여성의 한탄을 담은 재미있는 시도 있다.[9] 그러나 가원은 시가를 잘 읊을 수 있는 사람이나 주나라 때 귀족들이 하는 방식이며, 서민은 더 직설적으로 수작을 거는 경우가 많았다.

아무튼 이런 과정을 통해 사람들 사이에 연애가 시작된다. 개중에는 하루하루 애를 태우며 보내는 사람도 있고, 성문을 오가는 여자들은 거들떠보지도 않고 한 사람에게만 마음을 보내는 남자도 있다.[10] 아무래도 쉽게 성사되지는 않을 듯하다.

사랑의 형태도 가지가지

연애 관계가 깨지기도 한다. 성 밖에서는 한 여성이 울먹이며 "이걸로 그 사람과는 이제 끝이야. 아무에게도 들키지 않아서 다행이야."라고 말하면서 비녀를 불에 태우고 있다. 아무래도 실연을 당해 남자친구에게 받은 선물을 불태우고 있는 것 같다.[11] 미생尾生이라는 인물은 여자와 데이트하기로 약속하고 다리 위에서 기다렸지만 바람맞았다. 그러나 그는 아주 고지식한 사람이라서 물이 불어나는데도 불구하고 그 자리를 지키다가 끝내 다리에 매달린 채 익사했다고 한다.[12]

춘추 전국 시대의 『시경詩經』과 한 위 남북조 시대의 『옥대신영玉臺新詠』에서 사랑의 장소로 불리는 곳은 동문東門이다. 왜 동쪽인지는 알 수 없지만 아마도 『옥대신영』에서 『시경』을 따라 한 것으로 보인다. 실제로는 동문에서만 남녀가 만나지는 않았다. 번흠繁欽(?~218년)의 시를 보면 동문 옆에서 남성이 여성에게 수작을 걸었더니 여성이 바로 연모하는 감정을 품는 장면이 나온다.[13] 사랑하는 남자에게 받은 선물을 소중히 간직한 채, 두고 간 남자의 옷에서 그의 체취를 맡으며 이별을 슬퍼하는 여성도 있고, 또한 성 근처에서 밀회를 즐기는 사람들도 있었다.[14]

스토커 같은 사람도 있었다. 후한 말, 어느 군의 태수였던 사만史滿의 딸은 아버지의 부하를 사랑했다. 그래서 부하가 손을 씻은 물을 가져오게 해서 그 물을 마셨더니 아이를 임신했다는 전설이 있다.[15] 아름다운 전설처럼 기록되어 있지만 두말할 나위 없는 변태다.

결혼하지 않은 남녀가 연애를 했다고 해서 반드시 법에 의해 처벌받지는 않았으며, 현실적으로 그런 감정을 억누르는 것도 불가능하다. 젊은 미혼 남성은 아무리 많은 여성을 만나고 다녀도 별로 비난받지 않은 데 반해 여성들은 추문에 휩싸이지 않아야 했다. 신분을 초월한 결혼도 이뤄지기 어렵기 때문에 괜히 돈 많은 귀공자에게 반했다가는 괴로움만 있을 뿐이었다.[16]

성 밖 오솔길을 걷다 보면 개울이 흐르고 나뭇잎 사이로 비치는 햇살 아래에서 남녀가 사랑을 속삭이고 있다. 손을 잡고 같이 여기까지 온 걸까?[17] 춘추 시대에는 여성 무리가 거꾸로 남성 무리에게 수작을 걸어 강변에서 다 같이 사랑을 나눴던 사례도 있으니[18] 저 두 사람도 남의 눈에 띄지 않는 강가에서 오붓한 시간을 보낼 작정인가 보다.

무엇보다 진한 시대에는 미혼 남녀의 섹스를 점차 엄격하게 바라보았기에 확실히 그 현장을 들킨다면 죄가 될 수도 있다.[19] 그렇지만 무슨 일이든 표면적인 원칙과 속내는 별개다. 혼전 남녀 관계에는 유교적인 제약이 있었다. 유학은 전한 후기에 이르러 관학으로 중시되었고 유교의 가르침에 따른 원칙이 민간에도 막강한 영향력을 행사했다. 유교에서는 부부조차 방은 물론 옷장과 옷걸이도 따로 쓰고 목욕도 따로 하는 게 규칙이었으니[20] 미혼 남녀가 손을 잡는 행동은 당치도 않은 일이다. 강에 빠진 형수에게 시동생이 손을 내밀어도 되는지를 따지던 시대인 것이다.[21] 그때는 따로 방안에 있는 젊은 남녀가 부모와 중매인의 말을 기다리지 않고 담장이나 벽에 구멍을 뚫어 서로 들여다보기만 했는데도 혼이 날 정도였다.[22] 역시 연애는 숨어서 하는 게 좋다.

결혼을 하기까지

성 안에서는 내일 치르기로 예정된 예식을 준비하고 있다. 결혼식
은 특히 봄에 많이 올린다.[23] 당시에는 일반적으로 남자는 30세, 여
자는 20세까지 결혼하는 것이 좋았고,[24] 실제로는 남자나 여자나
10대에 결혼하는 사례가 많았다.[25] 결혼하기까지의 과정은 필시 힘
들었을 것이다.

천지가 개벽한 이래로 결혼은 필연적이고 중대한 예禮로, 결혼
해서 자식을 남기지 않는 사람은 불효한다고 여겼다. 설령 부모님
이 허락하지 않는 결혼이라도 평생 독신으로 사는 것보다는 낫다
고 여겼다.[26] 국가로서도 젊은이가 결혼해 아이를 낳아야 세금으
로 인한 수입이 증가하기 때문에 결혼상담소 설치를 검토하고[27] 일
찍 결혼하지 않는 사람은 세금을 더 많이 내도록 하는 법까지 만든
다.[28] 법률상 결혼 절차는 간단해서 관청과 부부가 할부割符를 하
면 된다.[29] 할부는 증표를 짝으로 나눠서 각자 하나씩 가지고 있다
가 필요할 때 서로 맞춰보는 걸 말한다. 문제는 혼례 의식이었다.
이 점은 예나 지금이나 마찬가지다.

결혼할 때는 신랑, 신부 양가의 균형을 고려해야 한다. 물론 예외
도 있다. 진평陳平(한나라의 정치가_옮긴이)은 젊었을 때 가난한 집의
둘째였지만 가난한 집안의 딸과 결혼할 생각이 없었다. 그렇다고
부유한 집안은 진평을 상대해주지 않았다. 그런데 어느 부잣집 손
녀가 다섯 번이나 시집을 갔지만 번번이 남편과 사별했고, 그 후로
는 다음 상대가 없었다. 그 부자는 진평의 재능을 알아보고 약혼 예

물을 준비할 돈을 빌려주고, 피로연 비용도 마련해 손녀와 결혼시켰다.[30] 이 이야기는 부잣집과 가난한 집 사이에 결혼이 드물며, 집안끼리 수준을 맞추는 것이 중요했음을 보여준다.

점집은 필수 코스

결혼하기 전에는 반드시 점을 본다. 점에는 여러 종류가 있는데, 거북점龜卜과 서죽筮竹이 대표적이며, 꿈 해몽과 운점雲占(구름 모양으로 운세를 보는 점)도 있다. 점집은 시장 안의 한 구획에 정리되어 있다. 지금도 아이가 점을 치는 모습을 흥미롭게 바라본다.[31]

　점집 한 군데를 들어가보자. 실내는 깨끗하게 비질이 되어 있다. 점쟁이는 하루에 100전 또는 한 달에 3000전을 벌면 제 몫을 한다고 할 수 있는데, 개중에는 사람들이 줄을 서는 인기 가게도 있었다. 점집에서는 손님이 비는 시간대에 글방을 열어서 스승이 제자에게 강의를 한다. 여성 고객도 적지 않아서 연애나 부부 관계에 관한 상담을 해준다. 당시에는 서민들이 연간 내야 하는 인두세人頭稅가 1인당 120전이었는데, 그와 비교해보면 한 번 점을 칠 때 수십 전에서 100전까지 받았으니 요금이 싸지는 않았다.[32]

　많은 사람들은 부인을 얻을 때나 아이가 태어날 때 점을 보러 간다. 상인들은 언제 행상에 나서면 돈을 벌지, 관리들은 출세하려면 어떻게 해야 할지 고민이다. 점쟁이는 길흉을 전할 뿐만 아니라,

"이 날에 결혼하면 분명 아내의 입에서 냄새가 난다."거나 "이 아이는 장래에 반드시 ○○이 된다."라는 식으로 구체적인 내용까지 알려주었다는 사실이 굉장히 흥미롭다. "내일은 장사하기 좋지 않다."거나 "토목사업은 다른 달에 해야 한다."고 조언하는 점쟁이도 있다. 이런 점은 시장 가격에까지 영향을 준다.

　용한 점쟁이를 찾을 때는 친구에게 빌린 점책인 『일서日書』를 보면서 잘 맞는 점법과 점쟁이를 고객 스스로 선정하는 게 좋다.[33] 만약 미래에서 온 우리가 선택한다면 손금을 보는 점쟁이가 친근하게 느껴질 것이므로, 손금을 보는 집에 들어가서 왼손을 내밀어 손금을 볼 것이다.[34]

혼례의 순서

혼례의 절차는 여섯 단계로 나눌 수 있다.

　① 납채納采: 남성이 중매쟁이를 통해 여성에게 선물을 보낸다.
　② 문명問名: 결혼을 점치기 위해 여성에게 이름과 생년월일을 묻는다.
　③ 납길納吉: 남성이 조상 앞에서 점을 치고 그 결과를 여성에게 알려준다.
　④ 납징納徵: 결혼 예물을 주고받는다.
　⑤ 청기請期: 남성이 혼례일을 선택해 여성에게 연락한다.

계층	복채	빙금	혼수 비용	피로연 비용
소농·수공업자 도시평민	수백 전錢	1만~수만 전	2천 전 전후	4~5천 전
궁소지주·관리	수백 전	2만~십여만 전	2~3만 전	수만 전
고급관리·대상인 호족지주	수천 전	수십만~백여만 전	2~3십만 전 최고는 수백만 전	불명
황족·제후왕	불명	2백만 전	수십만~천만 전	불명
상위황족·황제	불명	황후는 2억 전. 그 외는 수천만 전	수십만~천만 전	불명

표 9-1 한나라 때의 혼인과 관련된 비용〔펑위彭衛 『한대혼인형태漢代婚姻形態』(중국인민대학교출판 사中國人民大學出版社, 2010년)에서〕

⑥ 친영親迎: 신랑의 집에서 신부를 맞이한다.

친영 때 신부의 어머니는 딸을 문까지 바래다주며 "이제부터는 저쪽이 네 집이다. 조심성 있게 행동해서 남편을 거스르지 말거라." 하고 가르침을 준다.[35] 후에 부부끼리 절을 하고 술을 마신 다음, 하객들을 초대해 연회를 시작한다.

혼례 비용은 상당했다.(표 9-1)[36] 평범한 농민, 수공업자, 도시 평민조차도 혼례를 올리기 전 한 번에 수십 전에서 백 전에 이르는 점을 여러 번 치고, 약혼할 때 건네는 돈인 빙금聘金도 만 전을 넘어 수만 전까지 소요되며, 신부의 집에서도 2천 전 전후를 준비한다. 게다가 피로연에도 4~5천 전이 든다. 하객들이 내는 축의금 덕에 지출을 조금은 상쇄할 수 있다. 혼례 다음 날에는 신부가 시부모님 께 밥상을 올린다. 석 달 후에 부부는 종묘에 가서 조상들에게 보고를 한다. 이 과정을 다 마치고 나면 그날 밤 부부는 육체관계를 갖는다. 유교의 예법은 정말 엄격하다.

아이를 갖다

어떤 부부는 결혼 후에도 연애할 때처럼 사랑이 넘친다. 옛 관리는 상을 당한 후 3년, 혼인 후 1년, 유급 휴가를 받았다고 하는데 한나라 때는 그런 제도가 없었다.[37] 그 때문에 관리 중에는 결혼한 직후에 혼자서 부임지로 떠나야 했던 사람도 있었다. 그때 남편은 종종 아내에게 편지를 보낸다. 아내는 '한참을 당신을 생각한다'거나 '이별이 너무 길다'는 등의 말이 적힌 편지를 품속에 간직하고 남편을 그리워한다.[38] 이별할 때는 손을 잡는다.[39] 군郡의 결산 보고서를 중앙 조정에 전달하는 상계리 중 한 명은 매년 상경할 때마다 아내와 편지를 주고받았는데, 그 내용이 마치 평생 이별할 것처럼 과장되어 있다.[40] 남겨진 아내 중에는 금슬이 좋기로 소문난 원앙새 한 쌍을 이불에 수놓으며 위안을 삼는 사람도 있었을 것이다.[41] 어쨌든 남편이 다시 돌아올 때까지 헤어지지 않았다면 머지않아 아이를 가지게 될 것이다.

　한나라 때의 간독 중 『태산서胎産書』[42]라는 책이 있는데, 출산하는 방법이 자세하게 적혀 있다. 내용을 살펴보면 이렇다. 출산을 하고 나서 포의胞衣(태아를 감싸고 있던 양막과 태반)를 햇볕이 잘 드는 담 아래에 묻으면 다음에 아들을 낳고, 그늘진 담 아래에 묻으면 딸을 낳는다. 임신 3개월이 넘지 않았을 때 참새 알 두 개를 먹으면 아들을 낳는다. 흰 수캐의 머리를 삶아 먹으면 피부가 하얗고 잘생긴 아들을 낳으며 순산한다. 월경이 끝나고 출혈이 멈춘 다음 날에 잠자리를 가지면 아들이, 이틀에서 사흘 후에 잠자리를 가지면 딸이 태어난다.

이처럼 『태산서』에는 비과학적인 내용도 많지만 월경과 수정과의 관계에 주목하고 있는 부분처럼 과학적인 내용도 포함되어 있다. 참고로 당시 여성이 생리를 할 때 어떻게 대처했는지는 필자의 짧은 견문으로는 뚜렷한 사료를 찾지 못했다. 최소한 생리 때 잠자리를 자제했다는 정도만 알 수 있다.[43]

또 『태산서』에는 이런 내용도 있다. 임신 1개월째를 유형留形이라고 한다. 임신부는 깨끗하고 정성 들여 만든 음식을 섭취하고 신맛이 나는 국은 충분히 끓여서 먹으며 매운 음식이나 비린내가 나는 음식은 먹지 말아야 한다. 임신 2개월째를 시고始膏라고 하며 맵거나 비린 음식을 먹으면 안 된다. 안정을 취하고 성교를 삼가야 한다.

임신 3개월째에는 태아가 서서히 형태를 갖추고 임신부가 무엇을 보느냐에 따라 성장이 결정된다. 따라서 임신부가 키가 작은 난쟁이나 원숭이를 보지 않도록 배려해야 한다. 파, 생강, 토끼가 들어간 국을 먹어서는 안 된다. 만약 아들을 원한다면 활과 화살을 옆에 두었다가 장끼를 쏘고, 수말을 타며, 수컷 호랑이를 봐야 한다. 만약 딸을 원한다면 비녀나 옥 귀걸이를 지니고, 주옥珠玉 한 묶음을 가까이에 둔다. 이런 사고방식의 뒤에는 제임스 프레이저가 말한 '유감주술類感呪術, Sympathetic magic'과 같은 생각이 자리 잡고 있다.

　임신 5개월째인 임신부는 어두울 때 일어나 목욕을 하고 나서, 옷을 두껍게 입고 거실로 간다. 햇볕을 쬐면서 몸을 따뜻하게 하고, 벼와 보리, 소고기와 양고기가 들어간 국을 먹으며, 오수유吳茱萸 (속을 따뜻하게 해주는 약재)로 조미를 한다. 임신 6개월째에는 외출을 해서 개와 말이 뛰어다니는 모습을 지켜본다. 또 금수禽獸의 고기를 먹는다. 출산하고 나면 깨끗한 물로 포의를 씻는다. 출산과 포의는 청결하지 못하다고 여겨서 기피했다.

아이가 나오다

출산할 때는 시장에 있는 축축하고 깨끗한 흙으로 가로·세로 70~90cm 정도, 높이 10cm 정도의 돈대를 만들고 그 위에 신생아를 놓는다. 그리고 신생아의 몸에 흙을 골고루 묻힌 다음 목욕을 시키면 아기가 건강해진다고 한다. 또 요를 태워서 재를 만들고, 그 재를 넣은 물에 아기를 담그면 나중에 머리에 부스럼이 생겨 가려워지는 일이 없어진다. 또 그 물을 산모가 조금 마시면 다른 병에 걸리지 않게 된다.

　출산하는 순서는 위와 같다. 이처럼 세세한 규칙이 정해져 있는 이유 중 하나는 당시에 출산 자체를 부정不淨하다고 보았기 때문이다. 그중에는 '원래 출산은 만물의 탄생과 같은 원리에 근거하므로 부정하지 않다'고 하는 논자도 있었지만 소수 의견에 그칠 뿐이었다.[44] 또한 태교에 대해서도 몇 가지 전승이 있어서[45] 어떤 방식을 따를지는 부모가 선택했다.

태어나기 전후에 아기가 살해당하는 일도 있었다. 가난 때문에 신생아, 특히 딸아이를 죽이는 경우도 있었기 때문에[46] 모든 아이가 환영받은 것은 아니었다. 딸을 키우는 데는 돈이 든다는 이유로 아기를 죽이는 악습은 남북조 후기에도 계속된다.[47] 상중에는 원래 남녀 관계가 금지되어 있었기에 만약 그때 아이가 생긴다면 보통은 낙태시켰다.

이 밖에 '셋째 아이가 5월에 태어나면 죽인다'라든가 '정월과 5월에 태어난 아이는 성장하면 부모에게 해를 끼치니 죽인다'는 설도 있었다.[48] 실제로 전국 시대에 40여 명의 자녀를 둔 사람은 다시 아이가 태어났을 때, 아이 엄마에게 "5월 5일에 태어났으니 죽여라."는 명령을 내린다.[49] 일단 태어난 아이를 죽이는 행동은 법률적으로는 문제가 있지만, 위의 관습을 따르거나 아이에게 신체 장애가 있다면 죽여도 되는 시대였다.[50]

아이를 기르다

운 좋게도 양육하기로 결정된 아이는 사람들의 눈에 어떤 존재로 비쳤을까?

현대 선진국에서는 어린이를 '어른들이 지켜줘야 하는 존재', '순진무구한 존재', '애정을 쏟아야 할 존재'로 여기는 경향이 강하다. 하지만 중세 유럽에서 어린이는 '작은 어른', '작은 노동자'로 취급받는 경향이 강했다고 한다.[51] 1984년에 나온 통계에서는 아이를 얻는 일에 대해 선진국 사람들은 정신적인 만족감을 얻는다고 답한 반면, 개발도상국 사람들은 새로운 일꾼이 늘어나므로 경제적, 실용적인 만족감을 얻는다고 답하는 경향이 있다.[52] 즉, 자녀를 어떤 존재로 간주하고 어떻게 다룰지는 시대나 가정의 경제 수준에 따라 달라진다.

진한 시대를 보면 후손을 남기는 일이 가장 큰 효도로 여겨졌기 때문에 자식, 특히 아들을 매우 중요하게 생각했다. 국외로 도망가려고 하는 사람조차 옥구슬은 버리고 가도 아기는 안고 도망간다고 할 정도였다.[53] 죽음을 달관한 열자列子 계열의 사람들은 "내게는 원래 아이가 없었고 당시 전혀 슬프지 않았다. 지금, 아이가 죽었지만 그건 원래의 상태로 돌아간 것일 뿐 슬퍼할 일이 아니다."라고 강변하지만[54] 이런 사람은 예외다. 만약 같은 마을에서 같은 날에 두 아기가 태어난다면 마을 사람들은 양고기와 술을 마시며 축하했다.[55]

아기는 소권襁褓, 즉 아기 옷을 입고 부모나 친척에게 둘러싸여 자란다.(도판 9-2) 귀족들조차도 육아를 전부 시녀에게만 맡기지는 않았다. 부모는 아이의 양손을 잡고, 옷을 입히고, 함께 밥을 먹으며, 밖에서 놀아준다. 아이의 옷이나 책은 형이나 누나에게서 물려

도판 9-2 아이에게 젖을 주는 어머니. 조각상
〔德陽市 旌陽區 黃許鎭 출토〕

받는다.[56] 엄마나 유모는 물론이고 아빠가 아기를 업기도 했다. 동네 남자가 아이를 돌보기도 했다.[57] 후한 말에 유비劉備는 아버지를 일찍 여의고 어머니에게서 자랐지만 근처에 사는 친족과 함께 생활했기 때문에 외톨이는 아니었다. 일곱 살 때는 아저씨가 지켜보는 가운데 친족 아이들과 죽마를 타고 놀았다.[58]

이처럼 아이를 소중히 양육하지만 그렇다고 응석을 받아주기만 하면 아이는 제대로 된 어른으로 성장하지 못한다. 우리 아이가 짓궂은 장난꾸러기로 자랄지, 아니면 어리지만 몸가짐이 단정한 아이로 자랄지는 전적으로 부모의 교육에 달려 있다.(도판 9-3, 9-4) 그래서 아동 교육이 중요하다. 방법은 집집마다 달랐으며, 전국 시대에는 자녀 교육에 좋지 않다는 이유로 이사를 세 번이나 한 맹자 어

도판 9-3　장난꾸러기. 벽화〔甘肅省 敦煌市 佛爺廟
灣第39號墓 출토〕

머니의 이야기도 전해진다.

　남북조 시대 귀족의 집에는 이런 가훈이 있다. '천재는 교육하지
않아도 대성한다. 바보는 교육해도 결국 소용없다. 평범한 사람은
교육하지 않으면 사람답게 자라지 못한다. … 적어도 서너 살이 되
어 어른의 표정을 이해할 수 있게 되면, 즉시 예의범절을 가르치기
시작해서 해야 할 일은 하도록 하고 하지 말아야 할 일은 못 하게
한다. 대여섯 살이 되면 체벌을 가하는 것도 고려해야 한다. 세상의
부모는 예의범절에 무관심하고, 아이의 응석을 받아주기에 급급
하다. 식사 예절은 말할 것도 없고 말과 행동을 모두 제멋대로 하도
록 놔두고 화를 내야 할 때 칭찬을 하고 엄하게 해야 할 일을 애교
라며 웃어넘긴다. 그런 아이는 철이 좀 들어야 할 나이에도 세상에
나가 똑같이 행동해도 될 거라 여긴다. 그러다가 감당할 수 없을 지
경이 되면 그제야 부모는 자식을 가르치려 한다…' 그리고 장난꾸

도판 9-4 후한 시대 낙랑군樂浪郡과 관련된
유적에서 출토된 칠화漆畫 바구니 옆면.
병으로 죽은 주인을 대신해 그 손자를 길러낸
노예 이선李善의 고사를 표현했다. 왼쪽부터
선대가善大家(죽은 주인), 이선, 효비孝婢(여성
노예), 효손孝孫(주인의 손자)

러기는 매로 훈육해야 한다고 적혀 있다.[59]

양가집 아이라면 6세 무렵부터 수를 세는 법이나 방향의 이름을
배우기 시작한다. "천금을 가진 부잣집 아이는 어질지 못하다.[60]",
즉 부잣집 아들일수록 인색하다는 속담에서 알 수 있듯이 집안 분
위기가 아이의 성격에도 영향을 준다. 육아는 어느 시대나 쉽지 않
은 일이다. 참고로 7세 넘은 아이가 못된 장난을 친다면 보통은 머
리를 세게 후려쳤을 것이다.[61]

아이의 세계

아이는 배우기도 하고 놀기도 하는 존재다.

　여름에는 오후 2~4시 무렵이면 매미가 시끄럽게 울어댄다. 매미는 아무것도 먹지 않고 나무에 앉아 울면서 탈피를 하기 때문에 한나라 때는 고결, 탈속, 지조의 상징으로 알려졌다. 그래서 관리의 관에는 매미 장식을 새긴다. 또 탈피하는 모습이 환생하는 것처럼 보였기에 예부터 죽은 사람의 입에 옥으로 만든 매미를 넣는 함선 含蟬이라는 관습이 있을 정도로 매미는 신성시되어왔다.

　매미는 영양가가 높은 음식이기도 해서, 장애가 있는 노인이 매미 잡는 일을 맡았다.[62] 하지만 아이에게 매미는 그저 소중한 놀이 상대일 뿐이다.[63] 매미는 끈끈이에 달라붙게 해서 잡는다.[64] 아니면 매미가 자주 앉아서 우는 나무를 미리 알아낸 다음, 밤에 그 나무 아래에서 모닥불을 지피고, 나무를 흔들어 매미가 떨어지도록 해서 잡는 방법도 있다.[65]

　이외에도 아이들은 다양한 놀이 방법을 알고 있다. 기와 던지기(척와擲瓦)와 수박手搏 같은 '놀이'는 물론 닭과 오리를 싸우게 만들기도 하고, 말과 개를 데리고 하는 사냥과 경주도 일상다반사다.[66] 매미 말고도 참새나 잠자리를 잡기도 하고, 동전을 가지고 놀기도 하며, 나무 타기도 한다.[67] 주사위를 가지고 하는 도박인 박희博戱, 저포樗蒲는 어른들이 좋아할 정도로 인기가 많았으며 바둑을 두는 소년도 있었을 것이다.

　7세쯤 되면 농사나 베 짜기를 돕는 아이도 늘어난다. 하지만 여

전히 놀고 싶은 아이들은 축국蹴鞠이라는 공놀이를 한다. 국제축구
연맹FIFA에 따르면 축국이 바로 축구의 기원이라고 한다. 다만 축
국은 부상을 입기 쉬우므로 황족의 자제는 알까기가 더 나을지도
모르겠다.[68]

딱지나 팽이처럼 무언가를 이용해 승부를 내는 놀이도 활발하
다. 이런 놀이는 어른들도 하는데, 어른이라면 은이나 구리로 만들
어진 허리 장식을 걸고 한다.[69] 진한 시대에는 이미 달달한 사탕과
꿀도 있었으므로[70] 아이들이 먹었을 수도 있다. 놀이터에 뱀이 나
오는 경우도 있어서 다소 주의가 필요했다.[71]

여름에는 강가에서 물놀이를 하는 아이도 있었겠지만, 전국 시
대에 "화북에서 사람이 물에 빠졌는데 수영 잘하는 월나라 사람이
오기를 기다리는 건 말도 안 되는 소리다.[72]"라는 비유가 있었던 걸
보면 화북 사람들은 수영을 별로 하지 않았던 듯하다. 어떤 아버지
는 자신이 수영을 잘하니까 아이를 장강에 던져 넣고 훈련시켰다
고 하는데, 수영 실력이 유전된다고 할 수는 없으므로 무리하지 않
는 것이 좋다.[73] 어쨌든 물에 빠지지 않도록 주의해야 한다.

남자아이는 거칠다 보니 놀이터에서 바로 싸움을 벌이기도 한
다. "해는 뜨기 시작할 때가 우리에게 가장 가까워. 왜냐하면 그때
가 제일 크니까. 가까이 있는 물건은 커 보이잖아.", "그렇지 않아.
해가 뜨기 시작할 때는 추운데 낮이 되면 덥잖아. 해가 가까우니까
덥고 머니까 서늘해지는 거야.[74]" 이렇게 사소한 일로도 싸움이 된
다. 아이들 중에는 아버지 자랑을 하는 아이도 있다. 개 가죽으로
만든 옷을 입고 다니는 도둑인 구도狗盜의 아이가 "우리 아버지가

입은 가죽옷에는 꼬리가 달려 있어."라고 자랑하자, 다리가 잘린
범죄자의 아이는 "우리 아버지는 겨울에 바지를 입지 않아도 돼."
라고 자랑하는 식으로 말이다.[75]

　여자아이들은 소꿉놀이를 하는데, 티끌을 밥, 진흙을 국물, 나무
를 고기 조각이라고 하면서 논다.[76] 조숙한 소녀도 있다. 어떤 소
녀는 아침 일찍부터 경대鏡臺를 보며 화장을 한다. 수다를 떨며 입
술연지를 바른다. 또 여자아이들도 글을 읽을 수 있다고 자랑한
다. 춤추는 흉내를 내기도 한다. 마당을 뛰어다니며 아직 익지도 않
은 과일과 꽃을 따며 놀고 눈이 오는 날에는 눈을 밟으며 즐거워한
다.[77]

　참고로 하늘에 날리는 연은 3세기 무렵에 만들어진 것으로 보인
다. 삼국 시대 이전에는 하늘을 나는 사람이나 기계는 없었지만 아
이들 중에는 하늘을 나는 새를 보며 '언젠가 나도 하늘을 날고 싶
다'고 생각하는 아이가 있었을 것이다. 그리고 향리의 노인에게서
'성왕聖王이신 순임금은 젊었을 때 새 모양의 옷을 입고 곡물창고
에서 뛰어내리고 용 모양의 옷을 입고 우물에서 날아올랐다'는 옛
이야기를 듣고 가슴이 뛰었을지도 모른다. 하늘을 나는 수레에 대
한 전설도 있다. 전국 시대 공수자公輸子는 비행 기계를 발명했고
열자는 비행술을 알고 있었다는 이야기도 전해진다.[78] 아이들은
언제나 상상력이 풍부한데 고대 중국의 옛이야기는 그런 아이들
을 충실하게 만족시킬 수 있다.

제10장

연회에서
술에 취하다

오후 4시경

술은 언제, 어디에서 마실까?

고대 중국 사람들은 보통 하루에 두 번, 즉 아침과 오후에 식사를
한다. 오후 2시경부터 4시경은 포시餔時, 하포下餔라고 불리는 시간
대로, 그 무렵에 두 번째 식사를 한다.[1] 식사를 하면서 술을 마시기
도 하는데, 그렇게 되면 그 자리에서 연회가 벌어진다. 저녁 식사를
마쳐야 술이 나오는 경우도 있다.[2]

　남북조 시대의 시가에서 '태양은 서녘 끝 물 아래로 지니, 즐거움
은 여전하나 잔치는 그칠 때가 되었네'라고 했듯이[3] 연회는 해 질
녘에 시작해 해가 지면 끝나는 경우가 적지 않았다. 이는 진한 시대
에도 마찬가지였다.

　하지만 다른 시가에는 '아름다운 연회에 해는 이미 저물었으나,
비단 휘장에 아직 달빛이 어리지는 않았네'라고 되어 있는 것으로
보아 해가 진 이후에 연회를 계속하는 경우도 있었다.[4] 일몰 전후

에 개최되는 환영회나 송별회도 있었다.[5] 이와는 반대로 이른 시간에 열리는 연회도 있어서, 정오부터 열리는 연회는 물론 이른 아침부터 열리는 연회도 있었다. 그런 연회가 있을 때는 주인이 그 전날에 미리 시장에서 술과 고기를 사들였다.[6]

어느 저택을 보니 소소한 저녁 반주를 준비하고 있다. 좀 있으면 친구가 올 텐데, 주인은 친구와 둘이서 술을 마실 생각이다. 이들은 오랜만에 길에서 우연히 만나 미리 저녁을 언제 같이 먹자고 약속한 모양이다.[7]

먼저 안주인이 손님을 맞아들인다. 그녀는 허리를 꼿꼿이 하고 무릎을 구부린 자세로 "평안하셨나요?"라고 인사를 건넨다. 손님을 불러들여 자리에 앉히고 청주와 탁주를 준비한다. 그제야 비로소 주인이 등장해 손님에게 술을 권하자 손님은 "주인부터 먼저."라고 한다. 주인의 들뜬 건배사와 함께 아내가 부엌에서 음식을 가져온다. 요리라고는 해도 외진 시골이라면 그렇게 대단치는 않아서 단맛이 도는 순한 술에 건어물이 나오는 정도다. 잠시 후 연회가 끝나면 역시 아내가 문까지 손님을 배웅한다.[8]

소소한 저녁 반주와 달리 시장 술집에서 술을 마시는 사람도 있다. 전국 시대 말의 협객인 형가荊軻는 연나라 장터에서 술을 마시고 친구들과 노래를 불렀다고 한다.[9] 또 유방劉邦은 젊은 시절에 단골 술집 두 곳에서 술을 마시고는 외상으로 달아놓았다.

관리가 집에서 술을 마실 때면 종종 관사에서 잔치를 벌였다. 전한 초기에 승상을 지낸 조참曹參은 늘 술에 취해 있었고, 그 부하도 관사에서 매일 술을 마시고 노래를 하며 난리를 쳤다고 한다.[10] 물론 고급 요정에서 술을 마시는 관리나 부자도 있었다. 현대 사회처럼 사람들이 술을 마시는 곳은 정말 천차만별이었다.

큰 연회와 여흥

큰 연회장은 어떤 모습인지 한번 들여다보자. 어느 현縣의 장관 저택에서는 중요한 손님이 올 예정이라 입구에 안내소가 마련되어 있다. 이런 자리에 오는 사람들은 대개 명함인 자刺를 가지고 있는데, 안내소에서 주인에게 전달하고 싶다면 알謁을 내주는 것이 좋다. 자와 알은 모두 명함 역할을 하는 목간이지만, 알은 앞면에 받는 사람의 이름이, 뒷면에는 본인의 이름이 적혀 있어서 받을 사람을 분명히 할 수 있다.[11]

한나라 때 서기관은 젊은 시절에 5000자 내지는 8000자 길이의 문장이나 글자를 외워서 암송하거나 쓰는 시험을 봐야 하고, 승진할 때는 여러 글씨체를 읽고 쓸 수 있어야 하므로[12] 이런 명함에 글씨를 쓰거나 읽는 데 아주 능숙했다. 반면 완력만 세면 승진할 수 있는 장군들 중에는 삼국 시대의 왕평王平이나 오호 시대의 석륵石勒처럼 글을 읽지 못하는 사람도 있었다. 아무리 그래도 자신의 이름 정도는 쓸 수 있지 않았을까?

예정에 없이 불쑥 참가하는 사람도 있었는데 설령 정치적인 연회라도 그런 사람들을 받아주기는 했던 것으로 보인다. 다만 안내

소에서 비용을 내게 할 수도 있고, 신분이 낮은 사람이라면 야외에
있는 자리 중에서 적당히 배정해주었다.[13]

연회석에 앉을 때는 자리 배치에 신경 써야 한다. 아침 식사 부분
에서 설명한 것처럼 자리 배치에는 규칙이 있으므로 예법에 맞게
제대로 앉아야 한다. 성큼성큼 연회장에 들어가 아무 말도 없이 그
냥 앉고 싶은 자리에 앉으면 안 된다. 또 실내에서 술을 마실 때는
꼭 신발을 벗어야 한다.[14]

상류층의 연회라면 남성 손님 곁에 여성이 시중을 들며, 술을 마
시기도 한다. 예기藝妓, 유녀遊女에 대해서는 나중에 설명하고, 여
기서는 다른 여흥거리부터 말했으면 한다. 연회에서는 여흥을 즐
기는데, 그중에서 음악가의 악기 연주가 으뜸이다.(도판 10-1) 진시
황이 일부러 축筑(고대 현악기의 하나_옮긴이)의 명인인 고점리高漸
離를 초빙한 것처럼 역대 황제나 왕들도 음악의 명인에게 사족을
못 썼다. 음악가는 낮은 신분임에도 불구하고 동경의 대상이었다.
다만 군부대에서 장군이 여는 연회에서는 원칙적으로 음악이 금
지되었기 때문에 소리를 내지 않는 칼춤 공연으로 음악을 대신했
다.[15]

큰 연회에는 곡예사나 마술사가 등장해 한층 더 화려한 분위기
를 만들기도 한다. 특히 손님을 접대하는 연회나 결혼 피로연에서
는 여흥으로 음악과 함께하는 인형극인 괴뢰傀儡를 공연하기도 하
며, 연회가 한창일 때 만가輓歌도 불렀다. 원래 인형극의 음악은 장
례를 치를 때 연주되는 음악이고 만가는 상여가 나갈 때 부르는 노
래라고 하는데, 진한 시대에 이르러서는 그런 점을 전혀 개의치 않

도판 10-1 북 치는 사람. 인형 〔四川省 成都市 天回山 後漢涯墓 출토〕

앉다.[16] 또 화살을 항아리에 넣는 게임인 투호投壺와 유가적儒家的 교양을 뽐내는 언어유희도 벌어졌다.

가무歌舞 공연을 하는 경우도 있었다. 거문고·비파·쟁箏·공후箜篌(하프와 비슷한 현악기)·완함阮咸 등의 현악기와 피리·퉁소·생황笙簧·필률篳篥(피리를 꽂아서 부는 목관악기) 등의 관악기는 물론 북鼓·갈고羯鼓(장구와 비슷한 타악기)·박판拍板(수십 장의 얇은 판자를 줄로 연결한 타악기) 등의 타악기 음색에 맞춰 예기들이 노래를 불렀다.(도판 10-2) 한마디로 진한 시대의 음악이라고 했지만 마치 현대의 음악 업계처럼 시대에 따라 유행하는 음악은 달라졌다. 특히 후한 시대에는 서역 문화가 유입되면서 음악 업계에도 변화를 가져

도판 10-2 25개의 현을 가진 거문고〔馬王堆1号漢墓 출토〕

왔다. 후한 말의 영제靈帝는 당시의 패션 리더였으며, 옷·휘장胡帳·
의자·음식·공후箜篌·피리·춤 등도 서역에서 전래된 것을 무척 좋아
했다고 전해진다.[17] 정치적으로는 사리에 어둡고 어리석은 황제였
다는 말이 많지만, 어쨌든 영제는 당시 최강의 인플루언서였으며
이후 조정에서는 서역의 멜로디가 울려 퍼지게 된다.

　음악가나 배우 중에는 스타도 등장하는데, 가수로는 한나라 때
의 한아韓蛾·이연년李延年, 무희로는 한나라 때의 조비연趙飛燕, 예
인藝人과 배우로는 춘추 시대의 우시優施·우맹優孟, 한나라 때의 곽
사인郭舍人 등이 유명하다. 또 태국에서 온 서커스단은 궁궐에서 공
연을 하며 입에서 불을 내뿜고, 상자에 넣은 인간의 몸을 토막 내
며, 소와 말의 머리를 맞바꾸고, 저글링을 하는 등 여러 가지 재주
를 황제에게 선보였다고 한다.(도판10-3, 10-4)[18]

도판 10-3 곡예를 하는 모습〔四川省 彭州市 太平鄉 출토〕

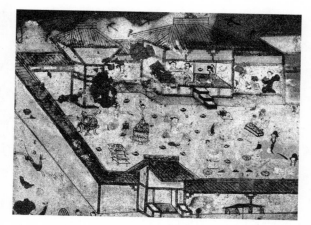

도판 10-4 연회, 서커스, 마술. 벽화〔鄂爾多斯市 鄂托克旗 鳳凰山漢墓 출토〕

술의 종류

연회에는 술이 따르기 마련이다. 술을 마실 때 사용하는 그릇은 다양한데, 술 문화가 번성했던 은주 시대의 청동기는 크게 온주기溫酒器와 냉주기冷酒器로 나뉜다. 한나라 때도 제사를 올리는 곳에서는 여러 가지 술그릇이 사용되었고, 술을 마시며 즐기는 자리에서는 작爵(참새 부리 모양의 술잔)·이배耳杯(양쪽에 손잡이가 달린 타원형의 술잔)·각배角杯(뿔로 만든 술잔)를 사용했다.(도판 10-5, 10-6)

작에는 여러 가지 크기가 있다. 후한 말 애주가로 유명했던 유표劉表는 백아伯雅·중아仲雅·계아季雅라고 이름을 붙인 세 개의 작을 만들었는데, 이 술잔들은 각각 7되(약 1.4ℓ), 6되(약 1.2ℓ), 5되(약 1ℓ)

도판 10-5 이배耳杯〔長沙市 馬王堆漢墓 출토〕(왼쪽)
도판 10-6 각배角杯. 벽화〔洛陽市 燒溝村61號漢墓〕
(오른쪽)

를 담을 수 있는 크기였다고 한다.[19] 지금으로 치면 큰 맥주잔, 중
간 맥주잔, 작은 맥주잔에 해당한다고 말할 수 있겠다.

술에는 알코올이 들어 있다. 한나라 때는 곡물의 전분을 당으로
바꾸고, 당에서 알코올을 만들어내는 방식이 보통이었고, 이를 위
해 곰팡이의 일종인 누룩이나 곡물에 있는 전분 분해 효소, 혹은 사
람의 타액을 이용해 발효를 촉진시켜야 한다. 그때는 누룩을 이용
해 만든 술 위주였는데, 아마도 거미집 곰팡이 누룩을 사용하지 않
았을까 추측된다.

술의 종류도 여러 가지였다.[20] 곡물로 만든 술도 있지만, 유목민
들은 마유주馬乳酒, 낙주酪酒처럼 유제품의 일종인 술을 마셨다. 후
한 시대에는 서역 문화가 유입되어 궁궐에서 와인을 즐기는 사람
이 등장하며, 남북조 시대에는 석류주도 있었다.[21] 전한 중기에는
황제 소유의 정원, 즉 어원御苑(궁궐 안에 있는 정원_옮긴이) 중 하나
인 상림원上林苑에 포도궁葡陶宮이라는 궁전이 있었다. 포도궁이라
는 이름으로 미루어 볼 때 당시에 이미 서역에서 수입한 포도가 재
배되고 와인 제조도 시작되었던 듯하다. 그러나 한나라 때는 여전
히 와인이 매우 귀했다. 서역의 쿠차龜茲, Kucha를 정복한 사람들이
방대한 와인을 손에 넣고 매우 기뻐하고 있는 걸 보면 역시 와인은
수입품 위주였던 것으로 보인다.[22]

어쨌든 이렇게 다양한 술이 있었던 만큼, 당시에는 주당으로 이
름을 떨친 사람들이 등장한다. 한 번에 8두斗(약 16ℓ)를 마신다고 하
는 완적阮籍과 산도山濤, 배 위에서 계절 진미와 술을 즐기기를 꿈
꾸었던 정천鄭泉, 한 손에는 게 집게다리를, 다른 한 손에는 술잔을

들고 술로 채워진 연못을 헤엄치는 꿈을 꾼 필탁畢卓 등은 진정한
술꾼이라 할 만하다.[23]

　당시에는 미성년자의 음주도 허용되었는데, 연회에 불쑥 와서
는 3되(약 0.6ℓ)를 마신 14세의 용자도 있었다고 한다.[24] 성인 남성
인 경우, 한 번의 연회에서 1석石(약 20ℓ)을 다 마시면 진정한 주당
으로 인정받았다.[25] 전한 시대에는 술의 알코올 도수가 3~5%, 후한
시대에는 10%에 이른다고 하니,[26] 술 1석은 현재의 맥주 27병에 해
당한다.

술자리 예절

주당들이 맹활약하는 가운데, 술에 취했을 때의 행동거지에도 주
의가 필요하다. 일찍이 술을 마시고 즐거워하던 한나라 사람 진준
陳遵은 술자리 도중에 귀가하려는 사람을 보고는 그 사람의 마차
바퀴를 빼서 돌아가지 못하게 만들었고,[27] 후한 말의 정치가 유표
劉表는 만취한 사람의 얼굴을 침으로 찔러 진짜로 취했는지 확인했
다고 하며,[28] 후한 말의 장봉張奉은 술에 취하면 손님의 옷을 벗겨
아랫도리를 드러내도록 하고 놀려대는 버릇이 있었다고 한다.[29]
제갈량諸葛亮 또한 자기 자식을 혼낸 적이 있다고 하니, 역시 과음
은 좋지 않다.[30]

　억지로 술을 마시도록 강요하는 상사도 조심해야 한다. 황제나

왕 중에는 가신에게 단숨에 술잔을 비우도록 강요하는 사람도 있
는데, 그 때문에 목숨을 잃은 가신도 있다.[31] 전국 시대 조나라의 경
후敬侯는 며칠 동안 가신들과 술을 마셨다. 그런데 가신이 "더 이상
못 마시겠습니다."라고 하자 입에 대나무 통을 물리고 억지로 술을
흘려 넣었다고 한다.[32] 어떤 축하 자리에서는 신분이 낮은 사람이
신분이 높은 사람에게 한잔 쭉 들이키자고 하는 경우도 있는데, 신
분의 고하에 관계없이 이를 거절했다가는 분위기가 다소 나빠지
는 걸 피할 수 없다.[33] 얼마 전 일본에서 보았던 술자리와 비슷한 관
습이 고대 중국에도 있었던 셈이다.

　고대 중국의 술자리에는 일본과 다른 점도 있다. 특히 재미있는
사실은 고대 중국의 군주나 상사는 부하들에게 술을 강요할 뿐만
아니라 스스로도 솔선수범해 술을 마셨다는 점이다. 춘추 시대에
는 문제가 되는 발언을 하면 군주조차 스스로 벌주를 마셨다.[34] 쇼
와 시대昭和時代의 일본에서는 "술을 마셔!"라고 할 뿐 정작 자신은
별로 마시지 않는 상사가 있었다면, 중국에서는 고대부터 현대에
이르기까지 연장자나 상사가 모두 자진해서 술을 마신다는 점에
서 깔끔하다.

　아울러 눈치 빠른 상사라면 술을 못 마시는 부하를 위해 미리 식
혜(감주甘酒)를 준비해둔다. 전한 시대 초나라 원왕元王은 학자인
목생穆生과 술자리를 할 때면 술을 마시지 못하는 목생을 위해 항
상 식혜를 준비했다고 한다.[35] 그렇다고는 해도 그때 청량음료까
지 인정해줬는지는 알 수 없다.

　연회에 술과 안주가 차려지고 모두 자리에 앉으면 사람들은 바

로 술잔에 손을 대게 되는데, 그때도 규칙이 있다는 점에 주의해야
한다. 이런 술자리에서의 규칙을 '주령酒令'이라고 한다. 예를 들어,
연장자가 다 마실 때까지 동석한 젊은이는 술을 마시면 안 된다.[36]
개중에는 그다지 엄격하지 않은 연회도 있어서, 어떤 젊은이는 연
장자 옆에서 술을 마시면서 연장자가 마실 때마다 같이 술을 마시
고 있다. 그리고 연장자가 마시지 못하고 내뱉었을 때는 젊은이도
비슷하게 흉내를 내며 술을 뱉어낸다.[37] 어쩌면 젊은이는 연장자
가 멋있어 보여 흉내 내며 즐거워하고 있는 듯한데, 사실은 무례한
행동이다.

　주령이 엄격한 연회에서는 화장실에 가기 위해 잠시 자리를 뜰
수는 있어도[38] 술을 더 이상 못 마시겠다는 이유로 귀가할 수는 없
었다. 전한 시대에 주허후朱虛侯는 조정의 술자리 감독을 맡게 되
었다. 그는 미리 군법처럼 엄하게 주령을 수행하겠다고 선언했고,
이윽고 술에 취해 자리를 떠나려는 사람을 보자마자 뒤쫓아 가더
니 칼로 베어 죽여버렸다.[39] 이렇게 후들후들 떨리는 연회도 있으
니 고대 중국의 연회에 안이한 마음으로 참석하는 건 위험하다.

끝나지 않는 연회

연회가 한창인 가운데, 취객들이 집으로 돌아갈 준비를 하고 있다.
한밤중에 연회를 하려면 실내에 불을 계속 밝혀야 하는데[40] 그러

려면 비용이 많이 들어서 서민의 연회는 이른 시간에 열린다. 또 서민들은 시장 술집에서 마시는 경우도 많은데 저녁 6시쯤이면 시장도 문을 닫는다.

시장이 아닌 곳에 있는 술집은 영업시간의 제약이 없기 때문에 조금 더 마실 수 있었다. 그런 선술집은 돈벌이가 되기 때문에 복지 정책의 일환으로 자녀가 없는 노부부에게 영업을 허가해주었다.[41] 그 외에 농민 등이 성 밖에서 술을 파는 행위는 원칙적으로 금지돼 있었다.[42]

저녁 6시가 넘으면 도시 내부에서는 야간 통행 금지령이 내려졌다. 전한 중기의 장군인 이광李廣은 잠시 관직에서 물러나 있을 때 제멋대로 경호원과 야외로 나가 술을 마시다가, 귀가하던 경찰에 붙잡혀 구금되기도 했다.[43]

한밤중의 연회에는 불빛이 필요하다. 그 비용을 마련할 수 있는 부자나 관리에게는 오히려 지금부터 재미있어진다. 연회 중에는 해가 진 이후에도 끝날 기미가 보이지 않는 연회도 있다. 일찍이 전진前秦의 군주였던 부견苻堅(338~385년)은 낚시터 근처에서 연회를 열고 "오늘 연회는 누가 술에 취해 연못에 빠질 때까지 계속해보자."고 말했다.[44] 휴일만 되면 밤늦게까지 먹고 마시는 관리도 적지 않았다.[45] 뿐만 아니라 춘추 시대의 한선자韓宣子는 주연酒宴을 여는 동안 중간에 세 번이나 방을 바꿨다.[46] 그러니까 3차까지 술판을 벌였던 것이다. 6세기 시의 '술을 마시다가 방신芳晨(이른 아침)에 이른다'는 구절처럼 새벽까지 계속 술을 마시기도 했다.[47] 4세기에도 맑은 밤하늘 아래 미녀가 취한 채로 노래를 부르는 광

경을 곳곳에서 볼 수 있었다.[48]

　그러나 어떤 연회에서는 야반夜半(자정 무렵)에 불이 꺼짐과 동시에 짓궂게 장난을 치는 사람이 등장하기도 해서[49] 밤새 계속되는 연회치고 제대로 된 건 별로 없었다. 더구나 하룻밤이면 괜찮을지 몰라도 자칫하다가는 몇 날 며칠 동안 술을 마시기도 했다. 주지육림酒池肉林으로 악명이 높은 은나라의 주왕紂王은 7일 동안 계속 술을 마셨다고 한다. 그래서 전국 시대에 조나라 양자襄子가 닷새 동안 술을 마시고는 농담 삼아 그 일을 가신들에게 자랑했다가, 거꾸로 "은나라의 주왕처럼 되려면 이틀이 모자라네요."라며 비아냥거리는 소리를 들었다.[50] 군주가 되어서 열흘이나 술을 마시지 않고 지내기는 어렵다고 하지만[51] 역시 매일은 힘들 것이다.

숙취는 괴롭다

술을 마시면 알코올 성분이 몸에 흡수된다. 알코올은 간으로 가서 아세트알데히드가 되었다가 다시 아세트산과 물로 분해된다. 이때 독성이 있는 아세트알데히드가 간에서 처리되지 않고 혈액 속으로 유출되면 숙취가 생긴다. 아세트알데히드를 분해하는 효소에는 두 가지가 있는데, 제12번 염색체가 그중 하나를 좌우한다. 그런데 남중국 사람들의 20% 전후가 그 염색체의 변이형을 가지고 있기 때문에 술을 못 마시는 사람이 되기 쉽다.[52] 그렇다면 한나라 때 남중국에도 술을 못 마시는 사람이 많았을 가능성이 크다.

　연회에 참석한 사람들 중 일부는 만취했다가 숙취를 겪는다. 숙취는 정정酲 또는 조정朝酲이라고 부른다. 숙취가 다음 날은 물론 그 다음 날까지 가는 사람도 있어서 삼일복야三日僕射라고도 불렸다.[53] 홀로 되어 쓸쓸함을 한탄하는 여인의 심정을 '숙취가 있는 것처럼 마음이 괴롭다'고 노래한 시가가 남아 있는 걸 보면[54], 당시 사람들도 숙취에 시달렸음을 알 수 있다.

　숙취 때문에 그저 기분만 나쁘다면 행복한 편이다. 문제는 만취한 장군이 전투에 늦게 나타나서 참수당한 사례처럼[55] 일에 지장이 생긴다는 점이다. 너무 과음하는 바람에 연회 도중에 구토를 하는 사람도 있었다. 서로 친한 사이라면 자다가 구토를 해도 어쩔 수 없다 생각하고 넘어가겠지만[56] 정말 예전 일본의 대학생들과 다를 게 하나도 없다.

　남성뿐만 아니라 여성이 토하는 경우도 있었다. 개중에는 길가에 토해놓고는 혹시 독이 들어 있어서 그런 건지 의심이 들어 토사물을 핥아보고 "문제없군."이라고 말한 여성도 있었다고 전해진다.[57] 너무 호탕한 모습에 그저 입이 떡 벌어질 뿐이다.

　설령 길가에 토한다고 해도 한나라 때의 대도시라면 지면에 맨홀 같은 시설과 하수관이 갖춰진 곳도 있어서 토사물을 물에 흘려보낼 수 있었다. 물론 토하지 않을 수 있다면 가장 좋겠지만 말이다. 일단 화장실에 한번 다녀오자. 궁전에서 노상방뇨를 했다가는 유죄가 될 수 있으니[58] 화장실을 찾기로 한다.

화장실은 어땠을까?

한나라 때는 여러 종류의 화장실이 있었는데, 쪼그리고 앉는 형태가 많다. 그런 형태를 지금의 일본에서는 와시키和式(일본식)라고 부르지만, 한나라가 더 오래되었으니 사실은 한식漢式이라고 불러야 한다. 하지만 혼란을 피하기 위해 일단은 일본식이라 부르겠다. 하남성河南省 내황현內黃縣의 삼양장三揚莊 유적에서 출토된 화장실의 경우, 언뜻 봐서는 일본식인지 서양식인지 판단하기 어려워서 지금까지도 논란이 있지만, 필자가 보기에는 일본식이다. 만약 서양식이라고 한다면 사진(도판 10-7 왼쪽)에서는 발이 앞쪽으로 오게 되는데, 그러면 구멍 안쪽이 얕아 대변이 잘 흘러가지 않는다. 또 구멍의 너비가 37cm나 되어서 직접 앉으면 엉덩이가 떨어진다. 그러므로 일본식으로 보는 게 맞을 듯하다.(도판 10-7)

　한편 서양식 화장실로는 안길현安吉縣 천자호공업원天子湖工業園 초묘楚墓에서 출토된 옻칠 변기를 들 수 있다.(도판 10-8) 따라서 '양변기' 역시 정확성에는 의문이 남는다. 중국과 서양 중에서 어느 쪽의 기원이 오래됐는지는 앞으로 곰곰이 따져볼 필요가 있다. 변기에는 의자 형태 외에도[59] 바닥과 높낮이 차이가 없는 변기도 있었다. 이런 변기에 볼일을 볼 때는 엉덩이를 변기에 붙이고 양다리를 앞으로 뻗은 자세로 본다.[60] 고급 화장실 옆에는 배변을 한 후에 하체를 씻고 옷을 갈아입는 방도 딸려 있었다.[61] 그래서 화장실을 갱의更衣(옷을 갈아입다_옮긴이)라고 부르기도 했다.

　남녀 화장실을 확실히 구별하는 곳도 있지만 보통은 남녀 공용

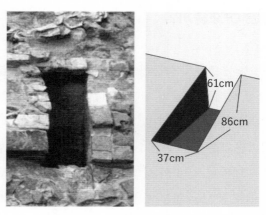

도판 10-7 한나라 때의 일본식 화장실 유적〔河南省
內黄三揚莊 출토〕

이었다.[62] 화장실을 건물 2층에 짓고 바로 그 아래에 돼지우리를
설치하는 형태가 많다. 즉 화장실 본체인 측厠과 돼지우리인 혼溷
이 일체형인 셈이다. 대소변을 보면 배설물이 변기에서 돼지우리
로 떨어진다. 돼지는 뭐든지 먹는 동물이기 때문에 배설물을 돼지
로 처리해서 남지 않도록 만든 구조다.[63] 돼지는 나중에 인간이 먹
을 수 있으니 훌륭한 먹이사슬이다.

　화장실은 고급이든 아니든 냄새가 많이 났다. 그래서 고급 화장
실에는 코를 막으라고 말린 대추를 비치해두기도 하고, 남쪽 지방
에서 나오는 향분香粉과 향수를 두기도 했다.[64] 이외에도 대변을
구덩이에 쌓아두었다가 나중에 논밭의 비료로 활용하는 형태의
화장실도 있었다.

　대저택은 집집마다 화장실이 구비되어 있었고, 도시에는 공중

도판 10-8 옻칠 변기〔安吉縣 天子湖工業園楚墓
출토〕

화장실인 민혼民溷이 있었다.(도판 10-9)[65] 형벌 중에는 화장실 청소
도 있었다고 하니 아마도 죄수들이 화장실 청소를 담당했던 것으
로 보인다. 화장실에는 개인실 형태도 있고[66] 한 방 안에 여러 개의
화장실이 구비되어 있는 형태도 있었다. 후자는 현대 중국에서도
볼 수 있는 니하오你好 화장실과 비슷하다. 니하오 화장실은 화장
실 사이에 벽이 없어서 사람들이 하반신을 노출한 채 얼굴을 마주
하는 화장실을 말한다. 한나라 사람들이 '부끄럽다'고 생각하는 포
인트가 지금의 일본인과는 크게 달랐던 듯하다.

　지금은 연회에 참석 중이니 연회장 안에 있는 화장실에 다녀오자.
현대 일본에서는 남자일 경우 서서 소변을 보는 게 일반적이지만,
한나라 때의 유물 중에 아직 서서 보는 변기는 발견되지 않았다.
　한편 현대 일본인은 대변을 보고 나면 비데를 사용하든 그렇지

도판 10-9 한나라 때의 공중화장실

않든 간에 누구나 마지막에는 화장지로 엉덩이를 닦는다. 하지만 당시에는 아직 종이가 귀중품이었기에 화장지는 없었고, 그 대신 사용한 목간을 재활용해 측주廁籌를 만들어서 사용했다. 측주는 목간을 꺾은 다음 끝부분을 불에 구워서 엉덩이에 묻은 대변을 긁어 낼 수 있도록 만든 것이다. 실제로 상구망탕한묘商丘芒碭漢墓에서는 돌로 만든 변기와 함께 측주도 출토되었다. 다만 측주가 부족한 경우도 있기 때문에 엉덩이에 물을 흘려서 손으로 닦는 사람도 있었을 것이다. 야간에는 이동식 대변기인 청기, 행청行淸과 이동식 소변기인 호자를 이용하는 사람도 있었다.(도판 10-10)[67]

도판 10-10　청자로 만든 남성 소변기 호자〔江蘇省
南京市 趙士岡孫吳墓 출토〕

화장실의 의외의 용도

화장실은 종종 역사를 움직이는 무대가 되기도 했다. 전한 시대에
쿠데타를 당한 여산呂産은 관사의 화장실로 도망갔다가 그곳에서
죽음을 맞았고,[68] 후한 말 조조曹操의 아버지 조숭曹嵩도 적에게 쫓
겨 화장실로 도망갔다.[69] 이처럼 궁지에 몰린 사람들이 줄줄이 화
장실로 도망간 이유는 많은 화장실이 돼지우리 위에 있다 보니 쉽
게 벽을 타고 외부로 도망갈 수 있기 때문이다. 후한 말의 장수 여
포呂布는 부하에게 습격당했을 때 실제로 화장실에서 지붕을 타고
밖으로 도망친다.[70]

　　이상과 같이 화장실은 냄새가 나고 돼지우리와 함께 있는 경우
가 많았다. 궁전의 한가운데에 화장실이 없었던 이유도 아마 그 때

문인 듯하다. 전한 시대에는 장안의 미앙궁, 후한 시대에는 낙양의 조당朝堂에서 회의가 열렸는데 회의가 길어질 때면 참석자들은 아주 곤혹을 치렀다. 황제 곁에는 요병尿瓶(요강)과 호자를 든 신하가 기다리고 있지만, 신하들은 화장실에 갈 분위기가 아니었던 듯하다. 고령이었던 장담張湛은 회의 도중에 소변을 지렸다고 한다.[71]

이때 화장실을 봤더니 어떤 사람이 끙끙 신음을 내고 있다. 변비 때문에 치질이 생길 수도 있으니 주의해야 한다. 당시 치질 치료법 중 하나는 다른 사람이 그것을 핥아주는 것인데 과연 누가 그렇게 해주겠는가.[72] 그렇다고 치질이 나쁜 것만은 아니다. 전국 시대에는 봄이 되면 황하에서 제사를 올릴 때 인간을 제물로 바치기도 했는데, 치질은 깨끗하지 못하다고 여겨 치질이 있는 자는 제물로 삼지 않았다.[73] 치질 덕분에 전화위복이 된 셈이다.

또 다른 화장실에 들어가려 했더니 그 안에서 헐떡이는 소리가 들린다. 아무래도 남녀가 안에서 사랑을 나누는 모양이다. 어떤 여성은 원래 비장脾臟에 병이 있었는데 화장실에서 격렬하게 사랑을 나누면서 땀을 많이 흘리는 바람에 그 자리에서 숨졌다고 한다.[74]

아무튼 진즉부터 시작된 연회가 몇 군데나 되다 보니, 술에 취한 사람들이 걸어서 귀가하기 시작한다. 지체 높은 사람과 부자들은 마차나 우차를 타고 집으로 돌아간다. 마차에 탄 취객들이 위태롭게 대로를 달리는 바람에 일부 보행자들로부터 빈축을 사고 있다.[75] 술에 취해 마차에서 떨어지는 사람도 있는데 의외로 크게 다치지 않는다고 한다.[76] 어쨌든 우리는 해가 진 거리를 조금 더 걸어 보기로 하자.

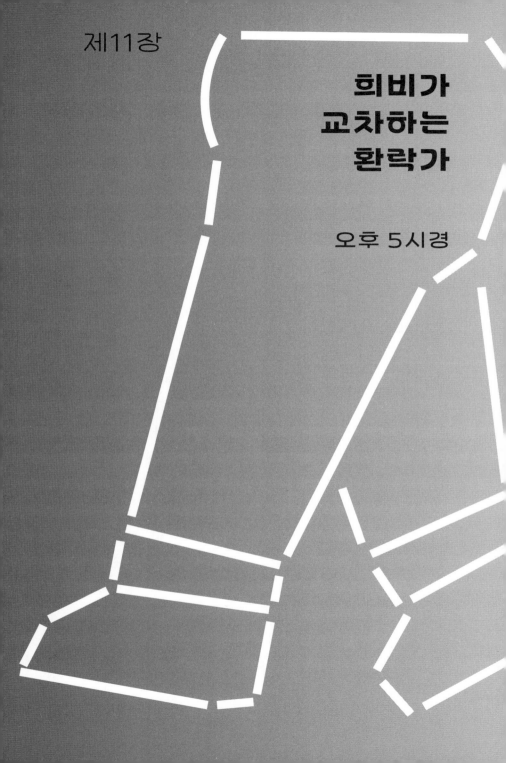

제11장

희비가
교차하는
환락가

오후 5시경

저녁의 환락가

석양이 내려앉는다. 한 여성이 창가에 기대어 멍하니 있다. 실연이라도 당한 걸까. 바로 옆에는 악기가 놓여 있고, 탁자 위에는 산나물처럼 보이는 것이 수북하다. 집 안이 휘황찬란한 걸 보면 고귀한 집안의 여성인 듯하다. 보통은 여기서 시라도 읽겠지만, 지금은 그럴 기분도 아닌 것 같다. 남편을 부임지로 떠나보내고 홀로 술을 마시는 여성이 어디 이 한 사람뿐이겠는가.[1]

문득 눈을 돌리면 골목 안에 있는 유곽遊廓 2층에도 비슷한 여성이 있다. 그녀는 서글픈 표정으로 창가에 서 있다. 고급 관리들이 드나드는 유곽인 듯하다. 혼잣말을 엿들어보니 "그 사람… 지금쯤 감천궁甘泉宮에서 시라도 읽고 있을까?"라고 중얼거린다. 감천궁은 수도의 이궁離宮(왕이 정사를 돌보는 궁궐 이외에 따로 지은 궁궐로 행궁이라고도 함_옮긴이) 중 하나다. 유곽의 여성이 황제와 접점을 가지고 있지는 않을 테니, 아무래도 그녀는 조정을 드나드는 관리에게 마음을 쏟고 있는 것 같다.

　상류층의 연회에는 미녀가 자리를 더욱 빛낸다.[2] 술자리에서 시중을 드는 예기는 부채로 얼굴을 반쯤 가리고 있는데, 그 모습이 한층 더 요염함을 자아낸다. 손님 옆에 늘 취향에 맞는 기녀가 앉는다고는 할 수 없다. 마음에 드는 기녀가 오면 남자는 술잔을 든다. 그리고 그녀도 술잔을 들어 답례를 한다. 이때 그녀의 마음을 얻을 수 있다면 대단한 일이다.[3] 아울러 시장의 술집에서도 미녀를 만날 가능성은 있다. 어느 귀인이 술집에 갔다가 아름답고 이목구비가 뚜렷한 십 대의 외국인 아가씨가 일하는 모습을 보고는 곧바로 수작을 걸기 시작한다.[4] 귀인은 마을에 아름다운 처자가 있다는 소리가 들리면 돈을 주고서라도 그녀를 손에 넣으려는 인간인 것이다.[5]

예기의 패션

유곽 1층에는 화려한 차림을 한 여성이 일렬로 서서 손님을 기다리고 있다. 저녁이면 그녀들은 화장을 고친다.[6] 후한 초기의 수도에서는 키 크고 늘씬한 미녀들이 인기가 많았다. 후궁 중에도 160cm가 넘는 장신의 미녀가 즐비한데, 특히 후한 시대에는 명제明帝의 마황후馬皇后, 화제和帝의 등황후鄧皇后, 영제靈帝의 하황후何皇后 등 키가 7척(약 161cm)이 넘는 황후들이 줄을 설 정도다. 전한 시대

도판 11-1 한대 장사왕후長沙王后 가문의 구리 향로
〔馬王堆漢墓 출토〕

에는 신분을 따지지 않고 궁녀가 될 수 있었던 데 반해 후한 시대가
되면 명문 집안에서 궁녀를 선택하는 경향이 강해진다. 그래서 과
연 외모나 체형을 얼마만큼이나 중시했을까 하는 의문도 들지만
어쨌든 황후들의 모습은 이러했다. 주위를 살펴보면 역시 160cm
가 넘는 미녀는 얼마 되지 않으며, 모두들 가느다란 허리를 꽉 묶어
서 더욱 가늘게 보이려고 노력하고 있다.

  예기는 연지를 찍어 볼은 발그스레하고, 예쁜 귀걸이를 했으며,
몸에서는 말할 수 없이 매혹적인 향기가 감돈다. 향나무에 대추가
약간 섞인 향이 풍기는 듯하다. 그녀들은 서양 향수처럼 무언가를
뿌리는 게 아니라 향나무를 태울 때 나는 연기를 옷에 쐬어 자극적
이지 않고 은은한 향기가 난다.(도판 11-1)

예기들은 손님이 다른 곳으로 가버리지 않도록 화장에 신경 쓴
다. 얼굴에는 분을 바르고, 눈썹은 깔끔하게 정돈한 다음 예쁘게 그
린다. 볼에는 붉은 연지뿐만 아니라 노란색 반짝이를 뿌리기도 한
다. 당시에는 매니큐어가 없었다. 후한 시대 여성의 명기明器를 보
더라도 손톱에는 특별히 기교를 부리지 않은 모습이다. 아마도 지
금만큼 손톱에 신경을 쓰지는 않은 듯하다. 발에는 따로 양말을 신
지 않고 맨발인 채로 천으로 만든 예쁜 신발을 신는다.

유녀는 모두 색채가 화려한 옷을 입고 있으며, 같은 옷은 거의 없
다. 아름다움을 겨루는 여성이라면 남과 같은 옷차림은 하기 싫을
게 분명하다.[7] 모두들 알록달록한 부채를 들고 긴 비녀를 꽂아서 미
모를 더욱 돋보이게 한다. 의상은 옷상자에 보관하는데, 어떤 여성
은 귀한 손님을 만나기 위해 유난히 아름다운 '얇은 비단 치마 수십
겹'을 입고 있다.[8] 마치 일본의 십이단十二單처럼 여러 벌의 옷을 겹
쳐 입고 있는 셈이다. 이제 드디어 손님을 받는 시간이 되었다. 우
리도 얼른 비집고 들어가 연회석에 껴서 잠시 즐기도록 하자.

가게에 들어서면 한 무리의 여성들이 반겨준다. 오동나무와 회
화나무가 심어진 중정을 지나 각각 방으로 들어간다. 어떤 손님은
그 자리에서 마음에 드는 예기에게 "오늘은 너에게 주려고 이걸 사
왔어."라고 말하며 선물을 내민다. 자세히 보니 대모玳瑁(바다거북
등껍질_옮긴이)를 조각해서 만든 비녀와 원앙 무늬가 있는 비단으
로, 모두 고급품이다. 그 예기는 내심 뛸 듯이 기쁘면서도 꾹 참고
는 점잖게 "고마워요, 감사해요."라고 조용히 속삭인다. 동서고금
을 막론하고 여성들은 유행하는 액세서리에 사족을 못 쓰는 모양

이다. 반대로 마음에 두고 있는 남성에게 선물을 주는 여성도 있다.
다들 상대에게 어울릴 만한 물건을 골라 선물한다. 어떤 남성은 사
랑하는 여성으로부터 꽃다발을 선물로 받는다.[9] 여하튼 두 사람을
방해할 수는 없으니, 잠시 2층 창문으로 눈을 돌려 환락가의 모습
을 바라보자.

퇴근한 관리는 어디로 갈까?

조정에는 퇴근 시간이 분명하게 정해져 있지 않다. 황제와 대화를
나누고 정책을 결정하는 고위 관리들은 황제가 퇴정해도 좋다는
명령을 내려야 비로소 귀가한다. 황제가 퇴정 명령 내리는 걸 깜박
잊고 연회라도 시작했을 경우에는 아무리 시간이 늦었더라도 귀가
할 수 없었다. 환하게 불을 밝히고 고즈넉한 궁궐 안에서 칙명을 기
다려야 한다.[10] 만약 황제가 참석하지 않은 회의라면 확실히 해 질
녘에는 회의가 끝나고, 논의할 일이 남았다면 다음 날 재개한다.[11]

그 외의 관리들은 아주 중요한 안건이 없는 한 이 시간쯤에는 이
미 일을 마치고 집으로 돌아가는 길이거나 어느 연회에 참석하고
있다.[12] 그중에는 '새벽에 바쁜 걸음으로 궁궐에 입궐하고, 저녁에
는 머리를 감고 교외에 있는 집에서 잔다'는 시가처럼[13] 저녁에는
자택에서 목욕하는 사람도 있고, '아침에 궁성에 들어와서 저녁에
는 숙직실로 간다'는 시가처럼[14] 궁중의 숙직 장소로 가는 사람도

있다. 이렇게 퇴근하는 관리들과는 반대로, 황제가 살고 있는 궁궐 내부인 금중禁中을 수비하는 황문랑黃門郎은 지금 시간부터 낙양의 청쇄문青鎖門으로 가서 야간 경비를 지휘한다.[15]

이윽고 해가 저물기 시작했다. 제국은 밤의 얼굴을 드러내기 시작한다. 궁궐 안 촛대에는 연달아 불이 켜진다. 수도의 큰 다리에도 불이 켜지고 문에는 빗장이 질러진다. 대도시에는 건업建業(현재의 난징 부근)의 남원南苑처럼 유곽이 늘어선 구역이 있어서 아내의 눈을 피해 대낮부터 향락에 빠지는 사람도 있다. 그래서 이 시간대가 되면 유흥가 곳곳에서 "해가 지기 전에는 귀가하시는 게 좋아요." 라고 하는 유녀들의 목소리가 들린다.

밤까지 노는 손님은 만취해 문제를 일으킬 수 있어서 조금 위험하다. 하지만 그런 손님들이 돈을 펑펑 잘 쓰기 때문에 유녀들은 손님을 위해주는 척하면서 단단히 붙잡고 놓아주지 않는다. 단, 유녀도 질투를 하므로 계집질도 적당히 하지 않으면 "교활한 놈[16]."이나 "멍청이[17]."라며 혼날지도 모른다.

고대 중국의 귀인들은 여러 명의 여자를 거느리는 게 보통이었다. 유부녀에게 손을 대면 분명 죄가 되지만, 본처 이외에 아내를 갖는 것은 법적으로도 인정되었다. 그중에는 관공서에 혼인신고를 하지 않고 아내를 맞이해 사실혼으로 살아가는 사례도 있었다.[18] 그러니까 너무 문란하게 놀아나면 안 되겠지만 자신의 권력과 재력을 바탕으로 여러 명의 여성을 부인으로 들이는 것은 별문제가 되지 않았다. 지금도 그런 사람들이 골목길로 몰려든다. 귀족 자제들은 비녀를 지르고 얼굴에는 분을 바르고 있어서 일본의 헤

이안平安 귀족과 조금 닮은 구석이 있다.[19]

예기를 둘러싼 싸움

장안의 유흥가는 사람의 왕래가 많은 대로가 아니라 대로에서 벗
어난 좁은 골목을 따라 발달했다. 그래서 유흥가를 협사狹斜라고도
부른다. 협사는 좁고 꼬불꼬불한 골목을 의미하는 말이다. 유흥가
의 기원은 전국 시대로 거슬러 올라가며, 국가가 공인한 유흥가를
가리키는 말인 여려女閭나 부려婦閭를 문헌 여기저기에서 찾아볼
수 있다. 귀를 기울이면 왁자지껄한 남녀의 말소리도 들리고 예기
들이 움직일 때마다 팔찌와 패옥이 짤랑짤랑 부딪치는 소리도 들
린다.

예기의 역사는 오래되었고, 술자리에서 음악을 연주하는 여성
과 몸을 파는 여성을 아주 명확하게 구분하기는 어렵다. 춘추 시대
말기에는 군대 내부에 위안 시설을 만들었다고 하는데 이것이 매
춘 시설의 기원이 아닐까 한다.[20] 또 한나라 때는 병사의 아내가 몰
래 전쟁터로 따라 가기도 했다. 아내라고 말은 하지만 정황상 이들
은 호적에 등록된 정식 부인이 아니라 내연 관계에 있는 여성이거
나 매춘부였다.[21]

술자리에서 시중을 드는 예기는 흔히 비천하다고 하지만[22] 아름
다운 예기는 항상 인기가 많았으며 진나라 때의 녹주綠珠처럼 후세

에 이름을 남기는 예기도 있다. 일설에 의하면 녹주는 갑부였던 석숭石崇이 과거 하노이 부근으로 출장을 갔을 때 그 미모에 대한 명성을 듣고 사들인 기녀라고 한다. 그렇다면 녹주는 동남아계 미인일 수도 있다. 또 후한 시대에는 황족인 유강劉康이 음악을 잘하는 기녀 송윤宋閏을 사랑했고, 나중에 황족인 유착劉錯도 그녀에게 빠졌다고 한다.[23] 이런 예기 쟁탈전은 한나라 때까지 거슬러 올라가며, 실제로 전한의 애제哀帝는 쓸데없이 예기를 둘러싼 다툼이나 일삼는 가신들의 모습을 보며 한탄했다고 한다.[24]

　　그러나 예기의 삶이 반드시 화려하지만은 않았다. 개중에는 부자에게 의탁해 기생의 신분에서는 벗어났지만 그 후에 울적하고 쓸쓸한 나날을 보내는 이들도 적지 않아서 '예전에는 유흥가의 여자, 이제는 방탕한 사람의 아내'라고 노래하는 슬픈 시가도 남아 있다.[25]

　　이후로도 예기의 역사는 계속되어 남북조 시대에도 많은 귀족들이 그녀들을 찾았다. 황실과 관계가 있는 귀인 유효작劉孝綽이 언젠가 예기와 하룻밤을 보내고 이른 아침에 슬그머니 일어나보니 건물 밖은 이미 출근길 관리들로 넘쳐나고 있었고, 그 모습을 본 동료 하손何遜이 유효작을 놀려댄 일도 있었다.[26] 어쨌든 위와 같은 찬란한 생활은 서민과는 전혀 관계가 없다. 저렇게 일 년 내내 여자와 놀 수 있는 사람들은 동서고금의 돈 많은 남자들 정도에 불과하다.

남녀의 성애

한 남성은 친구 집을 방문 중이다. 이 시간대가 되었는데도 주인과 손님들이 함께 게임에 열중한다. 아내도 어쩔 수 없이 게임판을 응시하고 있다. 손님들은 질 것 같은지 의자 팔걸이에 몸을 기대며 게임판으로 더 가까이 다가간다. 승부는 아직 계속될 것 같다.[27] 이런 게임은 돈을 걸면 불법이지만[28] 도박이 아니면 용인되었던 듯하다. 자세히 보면 이렇게 돈을 걸고 게임을 하고 있는 집이 한두 곳이 아니다. 이웃집으로 눈을 돌려보자.

몇 집 건너에 있는 집에서는 남녀가 알몸으로 얽혀 있다.[29] 경사스럽게도 오늘 결혼해서 첫날밤인 듯하다. 여자는 "집안일에 힘쓰고 부엌을 도맡아 훌륭한 아내가 되겠어요."라고 다짐했지만 안타깝게도 밤을 어떻게 보내야 할지는 갈피도 못 잡고 있다. 옷을 벗고 화장을 해서 어떻게든 남편을 기쁘게 해주고 싶어 하지만 과연 어떻게 될지 걱정이다.[30]

다른 집을 들여다보면 조금 전에 유곽에서 본 남자와 여자가 있다. 여자는 유곽에서 제일가는 미녀이고, 남자는 어느 관리다. 다음 날 아침 집에 들어가면 본처가 비아냥거릴 게 분명한데도 관리는 그에 아랑곳하지 않고 취했다는 핑계로 '외박'을 택한 듯하다. 손님이 있는 방에서는 비단으로 만든 장막과 커튼이 내려진다.[31] 그곳에는 베개와 이불이 준비되어 있다.

남자는 익숙한 솜씨로 여자의 옷을 벗긴다. 동시에 두 사람은 키스를 하기 시작한다. 키스는 연인 간의 애정 표현으로서 기원전부

도판 11-2 한대의 키스. 흙 인형陶俑〔四川省 瀘州市 合江縣漢墓 출토〕

터 동서양에서 해온 행위이다. 키스도 다양한데, 성관계 전에는 역시 딥 키스를 나눈다.(도판 11-2)[32]

이제 남자가 여자의 가슴께로 손을 뻗기 시작한다.(도판 11-3) 고대 문헌에는 여자의 가슴 크기에 대한 기록은 없으며, 남성이 가슴에 어느 정도로 페티시즘을 품고 있었는지는 알 수 없다. 하지만 남성이 여성의 가슴에 손을 뻗고 있는 석상도 있는 걸 보면, 아주 흥미가 많은 남자도 있었던 것 같다.

남자의 손은 아랫배 쪽으로 내려가 마침내 여자의 비부秘部 수풀에 이른다. 마왕퇴한묘에서 출토된 여성 미라를 보면, 미라에는 겨드랑이 털이 없어서 손질했을 가능성이 있으며 같은 곳에서 족집게도 발견되었다. 그러나 음모陰毛는 그대로 남아 있었다.[33]

도판 11-3 키스에서 애무로 (1941년 眉山市 彭山區 출토)

현재 일본 여성의 상당수는 겨드랑이 털을 깎거나 제모를 하는 반면, 현대 중국에서는 겨드랑이 털을 깎지 않은 여성이 꽤 많다. 하지만 이를 문화의 발전에 따른 현상이라고 단정할 수는 없다. 예를 들어 일부 할리우드 여배우가 패션의 일환으로 음모나 겨드랑이 털을 깎지 않는 것에 집착하듯이 털의 유무는 어디까지나 문화나 유행의 차이다.

그런데 한나라의 지식인들 사이에서는 방중술房中術이라는 것이 알려져 있었다. 방중술은 성교를 통해 불로장수와 건강 유지를 도모하는 기법 및 사상이다. 마왕퇴한묘에서는 『십문十問』, 『합음양合陰陽』, 『천하지도담天下至道談』, 『태산서胎産書』, 『양생방養生方』, 『잡료법雜療法』 등의 방중술 관련 서적이 출토되었다. 이 서적들에서는 여성의 음부를 모양과 색깔별로 분류하고 꽃과 동물을 방불케 하는 이름을 붙여 놓고 있다. 세세한 명명과 분류는 한나라 사람들이 여성의 성기에 대단한 관심이 있었음을 보여준다.

남자는 천천히 여자의 옷을 벗긴다. 앞서 언급한 것처럼 당시 여성들은 브라나 팬티를 입지 않았기에 공략이 용이하다. 고대 중국 남성이 구강 성교를 했는지는 분명치 않지만, 레즈비언은 서로 그렇게 했다고 알려져 있다. 당시에는 여성의 애액을 먹으면 건강해진다고 믿었기 때문에 남성이 여성에게 구강 성교를 했다고 하더라도 이상할 건 없다.[34] 만약 그렇다면 고대 로마인들은 여성에게 구강 성교를 하지 않았다고 하니,[35] 한나라 남성이 고대 로마인보다 여성에게 헌신하는 존재였다고나 할 수 있지 않을까? 여성이 남성을 위해 펠라티오를 했는지는 분명치 않지만, 『십문十問』에는 펠라티오로 보이는 기록이 있다. 물론 구강 성교에 대한 기록도 보인다. 실제로는 사람에 따라 다양했으리라 생각한다.

준비가 끝났다. 드디어 삽입이다. 섹스는 정상위나 후배위後背位뿐만 아니라 여성이 주도하는 기승위騎乘位도 이뤄졌다.[36] 마왕퇴 한묘에서 출토된 백서에 따르면, 당시에도 이미 남자는 물론 여자에게도 오르가즘이 있다는 사실이 알려져 있었다. 드디어 행위는 종반으로 치닫는다.

자위행위와 성기구

지금까지 들여다본 섹스는 상당히 능숙했다. 하지만 섹스가 잘 안 되는 경우도 있다. 진한 시대에는 남성 성기의 크기를 중요하게 생 각했는데 크기로 이름을 날린 대표적인 사람이 바로 노애嫪毐다. 노애가 성기로 바퀴를 들어 올린 일은 유명한 전설로 남아 있다. 그 와 반대로 크기가 작은 남성은 남몰래 열등감을 가졌던 것 같다. 위 진 시대의 어느 귀족은 아내를 맞아 섹스하려고 했지만, 그녀가 너 무 뚱뚱해서 삽입할 수 없었다. 그러자 그는 적반하장으로 "이 여 자에게는 성기가 없다!"고 우기며 이혼했다. 나중에 그녀는 무사히 다른 상대와 재혼했다고 하니 이 이혼은 전남편의 열등감과 초조 감이 원인이었던 듯하다.[37] 진상이야 어찌됐든 이런 일화는 고대 인들도 섹스에 대한 고민이 많았음을 보여준다.

　그렇다면 결혼할 나이인데도 상대가 없는 여성들은 어떻게 성 욕을 해결했을까? 대부분의 여성은 그런 생각을 하는 대신 서둘 러 이불을 뒤집어쓰고 잠을 잤을지도 모른다. 그러나 일부 여성들 은 몰래 자위행위를 했던 듯하다. 이렇게 말한 이유는 실제로 한나 라 때 여성의 묘에서 남성 성기 모양을 한 도구가 출토되었기 때문 이다.(도판 11-4) 병상에 몸져누운 여인이 가족이나 친구들에게 "내 가 애용했던 이것을 사후세계에서도 쓸 테니 꼭 무덤에 넣어달라." 고 유언하는 상황은 상상할 수도 없지만, 어쨌든 무덤에 그런 물건 들이 들어 있었다. 비슷한 물건이 출토된 사례가 또 있는데, 형태가 정교하고 크기도 딱 맞는 물건으로 궁녀의 개인 소지품으로 보고

도판 11-4 한나라 때의 장형張形〔滿城漢墓 출토〕

있다.[38] 궁녀는 황제 이외에는 남자와 만날 일이 없어서 잘못하면 평생 독신으로 지내야 했으니, 이런 물건을 노리개로 삼았을지 모른다.

궁녀들 중에는 레즈비언도 있었는데 그들이 이런 자위 도구를 사용했던 것으로 보인다. 도판 11-4의 장형張形(남성 성기 모양의 자위 기구_옮긴이)은 두 명의 여성이 동시에 즐길 수 있는 구조로 되어 있다. 이 밖에도 4세기 무렵의 소설에는 성적 욕구를 해결할 수 없어서 골몰하던 여성이 마음을 달래기 위해 아침저녁으로 술을 마시는 이야기가 나온다.[39]

남성들도 비슷한 도구를 사용했을 가능성이 있다. 왜냐하면 전한의 중산정왕묘中山靖王墓나 강도왕江都王 유비劉非의 묘인 간이대운산한묘盱眙大雲山漢墓는 물론, 노주瀘州 용마담구龍馬潭區 마사교한대서민묘麻沙橋漢代庶民墓에서도 유사한 도구가 발견되기 때문이다. 한나라 이후 자위 기구가 더욱 다양하게 변형되었고 명대

도판 11-5 섹스와 자위행위〔四川省 樂山縣
蔴壕崖墓 출토〕

에 이르러서는 각선생角先生, 광동인사廣東人事, 면령緬鈴 등의 단어
도 등장하는 등 이런저런 일에 사용되었던 모양이다. 도구가 없다
면 스스로 자위할 수도 있는데 도판 11-5의 왼쪽 사람이 바로 그런
예이다. 하지만 이 책에서는 더 이상 이런 문제에 주목하지 않겠다.
유감스럽게도 사료가 거의 남아 있지 않을 뿐더러 무엇보다 더 이
상 캐묻는 것은 그다지 보기에 좋지 않을 듯하다.

성애의 여러 가지 형태

남색男色도 있으며,[40] 그 상대를 연동孌童이라고 부른다. 춘추 시대
위나라의 영공靈公은 미소년인 미자하彌子瑕를 총애했다. 다만 연

애 감정도 외모에 좌우되었다. 어느 때는 미자하가 자신이 먹던 복숭아를 영공에게 건네자 영공이 기꺼이 그것을 먹었지만, 미자하의 외모가 시들해지자 영공은 갑자기 복숭아 이야기를 떠올리며 "군주에게 먹다 남은 복숭아를 내놓다니 괘씸하다."고 분노를 터트리고는 미자하에게 벌을 내렸다.[41] 이에 애가 타서 어떻게 대응할지 계책을 고민하는 미소년도 있었다.

초나라의 안릉전安陵纏은 왕의 사랑을 받았는데, 왕이 죽으면 자신도 죽겠다고 선언하여 더욱 사랑을 받았다. 전국 시대의 용양군龍陽君도 유명하다. 용양군은 위나라 왕의 총애를 받았는데, 어느 날 둘이서 낚시를 하러 갔다. 위왕은 물고기를 잡을 때마다 먼저 잡은 작은 물고기를 버렸다. 이를 본 용양군은 "왕이 금세 싫증을 내는 성격이니 나도 언젠가는 버림받겠구나." 하며 울었고, 그 후로 위왕은 용양군을 위해 미소년의 채용을 금지했다.[42]

연동은 모두 여성적이다. 예를 들어 용양군은 '요요한 도리桃李(복숭아와 살구_옮긴이) 꽃[43]'이라는 평가를 받았는데 도리는 원래 미녀를 가리키는 대명사다. 심지어 용양군 같은 사람들은 선녀에 비견될 정도의 외모라서 미녀를 한숨 짓게 만들었다고 한다.[44] 결국 그들은 마초 같은 남성이 아니라 여성스러운 미소년이었다. 한나라 때도 남색이 행해졌는데, 예를 들어 애제哀帝는 동현董賢을 총애했다. 동현은 종종 애제의 팔베개를 베고 낮잠을 잤는데, 애제는 동현을 깨우지 않으려고 일부러 소매를 끊고 침대에서 나왔다는 전설도 있다. 한나라 때 베개의 실물을 보면, 딱딱한 사각기둥 모양이라서 팔베개를 했다가 나중에 팔을 쏙 빼낼 수 있을 것같이 보이

도판 11-6 베개〔馬王堆漢墓 출토〕

긴 한다. 그래도 팔을 밀어 넣지는 말자.(도판 11-6) 참고로 남성끼리의 연애에서도 얼굴 취향은 사람마다 달라서 개중에는 못생긴 남자를 사랑한 왕도 있었다.[45]

　진한 시대에는 레즈비언도 있었다. 궁궐 후궁에 있는 사람은 황제를 제외하면 궁녀나 환관이 대부분이다. 그렇기 때문에 그곳에서는 궁녀끼리 혹은 궁녀와 환관 사이에 연애나 성관계가 이뤄질 수 있다. 궁녀끼리 부부가 되는 경우도 있는데, 그들이 서로 구강성교를 한다는 이유로 여자 커플은 '대식對食'이라 불렸다.[46]

　어쨌든 동성애가 그다지 차별받지는 않았으며, 동성 간에 섹스를 하는 사람이 평생 이성과의 섹스는 절대 하지 않았다고 하기도 어렵다. 오히려 남녀의 결혼을 보완하는 방식으로 동성끼리 성애를 나누는 경우도 있었으며, 적어도 상류 계급의 성애는 그 형태가 다양했다.[47]

　다만 불특정 다수와 벌이는 난교亂交나 수간獸姦 등은 인륜에 어긋나는 짓으로 간주됐다.[48] 근친상간도 하면 안 됐고, 사촌끼리 합

의하에 섹스를 해도 죄가 되었다.[49] 전한 시대 황실에는 성도착증
이 있는 사람도 있었다. 그는 사람과 짐승을 교합시켜 자식을 낳게
하겠다는 생각에 억지로 궁녀를 엎드리게 한 다음 양, 개와 교접하
도록 만들었다가 황제에게 벌을 받았다.[50] 또 벌거벗은 남녀가 어
울리는 그림을 실내에 걸어 놓고 숙부, 자매들과 감상하면서 술을
마셨다가 처벌받은 왕도 있다.[51]

제12장

가까운 사람들
사이의 유대와
다툼

오후 6시경

단란한 일가의 광경

날이 저물었다. 삼림 지대에서는 끼익끼익 하는 원숭이 울음소리
가 울려 퍼지면서 구슬픈 분위기가 감돈다.[1] 사람들은 농사일을 마
치고 집으로 돌아가고 있다. 사냥을 나갔던 사람들이 급히 현성으
로 돌아가려 하지만 이미 성문은 닫혀 있다. 경찰서인 정亭은 길을
따라 군데군데 흩어져 있는데 한 초로의 남자가 그 경찰서 관계자
에게 불려가 "원래 장군이었든 뭐였든 이젠 통행금지!"라며 야단
을 맞고 있다.[2] 그는 오늘 밤 정에 딸린 숙소에서 묵을 수밖에 없을
것이다. 대부분의 시장도 문을 닫았고 활기가 있는 곳은 특별히 열
려 있는 시골 야시장 정도밖에 없다.

　이 시간부터 현성 수준의 대도시에서는 주요 도로를 자유롭게
돌아다닐 수 없고 사람들은 각자 마을 안에 머물러야 한다. 마을 안
에서는 산책도 하고 음식도 해 먹을 수 있다. 가족끼리 단란한 시간

을 보내기 위해 집집마다 불을 지핀다. 낮에 일을 많이 한 사람은 비로소 목욕을 할 수 있다. 가족들이 따뜻한 목욕물을 준비한다. 만약 물이나 불씨가 없다면 옆집 문을 두드리면 된다.[3]

　마을 사람들 모두가 늘 사이좋게 지냈다고 할 수는 없다. 그중에는 한 마을에 살면서도 겉으로만 친구이자 지인인 면붕面朋이나 면우面友[4]도 있었을 것이다. 어느 집에서는 가족들이 불을 둘러싸고 앉아 이야기를 나누고 있다. 그 화제 중 하나는 인간관계에 관한 것이다.

　당시에는 한 가족이라도 남녀 사이에는 벽을 두고, 한자리에는 같이 앉지도 않으며, 옷걸이는 물론 빗이나 수건도 같이 사용하지 않는 게 예의범절에 맞는 행동이었다. 특히 동생과 형수는 불필요한 의심을 사지 않도록 서로 안부를 묻는 인사조차 하지 않았다. 그리고 밖에서의 일을 집안에서 화제로 삼지 않고 가정 내에서 있었던 일을 밖에 나가면 입에 담지 않는 것이 암묵적인 규칙이었다.[5] 그러나 실제로는 작은 집 안에서 남녀가 섞여 앉았고 밖의 일이든 집안일이든 가리지 않고 다양한 화제로 이야기를 나눴다.

마을 내부의 다툼

당시 인간관계가 깨지는 한 요인은 사람들의 다양한 가치관이 서로 충돌하기 쉽다는 데 있다. 예를 들어 옛 친구의 편의를 봐주려는 사람, 공공의 물건인데 여기저기 나눠주며 선심을 쓰는 사람, 봉록을 가볍게 여기고 사치를 일삼는 사람, 법을 어겨서라도 친족을 돕는 사람, 관직을 내던지면서까지 친구에게 헌신하는 사람, 지배받지 않기 위해 나라를 떠나는 사람, 분쟁만 일으키면서 명령을 어기는 사람, 은혜를 베풀어 대중에게 인기를 얻는 사람 등[6] 각자 서로 다른 신념을 가진 사람들이 종종 대립하는 일이 생긴다. 당시에도 지금처럼 이렇게 다양한 가치관이 공존하고 있었다.

이렇게 복잡한 인간 사회를 안정시키기 위해서는 일정한 질서가 필요하다. 그래서 맹자孟子는 "군자는 금수초목禽獸草木에게는 자애로운 마음인 애愛로, 백성들에게는 따뜻하게 헤아려주는 인仁으로, 친족에게는 친근한 마음인 친親으로 대해야 한다."고 말한다. 그러나 실제로 맹자의 말처럼 하기는 그리 쉬운 일이 아니며 상황에 따라서는 누군가를 따돌리는 일이 생기기도 한다. 전국 말기 진나라의 재판 문서를 보자.[7]

어느 마을에 사는 사람 20명인 갑甲들이 같은 마을에 사는 병丙을 현정으로 끌고 가 "병에게는 영독언寧毒言하는 버릇이 있습니다. 그래서 저희들은 병과 함께 식사를 하고 싶지 않기에 이를 호소하러 왔습니다."라고 말했다. 병을 심문하자 "제 외할머니는 욕설을 한 죄로 30세 즈음 마을에서 추방당했습니다. 저희 집에 제사가 있어서 초대를 했지만 갑은 오려고 하지 않았고 그들도 저를 제사에 초대한 적이 없습니다. 마을 제사에 모여 함께 식사할 때도 그들은 저와 식기를 함께 사용하는 걸 꺼려했습니다. 갑은 물론 다른 마을 사람들도 저와는 같이 음식을 먹으려 하지 않습니다. 저는 결코 영독언 같은 건 하지 않았고 그 밖에 어떤 죄도 짓지 않았습니다.”
라고 진술했다. 여기서 말하는 '영독언'의 의미로는 당시에 언령言
靈을 믿는 관습이 있어서 욕하는 사람을 두려워했다는 설과 남쪽
지방 중국인은 입안에 병원균이 있다는 전설에 근거해 입에서 나
오는 비말에 감염되는 걸 우려했다는 설이 있다. 어쨌든 이 이야기
에는 따돌림당한 남자의 비애가 숨어 있다.

　'천 명의 사람에게 손가락질을 받은 자는 병에 걸리지 않더라도
죽는다'는 당시의 속담처럼[8] 심한 따돌림이나 왕따는 당연히 비극
을 초래할 것이다. 설령 다툼이 일어난다고 해도 폭력은 금지되어
있기 때문에 현, 리의 관청에 호소할 수밖에 없다. 다만 당시에는
백성들도 칼을 가지고 다닐 수 있었으므로 일대일 결투가 일어나
기도 했고, 쇠뇌를 가지고 있는 집도 있었다.[9] 후한 시대 명기에도
칼을 차고 있는 농부 조각상이 있다. 그렇기 때문에 다툼은 심심찮
게 칼부림 사태로 발전했다.

　가족 사이에 다툼이 생기기도 한다. 당시 속담에도 '친아버지가
호랑이가 되고 친형이 늑대가 될 수 있다'는 말이 있다.[10] 다만 다
툼이 생겼을 때 상하관계에 신경 쓰지 않으면 큰 죄가 된다. 전국
시대 진나라의 법률에는 증조부모를 때리면 경성단춘黥城旦春에
처한다고 되어 있는데 경黥은 몸에 죄명을 문신으로 새기는 자자刺
字의 형벌이고, 성단춘城旦春은 중노동을 시키는 형벌이다. 만약 집
안의 노예가 불량한 태도를 보이는 경우라도 현縣 장관이 판결해
주지 않으면 함부로 노예를 죽일 수 없었다.[11] 이처럼 하루의 일이
끝나 집에 돌아가도 언제나 행복한 시간이 기다리고 있는 건 아니

었다. 한 지붕 아래서 서로 얼굴을 맞대기 때문에 가족과의 단란한 시간이 되는가 하면, 반대로 지옥 같은 시간이 될 수도 있었다.

당나라 때 9세대가 함께 모여 사는 대가족을 거느린 남자가 있었는데, 어느 날 황제가 그 비결을 묻자 그는 잠자코 인忍 자를 백 번 썼고, 그 모습을 본 황제도 눈물을 흘렸다고 한다.[12] 비록 시대가 바뀌었다고는 해도 대가족을 보듬기가 얼마나 어려운 일인지 단적으로 보여주는 사례라고 하겠다.

당시에도 문제였던 고부 갈등

한나라 때 여성들도 지금과 마찬가지로 종종 고부 관계와 부부 관계로 골머리를 앓았다. 며느리와 시어머니는 진짜 혈연관계가 아닌데도 집에서 늘 얼굴을 마주해야 하기 때문에 서로 맞지 않으면 하루하루가 지옥인데 도망갈 방법도 없었다.

한 여성은 남편에게 "저는 13세에 베 짜기를 배웠고, 14세에 바느질을 배웠으며, 15세에 공후를 다뤘고, 16세에 『시경詩經』과 『서경書經』을 암송할 수 있었습니다. 17세에 당신의 아내가 되었지만 마음속으로는 늘 슬프답니다. 당신이 관리가 되고 나서는 일에만 신경 쓰느라 저를 내팽개쳤기에, 저는 텅 빈 방만 지키고 앉아 있을 뿐 당신 얼굴을 마주할 기회도 거의 없었습니다. 닭이 울 때부터 베를 짜기 시작해서 밤늦은 시간까지 조금도 쉬지 않았고, 밤을 지새우며 사흘 동안 5필의 비단을 짜도 시어머님은 아직도 느리다며 탐탁지 않게 여깁니다.[13]”라며 한탄한다. 고부 갈등은 어느 시대나 심각하다.

물론 모든 고부 관계가 나빴던 것은 아니다. 한나라 때 주청周靑이라는 며느리는 시어머니에게 효도를 다했는데, 그 시어머니는 “나는 살 만큼 살았고 너희에게 계속 폐를 끼칠 수는 없다.”라고 말하며 자살했을 정도다.[14] 결과가 비극적이기는 하지만 며느리와 시어머니의 관계는 지나칠 정도로 좋았다.

또 어떤 과부는 시어머니가 재혼을 권했지만 시어머니를 계속 돌보겠다며 재혼 얘기는 더 이상 들으려 하지 않았다. 그러고는 계속 재혼하라고 하면 자살하겠다는 말까지 하며 28년간 죽은 남편의 어머니를 돌봤다고 한다.[15] 하남군河南郡 악양자樂羊子의 아내도 시어머니에게 정성을 다한 것으로 유명하다. 시어머니가 마당에 잘못 들어온 남의 집 닭을 잡아먹으려고 하자 그녀는 “저희가 가난해서 어머님을 남의 닭고기로 봉양하는 꼴이 되고 말았네요.” 하며 울음을 터트렸고 이를 본 시어머니는 결국 닭고기를 버렸다. 심지어 강도가 들었을 때는 몸을 던져 시어머니를 보호하다 결국 죽는 바람에 강도가 도망쳤다고 한다.[16]

이렇게 시어머니를 정성껏 모신 며느리가 있는가 하면, 며느리를 잘 보살폈던 시어머니도 있었다. 한 시어머니는 친정 제사를 도우러 가면서 저녁까지는 돌아오겠다고 말하고 집을 나섰다. 일을 마친 시어머니는 해 질 녘이 되기 전에 마을 근처까지 왔지만, 마침 그날이 축제일이라 며느리는 연회를 즐기는 중이었다. 자신이 있으면 며느리가 불편할 거라 생각한 시어머니는 마을로 들어가지 않고 마을 어귀에서 저녁까지 기다렸다고 한다.[17]

이처럼 사이가 좋은 며느리와 시어머니도 있었다. 그러나 이런 이야기를 특별히 사료에 기록으로 남겼다는 사실은 역시 이런 고부 관계가 이례적이었음을 의미한다. 더구나 한나라 때는 며느리가 시부모에게 막말만 해도 참수형이었고, 며느리가 시어머니를 관부에 고소를 해도 아예 받아주지 않는 게 보통이었다.[18]

무너지는 부부 관계

고부 관계뿐만 아니라 소중한 부부 관계마저도 권태기가 되면 균열이 생기기 마련이다. 예를 들어 아내가 남편을 편하게 '당신卿'이라고 부르는 가정도 있었다. 남편이 "그렇게 부르지 마시오."라고 하면 아내는 "당신과 친밀하고 당신을 사랑하니까 당신이라고 부르는 거예요. 내가 당신을 당신이라고 부르지 누가 당신을 당신이라고 부르겠어요?"라고 하는 식이었다.[19] 당시 속담에 '잘 잊어버리는 사람은 이사할 때 아내조차 잊어버린다'는 말이 있는데[20] 이쯤 되면 그저 단순한 농담으로 들리지 않는다. 가정에 오만 정이 다 떨어진 남자의 고뇌가 보인다고나 할까.

한편 남편이 멋대로 딸의 혼사를 결정한 데 대해 아내가 불평을 토로하자, 남편이 "아이와 여자가 왈가왈부할 일이 아니다.[21]"라고

한 사례도 있다. 참으로 주인 나리가 좋아할 만한 대사가 아닐 수
없다. 또한 전국 시대의 열자列子는 가난하게 살았는데, 어느 날 군
주가 열자에게 선물을 했다. 그런데 웬걸 열자는 이를 받지 않았다.
열자의 아내는 가슴을 치며 열자에게 원망을 늘어놓았지만 열자
는 "주군은 누가 말해서 선물한 것이지 스스로 주고 싶어서 선물한
게 아니오. 그런 선물을 받으면 미움을 사게 되니 받아서는 안 되
오."라고 말했다.[22] 역시 열자는 자신의 철학을 관철한 대단한 사람
이다. 하지만 아내의 입장에서는 그런 사정 따위는 모르겠고 어떻
게든 선물을 받아서 가계가 윤택해지길 바랐을 것이다.

　부부 관계를 껄끄럽게 만드는 원인은 이 밖에도 많다. 전한 시대
정치가 주매신朱買臣은 젊었을 때 가난해 장작을 팔아서 살았는데,
장작을 파는 중에도 책을 소리 내어 읽기 일쑤였다. 마치 일본의 니
노미야 킨지로二宮金次郎(일본 에도 시대의 행정가로, 장작을 짊어지고
책을 읽음_옮긴이) 같은 모습이다. 그러나 아내는 도무지 출세도 못
하는 주제에 계속해서 촌스럽게 소리 내어 읽는 남편에게 싫증을
느껴 끝내 이혼을 신청했고 주매신도 이를 받아들인다.[23]

　바람기도 부부 관계가 무너지는 원인 중 하나다. 앞에서 말했듯
이 당시에는 남녀 불문하고 수작을 걸 수 있는 데다 상대가 기혼인
지 아닌지는 따지지 않았기 때문에 결과적으로 바람피우는 일이
생기기 쉬웠다. 특히 난봉꾼인 남편이나 남자친구가 문제다. 아이
를 낳은 아내를 내버려두고 새로운 여성과 정을 통하는 남편도 있
어서 아내는 초조함을 감추지 못한다. 그녀는 상황이 이러한데도
불성실한 남편을 계속 '서방님君'이라 부르고 남편의 남성 친족을

'아주버님兄'이라 불러야 할지 새록새록 의문이 들었다.[24]

  그중에는 포용력 있는 여성도 있다. 어떤 여성은 이른 아침부터 베 짜기를 하던 중이었는데 아침이 되어서야 남편이 귀가를 했다. 그런데도 그 여성은 바람둥이 남편을 위해 새로 밥상을 차려주며 앞으로도 함께 잘 살아가자고 했다고 한다.[25] 그러나 이런 여성은 좀처럼 없으며, 실제로는 "기루妓樓에 있는 여성과 바람둥이의 아내 중에서 누가 더 행복할까?"라며 번민하는 여성이 더 많았을 것이다.[26]

  물론 여성이 상간 남성을 끌어들이는 경우도 있었다.[27] 두 남성이 한 여성을 두고 싸우다 상해 사건으로 비화되기도 한다.[28] 실제로 한나라 때는 남편이 자신의 부인과 관계를 가진 남자의 얼굴을 칼로 베어버리는 사건이 있었다.[29] 이 밖에도 부인을 빼앗은 존재가 알고 보니 뱀의 신이었고, 나중에 남편에게 죽음을 맞이했다는 전설도 있어서,[30] 이제는 사신邪神을 무서워해야 할지 인간을 무서워해야 할지 알 수 없게 되고 말았다. 또 남편이나 시부모의 장례식 중에 그 관 옆에서 남편이 아닌 남성과 관계를 가진 여성도 있었다. 어쨌든 법률에서는 부정한 짓을 했어도 현행범일 경우에만 유죄로 인정되었던 것으로 보이며, 그러다 보니 부정한 짓을 저지른 당사자는 그런 일을 완강히 부인한다.[31]

  사실 최근의 연구에 따르면 불륜을 저지를지 말지는 그 사람의 유전자에 좌우되기 때문에 아무리 선악을 강조하고 벌칙을 강화하더라도 근절할 수는 없다.[32] 결국 불륜은 정의나 윤리의 문제로 처리할 수 없다는 말이다. 마찬가지로 고대 중국에서도 불륜은 사라지지 않았으며, 실제로 당시 사람들도 서로가 불륜하고 있지는 않은지 의심을 품고 있었다.

　설령 성실한 남성이라도 혼자서 부임지로 떠나 있으면 주위에서 수상한 시선을 받는 것을 피하기 어려웠다. 예전 어떤 남성은 혼자 부임 중이었는데 옷이 해졌어도 스스로 바느질을 못해 곤란한 상황이었다. 그 모습을 본 이웃집 부인이 도와주겠다고 하자 그 남성은 별 생각 없이 옷 수선을 맡겼는데, 나중에 그 부인의 남편에게 의심을 사면서 큰일이 되고 말았다.[33] 또 다른 남성은 이웃집 아내가 죽었을 때 단지 눈물을 흘렸을 뿐인데 주변에서 그녀가 살아 있었을 때 서로 무슨 관계였는지 의심받았다.[34] 지금이나 옛날이나 주위 사람들의 시선은 사람을 참 성가시게 만든다. 사정을 제대로 알지도 못하면서 자신의 좁아터진 가치관을 사실인 양 퍼트리고 다니는 사람들의 모습은 요즘 SNS에 올라오는 글과 다르지 않다.

　어떤 부부가 낮에 참배하기 위해 묘소에 들렀다. 아내는 건강하고 재앙이 없고 삼베 백 다발을 얻을 수 있게 해달라고 소원을 빌었다. 그러자 남편이 "무슨 소원이 그거밖에 안 돼?"라고 핀잔을 주자, 아내가 "그 이상이 되면 당신이 첩을 들일지도 모르잖아요."라고 답했다고 한다.[35] 부부라고는 해도 상대를 계속 신뢰하기는 쉽지 않은 일이다.

불효와 이혼의 여파

이러한 여러 문제를 거치다 보면 마침내 이혼 이야기가 나온다. 그러다가 아내에게 폭력을 행사하는 남편도 생긴다. 만약 아내가 흉포하다면 남편은 아내에게 매질을 할지도 모른다. 그런데 그런 이유로 매질을 했다면 남편은 무죄였다.[36] 반대로 아내가 남편을 때리면 유죄였으니[37] 여기서 남편의 뜻만 존중하고 부인의 사정은 하찮게 여기는 부존부비夫尊婦卑 사상을 엿볼 수 있다.

요즘에도 자주 하는 소리지만 이혼은 결혼보다 더 힘들다. '이혼'이란 말이 등장하는 것은 위진 시대인데, 그 이전에도 이혼은 있었다. 이혼하는 이유는 다양했으며, 어떤 사료에는 부부 간의 가치관 차이 때문에 이혼하면서 재산 분할이 문제가 된 사례가 나온다. 그리고 이혼하려면 부부가 함께 관청에 신청을 해야 했다.[38]

이혼은 법률상 '기처棄妻, 즉 처를 버리는 것'이라고 불렸고 이혼녀 역시 그렇게 불렸다. 한번 이혼이 성립되면 그때부터 두 사람은 완전히 남남이 된다. 그래서 만약 그날 밤 전남편이 전처를 덮친다면 강간죄로 취급된다.[39]

이혼을 하고 나서 가난해지는 걸 피하기 위해 미리 비자금을 모아두는 아내도 있다. 전국 시대에 어떤 사람은 딸을 시집보내며 "꼭 다른 사람 몰래 비자금을 모아둬야 해. 결혼했다가 쫓겨나는 게 다반사 않니? 마지막까지 백년해로하는 건 바라기 힘든 행운이란다."라고 조언한다. 나중에 그 며느리는 뭘 감추고 있다며 시어머니에게 의심을 받아 결국 이혼했는데, 그때 이미 며느리의 재

산은 두 배로 불어 있었다고 한다.[40] 이 이야기가 사실인지 아닌지
는 알 수 없지만 충분히 있을 수 있는 일이다.

　그렇다면 이혼은 어떤 때에 성립된 것일까? 우선 주의해야 할 것
은 아내와 이혼할 수 없는 3가지 조건, 즉 삼불거三不去가 있었다는
점이다.[41] 삼불거는 시부모가 돌아가셨을 때 아내가 제대로 상을
치른 경우, 일찍이 함께 고생을 했고 그 결과 지금은 부유해진 경
우, 이미 친정이 사라져 돌아갈 집이 따로 없는 경우를 말하며 그럴
때는 남편이 아내와 이혼하기를 원하더라도 웬만해서는 주위에서
받아들이지 않았던 듯하다.

　반대로 아내와 이혼할 수 있는 7가지 조건, 즉 칠거七去는 ①아이
가 생기지 않는 것 ②아내가 음란한 것 ③아내가 시부모에게 순종
하지 않는 것 ④아내가 수다스러운 것 ⑤아내에게 도벽盜癖이 있는
것 ⑥아내가 쉽게 질투하는 것 ⑦아내가 병든 것이다. 여기에 아내
가 남편을 공경하지 않는 것도 이혼의 큰 원인이 되었다.[42]

　특히 아이가 생기지 않는 것이 중요했는데, 설령 아내가 미인에
다 마음씨가 좋고 일을 열심히 하는 사람이더라도 이혼당할 가능
성이 컸다.[43] 삼국 시대 조식曹植도 '자식이 없으면 친정으로 돌아
가는 게 좋다. 자식이 있는 아내는 하늘에 빛나는 달과 같지만 자식
이 없는 아내는 별똥별처럼 그곳을 떠나는 법'이라고 노래했다.[44]
당시 사람들이 이렇게 생각한 이유는 본래 결혼이 시댁에 자손을
남기기 위한 의례였기 때문이다. 이혼할 때 자녀의 친권을 두고 부
부끼리 다투는 현대의 상식은 사실 그렇게 오랜 역사를 가지고 있
지 않다.

　　원래 유학儒學에서 말하는 불효는 부모를 효성으로 봉양하지 않는 것을 말하며 구체적으로는 게으름을 피우는 것, 도박·내기·술에 의존하는 것, 돈벌이에 몰두하며 처자식만 떠받드는 것, 욕심으로 분란을 일으켜 부모를 수치스럽게 하는 것, 싸움·말다툼으로 부모를 위태롭게 하는 것 등을 가리킨다.[45] 당시 사람들은 아무리 땅을 갖고 있든, 미모의 아내가 있든, 천자가 되었든 간에 부모의 마음에 들지 않는다면 의미가 없다고 여겼다. 그중에서도 자손을 남기지 못하는 것이 가장 큰 불효였다. 물론 의학적으로는 불임의 원인이 반드시 아내에게 있지는 않지만 당시에는 아내의 책임으로 돌리는 경우가 많았다.

재혼의 이모저모

그 외에도 이혼한 사례는 많이 있다. 후한 시대에 등원의鄧元義라는 사람이 있었는데, 그의 아버지인 등백고鄧伯考는 정부의 고위 관료였다. 언젠가 등원의가 고향으로 내려갔는데 그때 아내가 남아서 시어머니를 돌보게 되었다. 하지만 시어머니는 아내를 괴롭히면서 방에 가둬놓고 식사도 제대로 주지 않았다. 이를 알게 된 등백고는 며느리를 친정으로 돌려보냈고, 머지않아 그녀는 정부의 고위 관리와 재혼했다.[46]

　　반대로 아내가 이혼하자는 말을 꺼내는 예도 없지 않다. 전한 시대에 회남왕淮南王의 태자는 석 달 동안 태자비와 잠자리를 같이 하지 않아 두 사람은 이혼했다.[47] 이는 아내가 남편에게 이혼하자는 말을 꺼낸 사례다. 물론 그 말을 따라 남편이 이혼해준 것이긴 하지만 말이다. 또 어떤 아내는 불륜을 저지른 남편에게 격분해 "남자는 마음가짐이 중요해. 돈 따위는 필요 없어."라고 말하며 이혼했다.[48] 아내가 병들어 친정에 갔다가 요양이 길어지면서 그대로 이혼한 사례도 있다.[49] 만리장성을 경비하기 위해 파견되는 사람은 처자식을 집에 두고 가야 했는데 그 파견 기간이 너무 길었다. 그러다 보니 어떤 남편이 "제발 재혼하고 나를 기다리지 마."라고 하면서 아내에게 재혼을 권하기도 했다.[50]

여성의 재혼에는 상당한 장벽이 있었다. 남편의 성격과 행동에 문제가 있더라도 이혼하지 않고, 남편과 사별했을 경우에는 재혼하지 않는 것을 미덕으로 꼽았다.[51] 하지만 실제로는 전한의 공신인 진평陳平의 아내는 결혼할 때마다 남편을 잃고 다섯 번째로 평생의 반려자인 진평을 만났다.[52] 이처럼 서민들에게는 유학에서 말하는 예의보다는 실생활을 살아가고 후손을 번영케 하는 것이 더욱 중요했다.

아무튼 가족끼리 단란한 시간 혹은 가족회의 시간은 이제 곧 끝난다. 두 시간으로는 너무 짧은 감도 있지만 벌써 날이 저물고 주변은 어두워졌다. 등불을 켤 재료도 없고 그런 걸 준비할 돈도 없는 가정에서는 이제 잘 준비를 하는 수밖에 없다.

제13장

취침 준비

오후 7시경

늦은 밤까지 불을 밝히고 일하는 여성들

부부 중에는 한밤중까지 함께 밭일에 정성을 쏟는 사람도 있다.[1] 주위는 어둑어둑해져서 손발 바로 밑도 잘 보이지 않는 정도니, 적당히 하고 돌아가는 게 좋을 것 같다. 이 시간대는 '야식夜食' 또는 '석식夕食'이라고 불리며, 하루 세끼를 먹는 사람이라면 이때쯤 세 번째 식사를 한다. 하지만 가난한 집에는 등불도 없으니 이제 잘 준비에 들어간다.

　여성 중에는 이 시간대에도 집에 가지 않고 밭일에 열중하는 사람도 있다. 더구나 당시에는 적지 않은 여성이 남편과 함께 농사일을 한 후에도 베 짜기와 육아를 하거나 가족의 밥상을 차리는 등 바쁜 나날을 보냈다. 그렇다고 그녀들이 멀티태스킹에서 남성보다 더 우수한 능력을 가진 것은 아니었으며[2] 그럼에도 그 많은 일을 해낸 것은 순전히 노력의 결과였다. 보통 남편 옷은 아내가 만들기

도판 13-1 베 짜는 모습. 화상석 탁본 모사〔江蘇省
銅山縣 洪樓村 출토〕

때문에[3] 농번기가 되면 아내는 고생이 많았다. '아내는 시린 손으
로 새벽부터 밤까지 베를 짜네'와 '차가운 베틀은 새벽녘이 되어도
쉴 새가 없네'라는 시가의 내용처럼 여성들은 한밤중까지 베를 짜
기도 했다.[4](도판 13-1).

　어두워진 방 안에서 일을 계속하려면 등불이 필요하다. 궁궐에
는 아름답고 정교한 등불이 있어서 빛의 양까지 조절할 수 있었다.
예를 들어 '양신가陽信家'라는 글자가 새겨져 있는 등불을 보자. 그
등불은 무제武帝의 누이인 양신공주陽信公主와 관련된 물건으로 보
인다.(도판 13-2) 이 등불은 황실 관계자들끼리 주고받은 선물로, 부
품 하나하나마다 조그맣게 이름과 숫자가 새겨져 있다. 언뜻 보기
에는 뛰어난 장인이 만든 독창적이고 훌륭한 제품처럼 보이지만
사실 각각의 부품은 모두 대량으로 생산된 것이며, 그 부품들을 조

도판 13-2 등불〔河北省 滿城漢墓 출토〕

합함으로써 독자적인 색깔을 내고 있다.[5]

등불에 연료를 넣고 거기에 난초 진액을 슬쩍 넣어두면 방 전체에 난초 향기가 퍼진다.[6] 연료로는 주로 우지牛脂 등의 기름을 사용했는데, 가격이 상당히 비쌌다. 그래서 기름 대신 한 자尺(약 24cm) 정도 길이의 싸릿가지를 사다가 꺾어서 태우기도 했다. 그때도 이미 초와 비슷한 물건이 있었던 듯하다.[7]

당시 시가에 '궁핍해 늦은 밤에도 등불 없이 베를 짜며[8]'라고 한 것처럼 등불을 사용하려면 적지 않은 금액이 필요했다.

그래서 마을 여성들은 밤늦게 베 짜기 등의 일을 할 때는 큰 방 하나에 모여서 일했다.[9] 그래야 등불 켜는 비용을 줄일 수 있기 때문이다.(도판 13-2) 물론 참가한 여성 모두가 똑같은 비용을 낼 만한 형편은 아니었기에 비용 문제로 서로 다투는 경우도 생긴다.[10] 그런 분쟁을 방지하려면 어떻게든 서로 잘 의논해서 협력해야겠지만 '죄수의 딜레마prisoner's dilemma(서로 협력하지 않아 상대방은 물론 자신에게도 손해가 되는 선택을 하는 상황_옮긴이)'에 빠지는 여성도 있었다.

이렇게 서로 다투는 과정에서 여성만의 커뮤니티가 만들어지고, 연장자는 젊은 사람에게 기술을 지도해준다. 귀족 여성으로, 13세 즈음부터 베 짜기를 익히고 14세에 바느질을 배우며 15세에 악기를 다루고 16세에 『시경詩經』과 『서경書經』을 암송할 수 있다면 완벽하다고 할 수 있다.[11]

여성들은 자진해서 상부상조하는 모임을 만들기도 했는데, 대표적으로 돈을 갹출해서 장례비를 마련한 사례가 있다. 이렇게 스스로 결성한 상부상조 모임을 '단單'이라 부른다. 단은 반드시 어느 종족 또는 어느 마을 사람 등으로 분명하게 구분되지는 않았다.[12] 단을 만들고 나서 내야 하는 돈은 지금 일본의 상조회비나 마을회비처럼 성가신 지출이기는 하지만 '만약'의 경우에는 도움이 되었다. 고대 중국처럼 전쟁이나 천재지변의 영향을 크게 받는 사회에서 이런 모임은 반드시 갖추어야 할 보험이었고, 이런 결속을 바탕으로 여성들은 서로 사이좋게 지낼 수 있었다.

연인에게 편지를 쓰다

여성 중에는 이 시간쯤에 출장 간 남자친구나 남편에게 편지를 쓰는 사람도 있다. 당시에는 종이가 별로 보급되지 않아서 종이라고 해봐야 한약을 싸는 포장지 정도나 볼 수 있을 뿐이었다. 그래서 종이 대신 목간이나 죽간, 또는 비단에 글을 썼다.

한 귀부인이 시녀에게 불을 비추도록 하고 편지를 쓴다.[13] 빨리 답장을 받고 싶은 마음에 편지 말미에 '물물勿勿(빨리 답장을!)'이라는 말을 덧붙인다. 하지만 아무리 길게 잡아도 남북조 시대가 되면 '물물'이 원래 무슨 의미였는지 아는 사람은 거의 없었다.[14] 현대인들이 무슨 뜻인지도 모르면서 '경구敬具(삼가 아룁니다)'라는 말을 쓰는 것과 마찬가지다.

모든 여성이 글을 쓸 수 있지는 않았다. 상류층 출신 여성들조차 가장 우선으로 해야 할 일은 옷을 짓는 기술이었으며, 학문을 우선하면 야단맞았다.[15] 앞에서 말한 것처럼 16세에 책을 읽게 해주는 것도 대단히 좋은 일이긴 하지만, 그것도 어디까지나 베 짜기와 음악에서 제 몫을 할 수 있게 된 이후의 일이었다. 따라서 실제로 여성의 편지는 대필인 경우가 많다.

아무튼 개인적인 편지는 친구에게 맡기도록 하자. 국가의 우편 시설인 우郵는 오직 중앙과 지방의 관공서를 연결하는 역할을 하며, 임금의 조서라면 모를까 개인의 편지를 배달해주는 일은 전혀 하지 않았다.[16] 그래서 홀로 부임지에 있는 남편에게 편지를 보내고 싶다면 그 지방으로 갈 사람을 찾아서 편지를 전해달라고 부탁해야 했다. 한편 당나라 때는 전서구傳書鳩(편지를 보내는 데 쓸 수 있도록 훈련된 비둘기_옮긴이)를 활용하기도 했는데,[17] 진한 시대에는 그런 예가 없었다.

일단 편지를 보낸다고 해도 그 편지가 제대로 상대방에게 전달

될지는 알 수 없다. 또 설령 도착한다고 해도 답장을 받기까지 몇 달이나 걸릴지도 모르는 일이었다. 그런 가운데 주고받는 편지는 지금과는 비교할 수 없을 정도의 의미를 가졌다.

목욕하고 취침 준비

늦은 밤까지 하던 일도 적당히 정리하고, 이제는 슬슬 잘 준비에 들어가도록 하자. 해가 지고 주위는 밤의 어둠에 휩싸이기 시작한다. 길에서 스쳐 지나가는 사람들의 얼굴조차 흐릿하게 보인다. 예로부터 일본에서는 행인에게 "당신은 누구입니까?"라고 물어야 한다는 뜻으로 막 해가 진 시간인 황혼을 '거기 누구야誰そ彼, たそがれ'라고 부르는 경우가 있는데, 참으로 절묘한 표현이다.

이 시간대에 성 밖을 다니는 행동은 위험하기 짝이 없으며, 성 안에서도 통행이 제한되어 있어 길거리에는 더 이상 민간인을 찾아보기 힘들다. 농민들도 하던 일을 그만두고 집집마다 올라오는 연기와 불빛을 길잡이 삼아 집으로 돌아간다. 어떤 아이는 집 앞에 앉아서 부모가 돌아오기를 기다리기도 한다.[18] 나그네도 더 이상 갈 길을 재촉하지 않고 여관에 체크인을 하고 늦은 저녁식사를 한다.[19] 다른 사람들은 잘 준비를 하거나 이미 자는 사람도 있다.

지금쯤에는 집집마다 목욕을 하거나 머리를 감는 사람이 있다. 목욕을 한 후에 머리가 젖은 채로 잠이 드는 사람도 있지만[20] 감기에 걸리지 않도록 머리는 꼭 말리는 것이 좋다. 욕조에 몸을 담그는 사람도 있었던 듯하다. 군주의 목욕탕은 상욕尚浴이라는 관리가 담당했는데 만약 욕조에 작은 돌멩이라도 들어 있었다가는 벌을 받았다.[21]

　앞에서 건물 구조에 대해 설명했듯이 목욕하는 장소는 대개 화장실 바로 옆에 있다. 그래서 그곳에는 악취가 가득했다. 목욕할 때는 방 안에 있는 물통을 써서 머리부터 뜨거운 물을 뒤집어쓴다. 당시에는 화장지가 없다 보니 화장실에서 대변을 본 사람도 하반신을 청결하게 유지하기 위해 목욕하는 방에서 물로 일일이 몸을 씻었다. 그래서 화장실과 목욕하는 장소가 인접해 있는 경우가 많았다. 당시의 욕실은 이런 악취 때문에 오늘날 욕실처럼 편안한 환경은 아니었던 것으로 보인다.

　목욕하는 빈도도 사람에 따라 다양하다. 제6장에서도 언급했듯이 특급 관리는 관사에 머물면서 대략 닷새에 한 번씩 휴일을 얻어 귀가했다. 휴일은 본래 자기 집으로 돌아와 몸을 씻는 날로 여겼기에 휴목休沐, 세목洗沐하는 날이라고 불렸다.[22] 다만 전국 시대는 물론 전한 초기에도 수십 일분의 휴일을 한꺼번에 받는 관리도 실제로 있었기 때문에 사람마다 사정에 맞게 다양한 방식으로 휴일을 사용했던 것으로 보인다.[23] 그중에는 미리 관청에 입금入金을 하고 신청하지 않으면 휴일을 낼 수 없는 경우도 있다 보니, 결과적으로 1년 이상 휴일을 갖지 못하는 관리도 있었다.[24] 하지만 그들이 목욕을 하지 않고 매일 일상생활을 하지는 않았을 것이다. 설령 그들 자신은 참을 수 있다 하더라도 주위 동료들은 냄새가 나서 견딜 수 없을 게 틀림없다. 따라서 '휴목'은 어디까지나 휴일의 명목일 뿐이고 실제로 휴일이 아니더라도 관리는 관사에서 간단하게 목욕을 했을 것이다.

그렇다고 해서 관리나 백성들이 하루도 거르지 않고 목욕을 한 것은 아니다. 그런 상황을 엿볼 수 있는 증거로 한나라 때의 『목서沐書』라는 책을 들 수 있는데, 『목서』에는 머리 감기 좋은 상서로운 날이 적혀 있었다. 만약 한나라 사람들이 매일 목욕했다면 애당초 『목서』라는 책이 존재할 리 없지 않겠는가. 반대로 귀족 같은 사람들은 화장실에서 대변을 볼 때마다 하체를 따뜻한 물로 헹구고 '갱의更衣', 즉 옷을 갈아입기도 했다. 다만 갱의는 제대로 된 목욕으로 칠 수는 없었던 듯하다. 어쨌든 옷을 다 벗고 목욕을 한번 체험해보자.[25]

이제 드디어 잠자리에 든다. 이른 아침에 확인한 것처럼 부부 중에는 한 이불을 덮고 자는 사람도 있고, 따로 덮고 자는 사람도 있다. 군주를 섬기는 여인은 불을 들고 침실로 들어간 다음, 불을 끄고 얇고 가벼운 잠옷으로 갈아입는다. 그리고 군주가 오기를 기다린다. 여인은 아침까지 황제의 곁에 누워서 잠을 자다가 '계명鷄鳴'을 알리는 북이 울리면 방에서 나온다.[26] 다만 잠꼬대를 하는 버릇이 있는 군주는 기밀을 누설할까 두려워 혼자서 잠을 잤다고 한다. 황제 중에는 이 시간대에 몰래 외출하는 사람도 있는데[27] 그렇다고 따라다닐 생각 같은 건 하지 말자.

방 안에서 보면 나무로 짠 들창牖을 통해 바깥의 공기가 들어오고 달빛이 비친다. 환기를 하거나 채광을 조절하고 싶을 때는 들창에 달린 목제 문과 문 앞에 커튼처럼 드리워진 경만輕幔, 경유輕帷, 요장瑤帳을 열거나 닫으면 된다. 남북조 시대에는 블라인드와 비슷한 세렴細簾도 있었다.[28] 격자 모양의 창문인 방롱房櫳은 통풍에는 유리하지만 비바람에는 약하다. 초원 지대에서는 텐트와 비슷한 게르ger와 유르트yurt에서 생활했다. 게르와 유르트의 천장에는 햇빛이 들어오는 구멍이 있는데, 필요한 만큼 적당히 여닫을 수 있었다. 창틀 위는 소품을 올려놓기에 안성맞춤인 곳으로 어떤 집에서는 신을 놔두기도 했다.[29]

밤하늘 아래에서

하늘에는 달이 휘영청 빛나고 있다. 어느 침실에서는 출장을 떠난 남편을 기다리는 아내가 고독 속에서 달을 바라본다. 그녀가 바라보는 달은 유달리 하얗게 빛난다. 달은 차갑게 빛나며 사람들의 탄식과 슬픔을 비춘다. 위진 남북조 시대의 시가집인 『옥대신영玉臺新詠』에는 연인이나 부부 사이에 나눈 시가들이 수록되어 있는데, 달을 보며 한탄과 애환을 토로하는 시가 많다. 이와 반대로 기분이 좋은 사람들은 천진난만하게 달의 아름다움에 찬사를 보낸다. 보름달의 아름다움에 매료된 사람이 예부터 적지 않아서 '보름달은 거울과 같으니[30]', '동글동글한 보름달[31]' 등으로 노래했다.

　달뿐만 아니라 밤하늘에 떠 있는 모든 것이 시대에 따라, 그리고 바라보는 사람의 마음에 따라 다양한 모습으로 그려졌다. 어느 침실에서는 한 남자가 예기를 구슬리느라 여념이 없다. 그 남자는 '내 진심을 무엇으로 보여줄까? 저 밤하늘에 떠 있는 북신성北辰星과 같은 마음이라네'라는 오글거리는 시를 남겼다.[32] 이때 '북신성'에 대해서는 북극성이라는 설과 북극성이 아니라는 설이 있지만, 어쨌든 변하지 않는 무언가를 표현하고자 한 것은 틀림없고 그렇게 말함으로써 자신의 마음이 흔들리지 않음을 전했다. 한편 남녀 관계를 '상商·참參과 같다'고 표현한 시가도 있는데, 이는 동쪽에 있는 상성商星(전갈자리의 안타레스)과 서쪽에 있는 참성參星(오리온자리의 세 별)이 서로 떨어져 있는 것에 빗대어 원거리 연애의 외로움을 보여준다.

사람들에게 밤하늘은 확실히 또 다른 세상이었으며, 외계인이 있다고 믿는 사람도 있었다. 고대 중국에서는 다른 세상에서 온 사자使者를 대개 푸른 옷을 입은 아이 혹은 파랑새라고 생각했다. 죽은 이의 영혼은 전설의 곤륜산崑崙山으로 가거나 혹은 곤륜산을 지나 다시 천계天界로 간다고 믿었다. 곤륜산에는 서왕모西王母라는 신선이 있는데, 서왕모는 파랑새 또는 삼족오三足烏를 부린다고 전해진다.[33]

또한 태양에는 세 발 달린 까마귀, 즉 삼족오가 살고, 달에는 토끼와 두꺼비가 산다고 생각했다.[34] 당시에도 '바보 같은 소리'라고 비판한 학자들도 있었지만, 많은 사람들은 그렇게 믿었다.[35] 다만 달과 두꺼비의 관계에 대해서는 여러 설이 분분하다. 개중에는 일찍이 서왕모가 예羿라는 인물에게 죽음을 피할 수 있는 불사약不死

藥을 내렸는데, 예의 아내인 항아嫦娥가 그 약을 훔쳐서 복용하고 달로 도망쳐 두꺼비가 되었다는 전설도 있다. 어차피 사실이 아니므로 모두 자유롭게 해석하고 있는 셈이다.

달과 태양 이외의 별에도 생명체가 있다고 믿었다. 예를 들어 서기 260년에는 장강 근처에서 놀고 있던 아이들 앞에 푸른 옷을 입은 6, 7세의 아이가 나타나 "나는 화성인이다."라고 말했다는 이야기도 있다.[36] 외계인이 존재한다고 믿는 인간의 심리는 지금이나 옛날이나 다르지 않다.

지금과 마찬가지로 고대에도 달밤이면 도깨비가 나올까 봐 두려워하는 사람이 있었다. 어떤 사람은 고개를 숙였다가 자기 그림자를 보고 도깨비로 오해하기도 했고, 심지어 자신의 머리카락을 보고 도깨비로 착각해 뒤도 돌아보지 않고 도망을 가다가 공포에 질려 죽었다고 한다.[37] 『산해경山海經』, 『열선전列仙傳』, 『신선전神仙傳』, 『수신기搜神記』를 비롯한 고대 중국의 여러 문헌에는 매우 많은 신선과 도깨비가 등장하며, 비슷한 설화는 헤아릴 수 없을 정도다. 어쨌든 마음을 가라앉히고 자자.

꿈의 세계로

겨우 이불 위에 누웠지만 여름에는 파리와 모기가 난무해 잠을 잘 수가 없다. 위진 시대 이후에는 모기장인 갈위葛幃가 있었다는 사

실을 확인할 수 있지만[38] 과연 진한 시대에도 같은 모기장을 사용
했는지는 분명하지 않다. 한편 가난한 사람은 겨울에 담요조차 없
어서 기르던 개를 안고 자는 사람까지 있었는데, 역시 추위 때문에
잠들기가 쉽지 않다.[39] 마치 영국 작가 위더의 소설 『플랜더스의
개』의 마지막 장면처럼 말이다.

　잠시 후, 잠에 빠진 사람들의 숨소리가 들리기 시작한다. 어떤 사
람들은 숙면을 취하고 있는가 하면, 어떤 사람은 꿈을 꾼다. 보통 잠
든 지 45~60분 이내를 렘수면Rapid Eye Movement sleep 상태라고 하
며, 꿈은 렘수면일 때 꾼다고 한다. 하지만 실제로는 논렘수면Non-
REM sleep일 때도 사람은 꿈을 꾼다.[40] 문제는 그 꿈이 기분 좋은
꿈인가 하는 점이다. 과연 고대 중국인들은 어떤 꿈을 꾸었을까?

　진한 시대에는 해몽 책이 있었는데, 그 책에서 꿈의 내용을 엿볼
수 있다.[41] 그 책에 따르면 꿈의 내용뿐만 아니라 꿈을 꾼 날이나
시간대에 따라 그 의미가 달라진다고 한다. 꿈의 내용도 다양해서
검은 모피·옷·관을 쓰는 꿈, 뱀이 입 속으로 들어오는 꿈, 남자가 여
자로 변하는 꿈, 궁중에서 노래하는 꿈, 닭이 우는 모습을 보는 꿈,
몸에서 풀이 자라는 꿈 등이 있었다고 한다.

　만약 악몽을 꿨다면 백기伯奇나 궁기窮奇 같은 동물이 그것을 먹
어치운다는 이야기도 있다. 백기와 궁기가 구체적으로 어떤 동물
을 가리키는지는 알 수 없지만, 적어도 궁기는 당시 실제로 존재했
으며 황제가 보유한 어원 안에 있었다는 기록이 남아 있다. 진한 시
대에는 맥貘(상상 속의 동물_옮긴이)이 있었지만 맥이 꿈을 먹어주지
는 않았던 것 같다.[42]

어쨌든 우리의 하루도 슬슬 끝나간다. 누워 있는 사이에 벌써 눈꺼풀도 무거워졌다. 어쩌면 다음 날 아침에 눈을 뜨면 우리는 현대의 일상으로 돌아가 있을지도 모른다. 아니면 고대 중국의 세계에서 벗어나지 못하고 내일도 고대 중국을 떠돌고 있을지도 모른다. 어쨌든 평범한 우리의 일상은 앞으로도 계속될 것이다.

☞ 에필로그 ☜   고대 중국 하루 24시간의
                          역사로 가는 길

진한 시대의 일상생활은?

이 책은 고대 중국, 특히 진한 시대의 어느 하루 동안 경험할 수 있
는 생활 풍경에 대해 아침부터 밤까지 시간의 흐름에 따라 소개한
책이다. '미래에서 온 수상한 인물이 황제의 허락을 받고 제국 안을
산책한다'는 가공의 설정 아래, 우리는 롤플레잉 게임을 하듯 진한
제국을 돌아다닌 셈이다.

　이렇게 살펴본 진한 시대의 일상생활은 극히 독특하면서도, 동
아시아에서 폭넓게 볼 수 있는 요소도 함께 가지고 있었다. 예를 들
어 한자로 문장을 쓰는 문인, 상투를 틀고 관을 쓰는 남성, 장사에
동전을 사용하는 상인, 시간을 측정하기 위한 누각 등은 고대 일본
에서도 찾아볼 수 있다. 타호는 쇼와 시대의 일본에서도 결핵 예방
을 위해 학교와 역 등에 설치되어 있던 물건이다. 더욱이 남성이
'나僕, ぼく'라는 1인칭 대명사를 사용하는 것, 공식적인 자리에서는

무릎을 꿇고 편안한 자리에서는 다리를 푸는 것, 배가 부르면 배를 두드리는 것, 젓가락을 이용해 음식을 먹는 것, 식사 때 자리 배치를 중시하는 것, 임신한 여성이 태교하는 것, 애정 표현으로서 남녀가 키스를 하는 것, 정상위나 기승위로 성관계를 하는 것, 소위 서양식 또는 일본식 화장실에서 볼일을 보는 것 등은 현대 일본에서도 볼 수 있는 광경이다.

이 밖에도 근현대 소설과 비슷한 정경이 그려져 있어 상상력을 불러일으킨 진한 시대의 한센병 환자나 말더듬증 환자에 관한 간결한 사료를 보충했다. 한센병 환자의 추방은 마츠모토 세이초의 『모래그릇』(1961년), 말더듬이의 고뇌는 미시마 유키오의 『금각사』(1956년)에서도 묘사된 바 있다. 물론 진한 시대와 근현대를 직접 연결하는 것은 너무 충동적이라고 할 수도 있겠지만, 거기에서 아무런 공통점도 찾아내지 못한다면 그것이야말로 역사적 상상력을 너무나 경시한 사고방식이 아닐까 한다.

이처럼 진한 시대에는 동아시아 역사에서 폭넓게 볼 수 있는 생활풍경의 요소가 포함돼 있을 뿐만 아니라 그 밖의 다양한 지역적인 요소도 포함되어 있다. 미국의 소설가 오 헨리가 쓴 『현자의 선물』(1905년)을 읽으면 가난한 사람이 자신의 머리카락을 팔아 돈을 버는 광경이 그려져 있다. 또한 글을 읽지 못하는 사람이 읽을 수 있는 사람에게 책을 소리 내어 읽도록 하는 광경은 독일의 베른하르트 슐링크의 『책 읽어주는 남자』에 자세히 나온다. 이런 사례는 정말 일일이 열거하기 어렵다. 요컨대 진한 시대의 일상 풍경에는 전래된 것이든 아니든 간에 동서고금의 여러 장면에서 발견되는 요소가 포함되어 있다.

하지만 이미 서술한 바와 같이 진한 시대의 일상 풍경은 전체적으로 매우 독특하다. 일단 현대 중국과 진한 시대, 혹은 현대 일본과 진한 시대의 일상 풍경을 비교해보면 그 사이에는 많은 차이점이 발견된다. 이들 문화는 단순히 서로 다른 요소를 갖고 있었을 뿐만 아니라, 세밀하게 살펴보면 하나하나의 문화적 요소에 공통되는 부분이 적지 않으면서도 그 부분들이 조합되면서 큰 차이를 보이고 있다. 이런 점이야말로 중요한 부분이라고 생각한다.

예를 들어 진한 시대에는 일본식 화장실과 서양식 화장실을 이용했고 옆에는 가축우리가 있었다. 두 가지 스타일의 화장실을 각각 가진 문화는 그 외에도 있지만 두 가지를 함께 사용하는 문화는 많지 않다. 남성이 붓을 귀 위에 끼우는 광경은 쇼와 시대의 일본에서도 볼 수 있고, 또 관리가 관을 쓰는 광경은 고대 일본에서도 볼 수 있지만 관을 쓴 관리가 귀에 붓을 얹는 광경은 고대 중국 이외에는 찾아보기 힘들다. 세계에는 각각 다른 타호 문화가 있고 군주 곁에 측근인 관리가 있는 광경도 드물지 않지만, 고위 측근이 타호를 들고 있는 광경은 많지 않아 보인다. 필자는 이런 부분이야말로 진한 시대가 가진 독자성의 단면을 볼 수 있는 요소라고 생각한다.

이는 마치 색연필로 그린 그림과도 같다. 만약 두 화가가 같은 색연필 세트를 사용해 같은 모티프의 그림을 그린다고 해도 두 사람의 그림은 전혀 다른 그림이 될 것이다. 이와 마찬가지로 어떤 문화가 다른 문화와 전혀 다른 양상을 띤다고 해서 둘의 구성 요소 하나하나가 전부 다르다고 할 수는 없다. 나는 이것이 이 책을 통해 얻을 수 있는 일상생활에 대한 사고방식이 아닐까 한다. 따라서 '진한 시대의 일상생활이란 어떤 것인가'라는 물음에 한마디로 대답하는 것은 불가능하다. 독자 여러분이 이 책을 읽은 후에 각자 머릿속에 희미하게 그리는 이미지가 바로 이 책의 결론이다.

모든 길은 흥미에서 시작된다

이렇게 그려낸 생활 풍경은 진한 시대뿐만 아니라 그 전후의 시대인 전국 시대와 위진 시대에도 거의 변함없이 볼 수 있었다. 왕조가 빠르게 교체되고 영웅들이 속속 나타났다 사라지는 가운데 사람들의 평범한 일상 풍경이 면면히 전해진다. 이 책에서는 그 실태를 밝히고자 했다. 마지막으로 이 책을 집필하게 된 학문적 배경에 대해 좀 더 자세히 설명하겠다.

중국 고대사라고 하면 수많은 '영웅'이나 정치적 사건에 초점을 맞추는 게 보통이다. 전문 서적을 살펴보면 역사를 뒷받침하는 제도, 경제, 문화에 주목하는 서적과 고고 발굴의 성과를 소개하는 서적이 있어서 우리는 다양한 시각에서 중국 고대사에 접근할 수 있지만, 그럼에도 인물사나 정치사의 인기는 여전히 굳건하다고 할 수 있다.

그러나 일단 고대 중국의 일상생활에 다가가려고 하면, 쓸 만한 정보를 제공하는 일반 서적이나 연구서가 의외로 많지 않다. 그중

에는 일상사 연구를 개척한 마이클 로웨Michael Loewe[1], 포모주蒲
慕州[2]와 문물에 착안한 하야시 미나오林巳奈夫[3], 손기孫機[4], 풍속 전
반을 설명한 펑웨이彭衛 및 양진홍楊振紅[5], 주제별로 검토해나간 왕력
王力[6], 와타나베 다케시渡部武[7], 후욱동侯旭東[8] 등의 연구가 있으며,
모두 중요하다. 최근에는 진나라 때의 일상사에 관한 장불삼張不參
과 미야케 키요시宮宅潔의 개론서도 출판되었는데, 그들은 심지어
진나라 때의 간독에까지 초점을 맞추고 있다.[9] 그러나 그중에서도
한나라 때의 일상사를 하루 24시간의 흐름을 따라 총괄하면서 쉬
운 말로 엮은 신서新書는 여전히 눈에 띄지 않는 듯하다.[10]

이에 대해 서양사 분야에서는 전부터 일상사에 대한 연구가 축
적되어 있었고, 이를 바탕으로 최근에는 알베르토 안젤라Alberto
Angela의 『고대 로마인의 24시간』도 출판되었다.[11] 필자는 2010년
경에 서점에서 그 원저를 보고 잠깐 생각에 잠겼다. '중국 고대사를
배우고, 경제·법률·사회의 구조에 대해 알아보고, 적지 않은 선행
연구를 독파해왔다고 생각했는데, 그렇다면 나는 고대 중국 하루
24시간 동안의 역사를 분명하게 그려낼 수 있을까? 예를 들어 고대
중국 사람들은 아침 몇 시에 기상했는지, 양치질을 했는지, 만취해
서 구토를 한 적이 있는지, 어떤 형태의 화장실에서 어떻게 볼일을
봤는지, 밤에는 잠옷을 입었는지, 실내에서는 신을 신었는지, 이런
문제조차 사실 당장 답할 수 없는 것 아니냐고.'

그래서 필자는 몇 년 전에 『중국 고대의 화폐—돈을 둘러싼 사
람들과 생활中國古代の貨幣—お金をめぐる人びとと暮らし』(吉川弘文館,
2015년)을 출판했다. 부제에서 볼 수 있듯이 이 책은 진한 시대의 화

폐, 시장, 일상생활에 초점을 맞추었다. 이 책이 필자에게는 일상사 연구를 향한 첫걸음이었지만, 그 범위는 화폐나 시장과 관계된 내용으로 좁혀져 있었다. 왜냐하면 그동안 필자는 중국 고대 화폐 경제사에 대해 연구해왔기 때문이다. 다행히 경제사 연구는 어느 정도 목표를 세워 일본어로 된 전문서 두 권을 출판했으며,[12] 유럽과 미국 등에서 논문집 및 대학 교과서를 분담해서 집필하는 데 주력하고 있다.[13] 그러나 일상사 전반을 더욱 깊이 이해하고 하루 24시간의 역사를 그리는 시도는 아직 갈 길이 먼 상태다. "만약 중국 고대의 세계로 시간 여행을 한다면 어떤 생활이 기다리고 있을까?"라는 생각을 하기 시작하면서 머릿속에는 끝없이 새로운 의문이 떠올랐다.

그런 질문에 답하기 위해 필자는 그 후에도 일상사에 대한 선행 연구를 수집하고, 많은 연구자들과 대화를 나눴다. 고대 중국의 어린이에 관해서는 왕자금王子今[14], 식사에 관해서는 왕인상王仁湘[15], 점占에 관해서는 쿠도 모토오工藤元男[16], 여성사에 관해서는 브렛 힌쉬Bret Hinsch[17] 등, 이미 개별적인 주제들 중에는 연구가 깊이 진행된 것도 있다. 하지만 그들도 24시간 동안의 역사 전체를 바라본 것은 아니었기에 세세한 점에서는 격화소양隔靴搔痒이라는 느낌을 떨칠 수 없었다. 이렇게 되면 스스로 1차 사료를 한 페이지씩 검토해나갈 수밖에 없다. 이것이 이 책의 첫 출발이 되었던 '물음'이다.

자료, 역사가 되다

이렇게 수년간 준비해온 필자는 2016년에 대학에서 일상사를 강의하면서 학교 내에서 배포할 목적으로 교과서를 만들었다. 그리고 그 내용을 매년 조금씩 더 충실하게 보충해나갔다. 와세다대학早稻田大學·게이오기쥬쿠대학慶應義塾大學·도쿄가쿠게이대학東京學藝大學·릿쿄대학立教大學·테이쿄우대학帝京大學에서 진행한 강의를 통해 다양한 수준의 학생들로부터 다양한 질문을 받을 때마다 이를 바탕으로 검토하고 하루 24시간사 속에 배치하는 작업을 계속했다. 그로 인해 필자 자신이 새롭게 알게 된 점이 많았다.

연구를 추진하는 동안 이용할 수 있는 모든 사료를 이용했다. '역사학자로서 문헌 이외에는 사용하지 않는다'고 하는 좁은 방법에 머무르지 않았다. 프랑스 아날학파의 1세대 역사학자들도 이미 논했듯이, 역사학이란 현대의 관점에서 과거를 분석하는 학문으로 역사가들은 쓸 수 있는 것을 모두 사용해서 문제와 마주하는 존재다.[18] 따라서 이 책에서도 소위 전세 문헌傳世文獻뿐만 아니라 목간·죽간 등의 간독, 화상석·화상전畵像磚·벽화 등의 부조물, 토기·명기·석상·미라 등의 유체遺體, 건축물의 일부 잔존물인 건축유구建築遺構 등의 자료도 역사학의 재료, 즉 사료로 활용했다. 자료의 역사적 배경을 밝히기 위해 출토된 곳으로 가서 현지 조사도 실시했다. 이른바 '필드 역사학을 통한 자료의 사료화'다.

그러면서 전세 문헌도 결코 경시하지는 않았다. 오히려 생활사로 눈을 돌리는 연구자들이 오늘날 유난히 간독으로 된 사료에 주목한 것과는 달리, 수년에 걸쳐 꼼꼼하고 광범위하게 전세 문헌을 탐독함으로써 그 속에 흩어져 있는 일상사와 관련된 사료들을 모아 나갔다.

　그때는 사서와 사상서뿐만 아니라 소위 소설류를 활용하는 일도 마다하지 않았다. 예부터 중국에는 도깨비나 요괴 등에 관한 설화가 많이 남아 있는데, 주로 한대 이후에 지괴소설志怪小說(초현실적 소재를 다룬 소설로 위진 남북조 시대에 성행함)로 불리는 문학 범주를 형성해나간다. 이런 소설은 허구성이 매우 강하기 때문에 근현대 역사학에서는 사료로 인정하지 않는 분위기였다. 하지만 "옛날에 어느 곳에 노부부가 살았는데, 할아버지는 산으로 나무하러 가고 할머니는 강으로 빨래하러 갔다."고 하면, 그 노부부가 실제로 있었든 아니든 간에 옛이야기가 형성될 무렵에 산에서 나무하고 강에서 빨래하는 사람이 있었을 것이다. 그렇지 않으면 옛이야기는 전제부터 무너지기 때문에 독자나 청중은 내용에 빠져들지 못한다. 그런 의미에서 설화 역시 일상사 연구에 활용할 수 있다. 정말 아날학파의 역사가들이 지적한 대로, 역사학에서는 문제의식이야말로 가장 중요한 것이며, 이를 위해서는 쓸 수 있는 모든 것을 사용해야 한다.

　이리하여 필자는 진한 시대의 일상생활을 폭넓게 연구했다. 그 작업은 아주 많은 시간을 필요로 했지만, 이렇게 재미있는 집필 체험은 처음이었다. 예를 들어 고대 중국인들의 걸음걸이는 도시와 시골에서 달랐는지, 머리숱이 적은 사람은 어떤 대우를 받았고, 어떻게 사회에 자리 잡았는지, 고대인은 잠옷을 입고 잤는지 등은 눈에 띄는 선행 연구조차 찾아볼 수 없었다.

물론 석학이 보기에는 그런 내용들은 당연히 알고 있는 상식이
었을지도 모른다. 하지만 대머리라는 주제 하나만으로도, 동방학
회와 중국사회과학원이 공동으로 개최한 국제학회에서 보고했을
때, 나중에 일본과 중국의 많은 전문가로부터 '들어본 적이 없는 내
용'이라는 호평을 받았다. 그래서 필자는 일부 주제를 학술 논문으
로 정리하기로 했지만[19] 그것만으로는 하루 24시간사를 전체적으
로 조망한다는 프로젝트의 재미를 잃게 된다. 그래서 세밀하게 파
헤쳐 나가야 할 논점에 대해서는 학술 논문으로 하고 그 밖의 대략
적인 생활 풍경에 대해서는 별도로 신서를 내기로 했다.

역사를 움직이는 민중

이리하여 이 책에서는 고대 중국의 하루 24시간사의 일상 풍경을
대략적으로 묘사했다. 필자는 중국 고대사에 관심이 있는 학생이
나 사회인들도 순수하게 즐길 수 있는 책으로 완성했다. 또한 진한
시대 전후를 주제로 하는 영화, 드라마, 만화, 소설 등의 애호가나
그 제작자가 이 시대를 고증하고 싶을 때 이 책이 도움이 될 것이다.

다만 필자 자신은 사실 단순히 중국 고대사의 토막 지식을 호사
가에게 전달하는 것만을 목표로 이 책을 쓰지는 않았다. 이 작업은
분명 필자의 지적 탐구심을 원동력으로 하는 것이었지만, 정작 그

것을 책으로 출간한 일에는 또 다른 학술적 의의가 있다고 생각한다. 앞서 언급한『고대 로마인의 24시간』의 저자 안젤라가 언론인인 데 비해, 필자는 나름대로 동양사를 전공한 대학 교원이기 때문에 사학사史學史라는 면에서 이 책의 위상을 좀 더 진지하게 설명하고자 한다. 그렇게 하지 않는다면 이 책의 의의는 단순히 '서에서 동으로 하루 24시간사의 아이디어를 이식한 것'일 뿐이며, '서양 사학이 동양 사학보다 모든 면에서 진보적'이라고 오해하는 분도 있게 될 것이다. 사실 동양사도 서양사도 모두 다른 학설사學說史, 즉 관심을 둔 학술적 문제 위에 구축되어온 학문 체계이므로 서양사 연구의 아이디어를 그대로 동양사 연구에 활용하려는 시도는 마치 부러진 매화나무에 벚나무를 접목하는 것처럼 순탄치 않을 게 당연하다.

  민중사나 일상사라는 문제 영역은 지금까지 마르크스주의 역사학자, 독일 사회사 연구자, 문화사 연구자, 아날학파 역사학자 들이 민속학자나 문화 인류학자와의 대화를 해나가는 과정을 통해 천천히 길러져왔다.[20] 이와 더불어 중국 고대사 분야에서는 이른바 교토학파 사람들이 독자적인 시각으로 일상사에 관심을 기울여왔다. 그리고 나이토 코난內藤湖南에서 타니가와 미치오谷川道雄에 이르면서 민중들 사이의 유대와 공동체의 본모습에 관한 논쟁이 벌어져왔다.[21]

  그러나 마르크스주의 사학은 국가와 민중의 대립관계 및 민중의 생산 양식을 해명하는 데 역점을 두는 경향이 강하다. 마르크스주의 사학에서는 사람이 만든 사회의 구조가 사람의 손을 떠나 반대로 개개인을 좌우하는 법칙성을 가질 수 있다는 점, 즉 소외疎外(자본주의 사회에서 인간이 상품으로 취급되는 일)에 주의를 기울이는 동시에 민중을 지향하는 관점을 그대로 유지하고 있지만, 마르크스주의 사학이 말하는 민중은 어디까지나 계급 투쟁과 관계되는 존재다.

한편 타니가와는 생산사관生産史觀과 거리를 둔 다음, '역사를 주체적으로 만들어가는 민중'의 삶을 그렸다. 그것이 민중은 항상 올바른 판단을 한다는 뜻은 아니며 민중이 항상 정의로운 존재라는 의미도 아니다. 타니가와가 말하는 민중은 여러 가지 제약 속에서 그때마다 좌충우돌하면서도 주체성 있게 공동체를 만들어가는 존재이다. 그리고 그러한 삶의 방식이 집적되면서 역사의 방향이 결정된다. 이처럼 마르크스주의와 교토학파의 사상은 마치 물과 기름 같은 면이 있다. 하지만 둘 사이에는 공통점도 아주 약간 있는데, 그것은 민중을 '역사를 개척해나가는 존재, 혹은 그 계기'로 그리고 있다는 점이다. 정도의 차이는 있지만 그들은 민중의 활력을 믿었다.

이러한 문제의식 아래 대머리·화장실·가래·구취·기상시간·자위행위 등을 키워드로 하는, 비속하면서도 사실적인 생활 풍경은 고찰 대상의 테두리를 벗어나기 쉽다. '그런 걸 알아봐야 역사의 움직임을 파악할 수 없다'는 것이다.

반면 본고장인 중국에는 농촌 사회에서 현장 실습을 감행한 비효통費孝通 이래로 인류학의 전통이 있다.[22] 또한 1927년에는 중산대학中山大學 민속학회가 설립되고, 기관지인 『민속주간民俗週刊』이 간행되는 등 민속학에 대한 관심도 높아지고 있다. 1980년대에

는 전국적인 규모의 민속학 학회도 조직되었다.[23] 여기에 일본제
국 만철조사부満鉄調査部가 편찬한 『중국 농촌 관행 조사中國農村
慣行調査』 등을 더하면 농촌 풍경을 담은 멋진 태피스트리가 될 것
이다.

　하지만 중국의 인류학이나 민속학은 결코 학문으로서 안정적인
발전을 이루고 있지는 않다.[24] 또한 이들 연구는 현대 사회, 특히
그 속에 남아 있는 전통문화와 농촌 풍경 등의 해명에 주안점을 두
고 있기에, 고대에 대해서는 관심을 두고 있지 않으며 그 연구에서
고대 중국의 일상생활사는 빈틈으로 남아 있었다.

시대에 떠내려가는 민중들에게도 빛을

관련된 상황에 쐐기를 박은 것이 일상사와 관계되는 진한 시대 간
독의 발견이다. 그로 인해 유럽과 미국에서는 로웨와 포의 일상사
연구가 탄생했다. 이들의 연구는 아날학파적 일상사 연구가 싹을
틔운 것으로 평가될 수 있으며, 서구의 사학사적 전통을 계승한 성
과였다.[25]

　여기서 말하는 아날학파란 프랑스의 역사가 뤼시앙 페브르와
마르크 블로크가 제창하고 1930년대부터 발흥한 학문적 조류를
따르는 사람들을 말한다. 이들은 특히 유럽사 분야에서 정치사에
만 주의를 기울이는 전통적인 역사학을 비판하고 민중의 생활 풍

경에 초점을 맞춘 역작을 잇달아 발표했다. 로웨와 포도 그 영향을 받고 있다.

그러나 초기의 일상사 연구는 간독 발견을 계기로 탄생한 것으로, 그 조류는 일본에서도 받아들여지기는 했지만 그 후의 연구자는 오로지 간독의 내용을 이해하는 데 힘을 쓰는 정도여서 간독의 내용을 넘어 종합적으로 일상사 연구를 발전시키려는 시도는 한계가 있었다.[26] 이와 반대로 필자가 원했던 것은 더욱 생생한 풍경 묘사였다. 그렇기에 '신은 디테일에 있다God is in the detail'는 격언처럼 세부적인 사항에 집착하는 시도를 하게 된다.

이에 필자는 이 책을 통해 고대 중국인들의 세세한 행위의 의미를 시대 배경에 입각해 풀어내고자 했다. 이런 시도는 클리포드 기어츠Clifford James Geertz의 해석인류학이 목표로 하는 것에 가깝다.[27] 즉 이 책은 고대 중국의 시대상, 제국상, 문화 전체를 최상단에서 논하는 대신 고대 사회에 사는 사람들과 그 세세한 행위에 대한 해석을 통해 사소한 일상풍경에 접근하고자 하는 노력이다. 그리고 '국가와 싸우는 민중', '괴롭힘당하는 약한 민중', '공동체를 형성하고 시대를 책임지는 민중'에만 국한하지 않고 오히려 '큰 사회의 흐름 속에서 완만하게 떠내려가면서 이를 자각하지 못한 민중'의 일상에도 주목했다.

이런 연구는 마르크스주의의 계보를 잇는 민중사 연구나 타니가와 미치오 등의 민중사 연구와는 다소 취지를 달리한다. 왜냐하면 앞서 언급한 바와 같이 그러한 민중사 연구에서는 주로 '국가와 싸우는 민중'이나 '괴롭힘당하는 약한 민중(의 울분)'을 역사의 원동력으로 여기기 때문이다. 고매한 뜻을 품은 마르크스나 사르트르의 후계자들과는 달리, 필자의 주변에는 하루하루를 멍하니 사는 사람들이 넘쳐나며, 고대 중국에도 그런 사람들이 적지 않아 보였다.

그들도 열심히 살고는 있지만, 그렇다고 24시간 내내 열심히 사는 것은 아니다. 더구나 이러한 '삶'의 참모습은 사실 계급에 관계없이 거의 모든 인간이 가질 수 있는 측면일 것이다. 고대 중국의 황제조차도 아침부터 밤까지 천하의 안녕을 생각하지는 않았으며, 참가 중인 회의가 지루할 때는 코털을 뽑느라 안간힘을 쓰고, 화장실을 다녀온 뒤에는 훌륭한 대변에 스스로 만족하고, 술자리에선 미녀에게 푹 빠졌을지도 모른다. 필자는 이러한 사람들의 일상에서 나타나는 '삶'의 참모습을 찾아내고자 했다.

이는 민속학의 관점을 존중하는 일이기도 하다. 일찍이 야나기타 쿠니오柳田國男는 "『춘추春秋』라는 책이 쓰인 그 옛날부터 필자가 이 정도면 전할 만하다고 인정한 사실만을 죽백에 남긴 것이 역사다. … 역사를 기록하는 사관史官이 처음부터 역사의 일부를 기록으로 남기지 않고 역사화하지 않으려는 의도를 가지고 있었다고도 할 수 있다. … 오늘날 역사에서 등한시한 부분 중에서 우리가 알고 싶은 역사, 즉 내가 말하는 사외사史外史가 존재한다."²⁸라고 언급했지만, 야나기타 본인은 결국 중국 고대사 연구로 향하지 않았다. 게다가 아카마츠 케이스케赤松啓介가 비판했듯이 야나기타 민속학에는 성性이나 사회 이면에 대한 분석이 빠져 있다. 이 책은 이 야나기타의 분노와 아카마츠의 비판을 정면으로 받아들여 철

저하게 '자료의 사료화'를 도모하고 일상사를 해명하려는 시도이기도 하다. 다만 지면의 한계 때문에 사회 이면에 대한 문제들은 별도의 책에서 다루고자 한다.

어떻게 '일상성'을 포착할 것인가

이상이 학설사의 관점에서 바라본 이 책의 위상이다. 이 책을 통해 부각시키고자 하는 내용은 앞에서도 여러 번 말했듯이 큰 변화 없이 영위되던 고대 중국인들의 일상 모습이다. 이런 일상은 어제를 오늘로, 오늘을 내일로, 내일을 어제로 바꿔도 거의 변함이 없는 나날을 가리키며, 필자 자신이 늘 겪는 나날과도 비슷하다. 이러한 일상생활의 총체를 '일상성'이라 부르도록 하자.

물론 개개인의 일상에는 변화도 있다. 그러나 그런 변화는 미세한 편차에 불과하며, 그러는 중에도 '일상성'은 한결같은 상태를 유지한다. 이 일정한 상태를 대략적으로나마 파악하는 것이 바로 이 책의 목적이었다.

한편 이러한 '일상성'이 어떤 사건이나 일탈에 의해 크게 흐트러지는 경우가 있다. 개인적인 차원에서는 취업, 출산, 결혼, 이혼, 간병, 사별 등이 그 계기가 될 수 있다. 또 2020년 봄부터 계속되는 팬데믹에 의해 지금까지의 일상생활이 크게 변한 독자도 적지 않을 것이다. 그리고 그런 사건이나 일탈을 통해 오히려 '일상성'의 존재가 더욱 두드러짐을 느낀다.

현재 '일상으로의 회귀' 혹은 '새로운 일상으로의 이행'을 주장하는 사람은 격동의 시대에 살기 때문에 '일상'을 그리워하고 회고하거나 새로운 안정을 요구하고 있다. 그때 그들의 뇌리에는 예전에 경험했던 일상에 관한 이미지가 있을 것이다. 고대 중국에서도 반복되는 천재지변이나 전쟁을 겪는 중이야말로 그런 '일상성'이 잠재되어 있다. 고대 중국은 격동의 역사였기 때문에 사료를 제대로 읽으면 오히려 고대 중국의 일상성을 시차적으로 포착할 수 있다.

성급한 독자들은 이런 생각을 정체사관停滯史觀으로 간주해 "변동하지 않는 역사에는 의미가 없다."고 비판할 수도 있다. 하지만 세상에 '변동하는 역사'밖에 없다면, 얼마나 바쁜 나날이겠는가. 사실 많은 백성들은 예나 지금이나 별 변화가 없는 나날을 살고 있으며, 그런 모습을 제대로 그리는 일 역시 역사학에서 중요하다. 이런 작업을 '회고 취향' 또는 '정체사관'이라고 단정 짓는 논자가 있다면, 그것은 협소한 시각에서 역사학을 포착한 결과일 수밖에 없다.

게다가 필자 자신은 이 책을 통해 스스로의 역사학이 완결된다고 말한 적이 없다. 오히려 필자는 지금까지 두 권의 전문서를 집필했고, 그 책들에서 '변동하는 역사'를 상세히 논했다. 그럼에도 불구하고 새롭게 이 책을 집필한 이유는 역사가 원래 '변동하는 역사'와 '변동하지 않는 역사'의 두 가지로 이루어져 있으며, 그 어느 쪽이라도 없다면 정확한 역사 서술에 접근할 수 없기 때문이다. 그런 의미에서 필자가 쓴 책들은 서로 보완하는 관계에 있다.

역사를 이런 식으로 파악하는 방법은 페르낭 브로델이 제창했다. 브로델은 역사란 여러 가지 변화와 지속이 누적되어 성립되므로 그중에서 어느 하나에만 초점을 맞추는 것으로는 충분하지 않다고 말했다. 예를 들어 현대사 영역에서, 환경사가라면 지구가 수십 년에서 백 년 사이에 온난화되고 있다는 점에 주목하고 그 의미를 검토할 것이다. 반면 정치사가政治史家라면 몇 년에서 수십 년의 짧은 간격으로 집권 여당이 변하고 있는 점에 주목하고 그 전환점이 사회에 미치는 영향을 살펴볼지도 모른다. 하지만 같은 현대사라 하더라도 필자의 입장에서 본다면 1980년(출생), 1999년(고등학교 졸업), 2012년(대학 교원으로 자립)이 훨씬 중요한 전환점이다. 독자 입장에서 보면 카키누마 요헤이의 인생사와 환경사, 정치사를 동일선상에 두는 것 자체가 있을 수 없는 폭론이겠지만 필자 개인 입장에서는 카키누마 요헤이의 인생사야말로 가장 중요한 현대사다. 하물며 환경사와 정치사 중 어느 쪽을 중시하는가는 사람에 따라 다를 것이다. 이처럼 역사의 어느 지점에서 전환점을 찾을지는 관찰자에 따라 서로 다르며, '변동하는 역사'와 '변동하지 않는 역사'도 보는 입장에 따라 서로 뒤바뀔 수 있다. 그렇기 때문에 이른바 시대 구분 논쟁은 끝이 나지 않는다. 그러나 이는 동시에 시대 구분이 없는 역사 인식 역시 존재할 수 없음을 의미한다.

이상과 같이 생각한다면 하루 24시간을 평범한 일상사로 그리는 시도를 결코 '회고 취향'이나 '정체사관'과 같은 범주로 취급할 수 없다. 일상사는 중국 고대사를 다각도로 파악하기 위한 척도 중 하나다. 그리고 일상사의 층과는 별도로, 환경사, 정치사, 경제사, 인물사 등의 층이 누적됨으로써 우리는 중국 고대사를 입체적으로 바라볼 수 있다. 그렇게 해야 우리는 비로소 역사를 깊이 이해할 수 있게 된다. 그런 의미에서 일상성의 해명에는 큰 의의가 있다.

이리하여 이 책이 세상에 나오게 되었다. 막상 다 쓰고 나니 진한 시대의 일상생활에 대해 대충 일괄해서 논했기 때문에 다음 과제로 사람들의 계급 차, 지역 차, 시대 차에 대한 관심이 새삼 솟아난다. 이는 처음부터 예기되었던 논점이며, 그런 의미에서 이 책에서 보여준 시도는 애초에 중간 과정인 셈이다.

실제로 지금까지 많은 민중사가나 민속학자들은 어떤 인간 집단에 주목할 때마다 '상민', '서민', '대중·프롤레타리아(무산계급·노동계급)', '서벌턴(하위계급)', '하층민', '프레카리아트(불안정한 노동 무산계급)'와 같은 용어를 적용하면서, 매번 용어 정의에 골머리를 앓아왔다. 연구 대상을 명확하게 구분하지 않는 한 제대로 된 연구를 할 수 없다고는 하지만, 본래 인간이란 존재는 천차만별이라서 깔끔하게 분류하려 해도 잘 되지 않는다. 상황이 이렇다 보니 중국 고대사 연구자들도 오랫동안 '귀족이란 무엇인가', '호족이란 무엇인가' 하는 식의 논의를 계속해왔으며, '민중'이라는 용어에도 이와 비슷한 어려움이 있다.

그러나 이 책에서 언급한 바와 같이 다행인지 불행인지 중국 고대사 관련 사료는 그 양에 한계가 있다. 사료에 나타나는 일상생활에 초점을 맞추고 있는 한, 논의가 끝없이 확산될 일은 없다. 오히려 어느 정도에서 결단을 내리고 민중의 일상생활을 일단 대략적으로 설명하는 편이 향후에 논의를 활성화하는 데 도움이 될 것이다. 그리고 여전히 파악할 수 없는 고대 중국의 일상적 세계를 파악

하기 위해 필자는 오늘도 연구를 계속하고 있다. 그런 의미에서 중
국 고대사 연구는 끝없는 여행인 듯하다.

☞ 작가의 말 ☜

이 책은 나의 다섯 번째 단행본 책이다. 그중에서 『중국 고대 화폐 경제사 연구中國古代貨幣経済史研究』(汲古書院, 2011년)와 『중국 고대 화폐 경제의 지속과 전환中國古代貨幣経済の持続と転換』(汲古書院, 2018년)은 전문서이고, 『중국 고대 화폐—돈을 둘러싼 사람들과 삶 中國古代の貨幣—お金をめぐる人びとと暮らし』(吉川弘文館, 2015년)과 『유 비와 제갈량—돈으로 따져본 『삼국지』劉備と諸葛亮—カネ勘定の『三 國志』』(文藝春秋, 2018년)는 일반서다.

　이 책은 체제로는 '신서新書'이며, 일반서로 분류해야 한다. 서술 방식에서도 이 책은 학술 논문을 모은, 이른바 전문서와 다르다. 일 반적으로 학술 논문은 우선 그 분야의 선행 연구를 총괄하고 현재 까지 무엇이 어디까지 밝혀졌는지를 명시한 뒤 여전히 논의가 필 요한 문제점을 찾고 그 점에 대해 철저한 분석을 가하는 형태다. 이 와 달리 이 책은 '독자가 고대 중국, 특히 진한 시대로 시간 여행을 떠나 하루 24시간을 살아간다'고 하는 가상의 설정 아래 롤플레잉 게임과 같은 체재로 하고, 거기에 고대 중국의 일상 풍경에 대한 검토를 더한 것이며, '선행 연구와의 세세한 차이점을 조목조목 제시한 후 필자의 의견을 펼친다'는 학문적인 절차를 거치지 않았다. 그런 의미에서 이 책은 소위 좁은 의미로 말하는 전문서에 속하지 않는다.

그러나 하루 24시간사를 정리하고자 한 시도가 안젤라의 고대 로마사 연구에서 착상하기는 했지만, 최소한 중국 고대사 분야에서는 지금까지 선례가 없었다. 그중에는 기존 학계에서 제대로 논의된 적 없는 논점도 다수 포함돼 있다. 그런 의미에서 이 책은 단순히 자타의 연구 성과를 정리하고 바로잡은 정도에 그쳤다고 할 수 없다. 이 책은 비록 신서지만, 책의 말미에 아주 자세하게 미주를 달았다. 미주를 고집한 이유는 이 책이 많은 분들에게 생소한 내용을 포함하고, 그 논거가 미세한 사료의 모음이다 보니 미주 없이는 제3자의 검증을 받기가 어려워질 거라는 우려가 있었기 때문이다. 만약 이견이 있으면 자세한 자료와 함께 가르쳐주시길 부탁드린다.

서술할 때는 복잡한 내용을 복잡한 대로 서술하면서도 중학생이나 고등학생도 즐길 수 있도록 최대한 쉬운 문체를 쓰려고 애썼다. 나름대로 새롭게 발견한 내용을 담으면서도 일상사의 숨결을 전하기 위해 속된 표현도 피하지 않았다. 헤아리기 어려울 만큼 깊으면서도 법도에 맞으면서도 아담한 문체를 채택하기보다는 한자를 적게 쓰면서 간결한 문장으로 하고, 일화는 이야기를 들려주듯이 서술함으로써 의미를 잘 이해할 수 있는 쉬운 문체가 되도록 유의했다. 그 시도가 성공했는지는 독자의 감상에 맡기는 수밖에 없다.

이 책을 만드는 작업은 나에게 가장 즐거운 일 중 하나였다. 불혹의 나이에도 불구하고 나도 모르게 '나는 이 책을 쓰기 위해 태어난 것이 아닌가' 하는 벅찬 감정을 느꼈을 정도다. 그리고 그 기쁨을 지금 독자 여러분과 공유할 수 있다는 것을 진심으로 기쁘게 생각한다. 이 책을 통해 '중국 고대사는 재미있다'고 생각하는 사람이 조금이나마 생겼으면 하는 바람이다.

본서의 집필에는 굉장히 많은 분들의 도움이 있었다.

이미 말했듯이 나는 고대 중국 24시간사 연구를 약 10년간 계속하고 있으며 와세다대학·게이오기쥬쿠대학·도쿄가쿠게이대학·릿쿄대학·테이쿄우대학에서 관련 강의를 해왔다. 또 구마모토현립 야츠시로고교에서는 고등학교 교원을 대상으로 강연을, 하치오지가쿠엔토시대학에서는 시민을 대상으로 강의하기도 했다. 2015년에는 『중국 고대 화폐―돈을 둘러싼 사람들과 삶中國古代の貨幣―お金をめぐる人びとと暮らし』(吉川弘文館)을, 2018년에는 교과서인 『중국 고대의 일상생활中國古代の日常生活』을 발간했는데, 특히 후자는 테이쿄우대학의 하치오지캠퍼스 안에 있는 기노쿠니야서점에서 학생들을 대상으로 판매했으며, 그 책에는 본서의 원형이라 할 수 있는 내용을 찾아볼 수 있다. 그 후에도 연구자 및 학생과의 질의응답을 거듭하면서 내용에 조금씩 수정·증보를 더해갔다. 강의는 의외로 호평이 나서 릿쿄대학과 테이쿄우대학에서는 수강자가 매년 200명을 넘기게 되었다. 수강생들과의 소통, 그리고 매 수업 후에 받는 질문들이 나의 생각과 표현력을 조금씩 키워주었다. 먼저 이

러한 강의와 강연의 참가자 여러분께 감사의 말씀을 드린다.

이 책은 중국 고대사를 다면적으로 파헤친 것으로, 본디 필자 개인의 전문 영역을 훨씬 뛰어넘는다. 그래서 기술에 생길 수 있는 오류를 최대한 줄이기 위해 각 분야의 전문가에게 미리 살펴봐주길 부탁했다. 그중에서도 미즈마 다이스케水間大輔(츄오카쿠인대학 교수), 고바야시 분지小林文治(장강유역문화연구소 초빙연구원), 하세가와 류이치長谷川隆一(와세다대학 문학학술원 조수), 사메지마 겐키·모리타 다이치(두 사람 모두 와세다대학 문학학술원 석사과정) 등에게 감사의 말씀을 드린다. 혹 문제가 있다면 전적으로 저의 책임이며, 앞으로 강호의 비판을 받을 수밖에 없다. 설령 오류가 있더라도, 고대 중국의 속담에 '지혜로운 사람이 천 번을 고쳐 생각하더라도 반드시 놓치는 부분이 있고, 어리석은 사람이라도 천 번을 생각하면 얻을 게 있다', '성인聖人은 미친 사람의 말이라도 필요하다면 받아들인다'고 했듯이, 현명한 독자는 오히려 이 책에서 유익한 지견智見을 얻을 거라 믿는다.

책에 실린 도판에도 많은 분들의 아낌없는 노력이 있었다. 이 책의 특색 중 하나는 매우 많은 도판과 표를 싣고 있다는 점인데, 대부분은 필자가 중국 각지를 방문할 때마다 오랜 기간 동안 모아온 사진이나 각지의 박물관에 소장된 문물의 화상畵像들이다. 그중에는 일본에 최초로 공개된 도판도 있어서 교섭에 많은 노력이 필요했다. 결과적으로 도판을 공개하는 데 동의해주신 호남성박물관湖南省博物館, 사천박물원四川博物院, 성도박물관成都博物館, 하북박물원河北博物院, 감숙성 문물고고연구소甘肅省文物考古研究所, 돈황

시박물관敦煌市博物館, 형주시박물관荊州市博物館, 기남현박물관沂南縣博物館, 안길현박물관安吉縣博物館, 섬서성 문물고고연구소陝西省文物考古研究所, 주연가족묘지박물관朱然家族墓地博物館, 과학출판사科學出版社, 문물출판사文物出版社, 국립고궁박물원國立故宮博物院, 보스턴미술관Boston Museum of Fine Arts 관계자분들께 깊이 감사드린다. 중국 측과의 교섭에는 왕진중王震中 선생(중국사회과학원 원사中國社會科學院院士) 등 관계자 외에도, 특히 외우畏友 왕박王博 (중국사회과학원 고대사연구소 조리연구원中國社會科學院古代史研究所助理研究員)과 범국동凡國棟(호남성 문물고고연구소 연구원湖南省文物考古研究所研究員)의 협조를 받았다. 왕박과 범국동이 없었다면 그토록 귀중한 도판들을 갖추기 어려웠다. 오랜 우정과 인정을 베푸는 마음에 진심으로 감사의 말씀을 드리고 싶다.

덧붙여 삼양장 유적三揚莊遺跡의 3D 화상과 현지 사진은 임원林源 교수(서안건축과기대학 건축역사여유산연구소西安建築科技大學建築歷史与遺産研究所)가 제공했다. 일면식도 없는 필자가 갑자기 연락했음에도 불구하고 친절하게 응대해주신 서안건축과기대학 관계자와 임원에게도 감사의 말씀 드린다. 또한 도판 중에는 나의 제자였던 우파의 일러스트가 포함되어 있다. 나의 까다로운 지시에도 싫은 얼굴 한번 하지 않고 수준 높은 작업을 멋지게 해주었다.

또 나는 2020년 4월에 쿠도 모토오工藤元男 선생의 후임으로 모교에 돌아왔는데, 코로나 사태와 겹쳐 우왕좌왕하고 있었다. 그러던 중 쿠도 선생으로부터 메일로 격려의 말씀을 받고, 나를 동료로 따뜻하게 맞아준 이성시李成市 선생, 야나기사와 아키라柳澤明 선생, 이이야마 도모야스飯山知保 선생으로부터도 유무형의 지지를 얻은 것은 천만다행이었다. 이이야마 선생이 코스 주임으로서 주변 정리를 도맡아주셨기 때문에, 이 책을 집필할 시간을 확보할 수 있었다. 선생님들께는 진심으로 감사의 말씀을 드리고 싶다.

마지막으로 츄오코론신사中央公論新社의 후지요시 료헤이藤吉良平와 다나카 마사토시田中正俊, 그리고 외우인 아이다 다이스케會田大輔에게 감사드린다. 아이다군의 소개로 후지요시와 함께 술자리를 하면서 "언젠가 원고를 가져와주십시오."라는 말을 들은 지 몇 년이 지나서야 겨우 나름대로 원고를 완성했지만, 후지요시는 이미 자리를 옮긴 상태였다. 원고가 늦어진 점을 사과했더니 편집장 다나카를 소개해주셨다. 다나카는 새로이 강력하게 본 기획을 추진했을 뿐만 아니라 글 끝에 하나하나 미주를 넣고 싶다는 필자의 이기심에도 동조해주었다. 아주 훌륭한 교열자도 만났다. 이렇게 잘 이해해주는 사람을 가까이에 둘 수 있었던 점에 대해서는 정말 과분할 정도로 감사한 일이라고 생각한다. 여기에 다시 한번 깊이 감사드린다. 덧붙여 이 책은 JSPS과연비科研費JP21K00913에 의한 연구 성과의 일부다.

2021년 8월

☙ 주 ☙

프롤로그

1 『漢書』卷四四 淮安王 劉安傳.

2 『漢書』卷二三 刑法志.

3 永田英正『漢代史研究』(汲古書院, 2018년, P113~163), 渡辺信一郎『天空の
   玉座一中國古代帝國の朝政と儀礼』(柏書房, 1996년, P18~104).

4 『文選』卷二〇 応貞「晉武帝華林園集詩」.

5 『史記』卷九六 張丞相列傳.

6 『史記』卷一〇七 魏其侯列傳.

7 『後漢書』卷九 孝獻帝紀中平六年九月條, 李賢注引『漢官儀』. 『漢書』卷
   六八 金日磾傳에 따르면 시중侍中은 황제가 잠을 잘 때는 물론 일어난 이
   후에도 가까이서 모셨다(시중이었던 김일제金日磾는 병에 걸렸을 때만 잠깐
   곁을 떠나 있었다).

8 『史記』卷一二〇 汲黯列傳. 본문 해석은 閻愛民·趙璐「"踞廁" 視衛靑与
   漢代貴族的 "登溷" 習慣」(『南開學報(哲學社會科學版)』二〇一九年第六期,
   P139~147)를 참고.

9 『世說新語』排調篇 注引裴景仁『秦書』, 『晉書』卷一一四 苻堅載記下 苻朗

載記,『北史』卷九八 徒何段就六眷列傳.

10　『南史』卷十九 謝裕列傳.

11　『太平御覽』卷七〇三 服用部五唾壺引「魏武帝上雜物疏」.

12　『史記』卷一〇七 魏其侯列傳.

13　『漢官六種』所収元·陶宗儀輯『漢官儀』.

14　『東觀漢紀校注』卷十四 吳良傳.

15　『玉臺新詠』卷第一 古樂府詩六首「日出東南隅行」.

16　宮宅潔『中國古代刑制史の研究』(京都大學學術出版會, 2011년, P114~116)

17　『三國志』卷四二 蜀書周羣傳.

18　大庭脩『秦漢法制史の研究』(創文社, 1982년, P101~164), 石岡浩「三國魏文
　　帝の法制改革と妖言罪の弾圧——古代中國法の一分岐点」(『法制史研究』第
　　五九卷, 2009년, P1~52).

19　水間大輔『秦漢刑法研究』(知泉書館, 2007년, P17~36).

20　金秉駿「中國古代における対外貿易のかたち——敦煌懸泉置漢簡を手掛り
　　として」(『東方學報』第九一冊, 2016년, P530~550).

21　梁啓超「中國四十年来大事記(一名李鴻章)」(『飮冰室合集』專集之三, 中華書局,
　　1936년, 초판 1901년).

22　柿沼陽平「中國古代の人びととその「つながり」」(『つながりの歴史學』北樹
　　出版, 2015년, P2~29).

23　Michael Loewe, *Everyday Life in Early Imperial China*(Batsford:B.T.Bats-
　　ford Ltd, 1968), 林巳奈夫『中國古代の生活史』(吉川弘文館, 1992년), 王力主
　　編『中國古代文化常識』(四川人民出版社, 2018년), Mu-chou Poo, *Daily Life
　　in Ancient China*(Cambridge: Cambridge University Press, 2018).

24　『論衡』卷第二 率性篇.

서장

1　尾形勇『中國古代の「家」と國家』(岩波書店, 1979년, P80~116), 侯旭東『近觀中古史』(中西書局, 2015년, P1~30). 선진 시대先秦時代의 성씨姓氏에 대해서는 陳紫『商周姓氏制度研究』(商務印書館, 2007년)을 참조.

2　『漢書』卷八六 王嘉伝.

3　『史記』卷四八 陳涉世家.

4　『三國志』卷十八 魏書文聘傳.

5　『三國志』卷八 魏書張燕傳裴松之注引『典略』.

6　『三國志』卷四八 吳書三嗣主傳孫休傳永安五年條裴松之注引『吳錄』所載孫休詔.

7　『顏氏家訓』卷第二 風操篇.

8　『漢書』卷五〇 鄭當時傳.

9　『漢書』卷八 宣帝紀元康二年條.

10　『漢書』卷五〇 鄭當時傳.

11　『漢書』卷七五 夏侯勝傳.

12　『三國志』卷三六 蜀書馬超傳裴松之注引『山陽公載記』, 同裴松之注. 배송지裴松之가 논했듯이 『山陽公載記』의 기재는 오류가 있지만 상사上司의 자를 부르는 것이 실례라는 점은 배송지도 인정하고 있다.

13　『顏氏家訓』卷第二 風操篇.

14　陳夢家『漢簡綴述』(中華書局, 1980년, P119).

15　『獨斷』卷上. 이하에서 『獨斷』·『西京雜記』는 후쿠이 시게마사福井重雅가 엮은 『訳注 西京雜記·獨斷』(東方書店, 2000년)을 참조.

16　『漢書』卷四三 酈食其傳. 白芳『人際称謂与秦漢社會変遷』(人民出版社, 2010년, P102~116).

17　『顏氏家訓』卷第二 風操篇.

18　『樂府詩集』卷第四六 清商曲辭·吳聲歌曲·讀曲歌.

19　『世說新語』惑溺篇.

20　『獨斷』卷上.

21 『史記』卷一〇〇 季布列傳.

22 晏昌貴『秦簡牘地理研究』(武漢大學出版社, 2017년, P286~325).

23 甘肅省文物考古研究所編『天水放馬灘秦簡』(中華書局, 2009년, P73~76)

24 馬王堆漢墓帛書整理小組編『古地図 馬王堆漢墓帛書』(文物出版社, 1977년)

25 睡虎地秦簡「法律答問」(第186簡). 이하에서 수호지진간(睡虎地秦簡)의 텍
    스트는 陳偉主編『秦簡牘合集 (壹)』(武漢大學出版社, 2016년)을 참조함.

26 睡虎地秦簡「秦律十八種」徭律(第115~124簡).

27 張家山漢簡「二年律令」戶律(第308簡).

28 『韓非子』外儲說左下.

29 侯旭東『近観中古史』(中西書局, 2015년, P143~181), 馬增榮「読山東青島土山
    屯一四七號墓出土木牘札記——考古脈絡, “堂邑戶口薄(簿)”, “邑居” 和 “羣
    居”」(『簡帛』第21輯, 2020년, P199~215)

30 林源·崔兆瑞「河南內黄三揚莊二號漢代庭院建築遺址研究与復原探討」(『建
    築史』二〇一四年第二期, P1~11).

31 孫聞博「走馬楼呉簡所見 “郷” 的再研究」(『江漢考古』二〇〇九年 第二期,
    P112~118).

32 西川利文「漢代における郡県の構造について」(『文學部論集(仏教大學)』第81
    號, 1997년, P1~17).

33 木村正雄『中國古代帝國の形成——特にその成立の基礎條件 (新訂版)』
    (比較文化研究所, 2003년, P219~827).

34 柿沼陽平『中國古代の貨幣——お金をめぐる人びとと暮らし』(吉川弘文
    館, 2015년, P125~128).

35 徐龍國『秦漢城邑考古學研究』(中國社會科學出版社, 2013년, P60~119).

36 宮崎市定『宮崎市定全集7 六朝』(岩波書店, 1992년, P87~115).

37 張家山漢簡「二年律令」襍律(第182簡).

38 『漢書』卷二八 地理志上京兆尹條.

제1장

1   塩沢裕仁『千年帝都洛陽──その遺跡と人文・自然環境』(雄山閣, 2010년).

2   『論衡』卷第十一 談日篇.

3   村松弘一『中國古代環境史の研究』(汲古書院, 2016년, P165~183).

4   『論衡』卷二 率性篇.

5   原宗子「「農本」主義と「黃土」の発生』(研文出版, 2005년), 濱川栄『中國古代
    の社會と黃河』(早稲田大學出版部, 2009년, P144~170).

6   조엽수림照葉樹林과 함께 발생한 문화의 특징에 대해서는 나카오 스스
    케中尾佐助 이후로 연구가 이루어지고 있다. 佐々木高明『照葉樹林文化と
    は何か』(中央公論新社, 2007년)

7   網野善彦・宮崎駿「「もののけ姫」と中世の魅力」(『網野善彦対談集2 多樣な日
    本列島社會』岩波書店, 2015년, P213~226)에 따르면 미야자키 하야오宮崎駿
    는 조엽수림문화론照葉樹林文化論에서 학문적인 영향을 받고 「원령공주
    もののけ姫」를 제작했다. 그 조엽수림문화론은 원래 남중국에 초점을 맞
    추고 있기 때문에 고대 중국 남방 지역의 역사적 풍경이 「원령공주」와
    비슷할 수밖에 없다.

8   Mark Elvin. *The Retreat of the Elephants: An Environmental History of Chi-
    na*(London: Yale University press, 2004), 9-18.

9   陳寅恪「桃花源記旁証」(『陳寅恪集金明館叢稿初編』生活・読書・新知三聯書店,
    2001년, P188~200).

10 工藤元男「禹を運んだ道」(『中國古代の法・政・俗』汲古書院, 2019년, P5~33).

11 『論衡』卷第十一 談天篇.

12 『三朝北盟會編』卷三.

13 王震中(柿沼陽平訳)『中國古代國家の起源と王権の形成』(汲古書院, 2018년,
    P464~473).

14 『漢書』卷十一 哀帝紀建平二年六月條.

15 董濤「漏刻与漢代時間観念」(『史學月刊』二〇二一年第二期, P18~30).

16 『獨斷』卷下,『説文解字』壹部.

17 陳侃理「十二時辰的産生与制度化」(『中華文史論叢』二〇二〇年第三期, P19~56).

18 『玉臺新詠』序.

19 『玉臺新詠』卷二「棄婦詩一首」.

20 『文選』卷二九 傅玄雜詩.

21 『淮南子』説山訓.

22 『詩經』卷第三 國風鄘風蝃蝀,『詩經』卷第十五 小雅魚藻之什采綠,『荀子』哀公篇,『新序』卷四 雜事,『文選』卷二八 詩戊樂府下鮑照「放歌行」.

23 『漢書』卷四四 淮南王劉安傳.

24 『漢書』卷八 宣帝紀地節二年五月條.

25 『魏書』卷二七 穆崇列傳付穆亮列傳.

26 『文選』卷二四 詩丙贈答二陸機「答張士然」.

27 Tsuyoshi Shimmura, Shosei Ohashi, and Takashi Yoshimura, "The Highest-Ranking Rooster has Priority to Announce the Break of Dawn," *Scientific Reports 5*, 11683 (July 2015).

28 『入唐求法巡礼行記』開成三年(838년) 七月十九日條.

29 『韓非子』揚權篇,『淮南子』卷二〇 泰族訓.

30 福井重雅『漢代儒教の史的研究』(汲古書院, 2005년, P5~258).

31 『禮記』卷第三 曲禮上.

32 睡虎地秦簡「封診式」(第五〇～五一簡).

33 淮北市博物館「安徽淮北相城戰國至漢代大型排水設施発掘簡報」(『中原文物』二〇一〇年第二期, P4~12).

34 『玉臺新詠』卷五 范靖婦「詠燈」.

35 『莊子』外篇 天運篇,『論衡』卷第一六 講瑞篇,『入唐求法巡礼行記』開成三年(838년) 七月十三日條.

36 Machiko Nakagawa et al., "Daytime Nap Controls Toddlers, Night-time Sleep," *Scientific Reports 6*, 27246 (June 2016).

37 『列女傳』貞順陳寡孝婦.

38　『韓非子』外儲說右上.

39　『玉臺新詠』卷一 無名人「古詩爲焦仲卿妻作」.

40　『史記』卷一〇 孝文本紀『集解』引文穎曰.

41　『漢書』卷六四 朱買臣傳上.

42　『漢書』卷一 高帝紀上.

43　宮崎市定『宮崎市定全集7 六朝』(岩波書店, 1992년, P87~115).

44　張家山漢簡「奏讞書」案例二二.

45　水間大輔「秦·漢初における県の「士吏」」(『史學雜誌』第120卷 第2號, 2011년, P180~202).

46　王子今『秦漢名物叢考』(東方出版社, 2016년, P218~229).

47　『列子』天瑞篇.

48　『説文解字』歹部.

제2장

1　睡虎地秦簡「法律答問」(第三〇~三十一簡).

2　『漢書』卷五八 公孫弘傳.

3　『玉臺新詠』卷第二 潘岳悼亡詩.

4　『史記』卷七五 孟嘗君列傳, 『文選』卷二二 鮑照行藥至城東橋.

5　『文選』卷二〇 丘遲.

6　冨谷至『文書行政の漢帝國』(名古屋大學出版會, 2010년, P50~103).

7　陳偉(柿沼陽平訳)「秦と漢初の文書傳達システム」(藤田勝久·松原弘宣編『古代東アジアの情報傳達』汲古書院, 2008년, P29~50), 鷹取祐司『秦漢官文書の基礎的研究』(汲古書院, 2015년, P203~440).

8　額濟納漢簡(E.P.T.52.83).

9　『後漢書』卷三九 劉趙淳于江劉周趙列傳序. 이하에서 『後漢書』의 卷数는 中華書局本을 따른다.

10　『太平御覽』卷四三一 人事部七二勤引『夏仲御別傳』.

11　大塚邦明「老化と高齢者の時間医學」(『日老医誌』第50號, 2013년, P288~297).

12　Samuel E. Jones et al., "Genome-wide Association Analyses of Chornotype in 697,828 Individuals Provides Insights into Circadian Rhythms," *Nature Communications 10*, Article Number 343 (January 2019).

13　『說苑』卷第十六 談叢.

14　『漢書』卷二 惠帝紀二年春正月條.

15　『呂氏春秋』卷第二二 愼行察傳.

16　『魯迅『古小説鉤沈』校本』所收『幽明録』第六九條.

17　黃朴華主編『長沙古城址考古発見与研究』(岳麓書社, 2016년, P90~92).

18　加藤瑛二「中國黃河流域の古代遺跡の立地環境」(『立命館地理學』第14號, 2002년, P37~50).

19　『後漢書』卷一 光武帝紀下建武十一年八月癸亥條.

20　『禮記』內則,『史記』卷一〇五 倉公列傳, 張家山漢簡「引書」(第一~七簡).

21　『南海寄歸內法傳』卷第一八 朝嚼歯木.

22　松木明知「華佗の麻酔薬について(會長講演)」(『日本医史學雜誌』第31卷第2 號, 1985년, P170~173).

23　Hui-Lin Li, "An Archaeological and Historical Account of Cannabis in China," *Economic Botany 28*, no.4 (October-December 1974) : 437-448.

24　Hongen Jiang et al., Ancient Cannabis burial shroud in a Central Eurasian Cemetery. *Economic Botany 70*, (October-December 2016) : 213-221.

25　『大正新修脩大藏經』卷一六 經集部所收後漢·安世高訳『佛説温室洗浴衆僧經』.

26　聞一多「釈龜」(『聞一多全集』第2卷, 大安, 1967년, P557~558).

27　『漢書』卷八〇 宣元六王淮陽王欽傳.

28　『白氏長慶集』卷第十 感傷二「自覚」,『白氏長慶集』卷第二三 律詩「病中贈南鄰覓酒」,『韓愈全集校注』(四川大學出版社, 1996년, P125).

29　『史記』卷九六 張丞相列傳.

30 『後漢書』卷一〇 皇后紀上明德馬皇后條, 李賢注引『方言』.

31 『長沙馬王堆一號漢墓古尸研究』(文物出版社, 1980년, P29).

32 工藤元男『占いと中國古代の社會──発掘された古文献が語る』(東方書店, 2011년, P2~67).

33 『韓非子』內儲説下.『太平御覽』卷一八 五居處部十三屏條引『漢官典職』.

34 『曹操集』文集卷三与諸葛亮書.

35 『太平御覽』卷二一九 職官部十七侍中條引應劭『漢官儀』.

36 이하에서 남성의 헤어스타일과 대머리에 대해서는 柿沼陽平「中國古代禿頭攷」(『中國文化の統一性と多様性』汲古書院, 2022년).

37 原田淑人『增補漢六朝の服飾』(東洋文庫, 1967년, P65~98, 105~116).

38 閻步克『服周之冕──《周礼》六冕礼制的興衰変異』(中華書局, 2009년, P159~202).

39 林巳奈夫『漢代の文物』(京都大學人文科學研究所, 1976년, P59~74).

40 『獨斷』卷下.

41 福井重雅「中國古代儒服詮議」(『早稲田大學大學院文學研究科紀要』第四分冊, 2005년, P61~76).

42 武田佐知子『古代國家の形成と衣服制』(吉川弘文館, 1984년, P129~182).

43 『韓非子』外儲說左上.

44 『史記』卷八 高祖本紀.

45 『獨斷』卷下.

46 『續漢書』輿服志下.

제3장

1 柿沼陽平「岳麓書院藏秦簡訳注──「爲獄等狀四種」案例七識劫娩案」(『帝京史學』第30號, 2015년, P193~238).

2 柿沼陽平『中國古代貨幣經済史研究』(汲古書院, 2011년, P283~307).

3 『後漢書』卷六七 党錮檀敷列傳.

4 『玉臺新詠』卷第五 庾丹「秋閨有望」.

5 林巳奈夫『漢代の文物』(京都大學人文科學硏究所, 1976년, P1~45).

6 『太平御覽』卷六九五 服章部一二袴條引謝承『後漢書』.

7 질이 좋지 않은 옷감인 「갈褐」은 여러 곳에서 나오며, 모직물설毛織物説,
   마직물설麻織物説, 펠트felt설 등이 있다. 다만, 수호지진간睡虎地秦簡「진
   율십팔종秦律十八種」금포율金布律(第90~93簡)에서는 「대갈일大褐一」의
   원료가 「모시 18근枲十八斤」이라고 되어 있어서 당시의 갈은 확실히 삼
   베로 만들었다.

8 『韓非子』五蠹篇.

9 張家山漢簡「二年律令」金布律(第418~420簡).

10 『文選』卷第二四 詩丙贈答二曹植「贈白馬王彪」.

11 『文選』卷第二三 詩丙哀傷潘岳「悼亡詩」.

12 黄正建『走進日常』(中西書局, 2016년, P197~201).

13 『續漢書』五行志五注引『風俗通』.

14 『搜神記』卷一四 第一五八話. 이하에서 『수신기搜神記』(20권 본)의 본문
    과 설화 번호는 李劍國輯校『搜神記輯校 搜神後記輯校』(中華書局, 2019년)
    를 따른다.

15 『史記』卷一一七 司馬相如列傳.

16 睡虎地秦簡「秦律十八種」司空律(第133~140簡, 第147~149簡), 『漢書』卷
    五一 賈山傳.

17 『禮記』王制.

18 『論衡』卷第一二 謝短篇.

19 早稻田大學簡帛研究會(谷口健速·柿沼陽平 担當)「尹湾漢墓簡牘訳注(1) 訳注」
    (『中國出土資料研究』第13號, 2009년, P263~324).

20 『說苑』卷第七 政理篇.

21 『說苑』卷第四 立節篇.

22 原田淑人『增補漢六朝の服飾』(東洋文庫, 1967년, P22~23).

23 『史記』卷七 項羽本紀.

24 『韓非子』外儲說左上,『白虎通』卷九 衣裳.

25 原田淑人前揭書, P57~63.

26 『漢書』卷六五 東方朔傳.

27 『文選』卷第二四 詩丙贈答二潘岳「爲賈謐作贈陸機」.

28 『晉書』卷二五 輿服志.

29 『晉書』卷二五 輿服志.

30 福井重雅「中國古代儒服詮議」(『早稲田大學大學院文學硏究科紀要』第四分冊, 2005년, P61~76).

31 原田淑人前揭書, P155~159.

32 『呂氏春秋』卷二五 似順論處方篇.

33 『玉臺新詠』卷一 古樂府詩「日出東南隅行」.

34 『說苑』卷第七 政理篇.『晏子春秋』雜篇雜下에 거의 동일한 문장이「靈公」에 나온다.

35 『玉臺新詠』序,『玉臺新詠』卷一 枚乘雜詩.

36 『玉臺新詠』卷五 沈約「少年新婚爲之詠」.

37 『史記』卷八六 刺客列傳.

38 『文選』卷二三 阮籍詠懷詩.

39 『荀子』君道篇,『韓非子』二柄篇.

40 『春秋左氏傳』昭公二八年.

41 『世說新語』惑溺篇, 劉孝標注引『粲別傳』.

42 『呂氏春秋』卷一四 孝行覽遇合.

43 『淮南子』人間訓, 高誘注. 냄새와 향료에 관해서는 狩野雄『香りの詩學──三國西晉詩の芳香表現』(知泉書館, 2021년)도 참고가 된다.

44 『列女傳』卷三 仁智傳十四魏曲沃負條.

45 『後漢書』卷十 皇后紀上和熹鄧皇后條.

46 『東觀漢紀校注』卷十二 馬廖傳,『後漢書』卷二四 馬援列傳付馬廖列傳.

47 『搜神記』卷十四 第一七〇話.

48 錢熙祚校訂『漢武帝內傳』(守山閣叢書所收).

49　『東觀漢紀校注』卷六 明德馬皇后傳.

50　『東觀漢紀校注』卷十二 馬廖傳,『後漢書』卷二四 馬援列傳付馬廖列傳.

51　湖南医學院主編『長沙馬王堆一號漢墓古尸研究』(文物出版社, 1980년, P51~62).

52　『漢書』卷八七 揚雄傳上.『晉書』卷二七 五行志上.『三國志』卷五三 吳書薛綜傳.『太平御覽』卷三七三 人事部一四髮條引謝承『後漢書』.

53　Zhang, Bing et al., "Hyperactivation of Sympathetic Nerves Drives Depletion of Melanocyte Stem Cells," *Nature 577*(January 2020) : 676-681.

54　『韓非子』顯學篇.

55　『後漢書』卷三四 梁統列傳付梁冀列傳, 李賢注引『風俗通』.

56　『莊子』外篇天運篇.

57　『詩經』衛風硯人.

58　『釋名』卷五 釋首飾黛條. 한대漢代 귀부인의 묘長沙馬王堆一號墓에서는 크고 작은 거울 이외에도 작은 화장품 상자가 5개, 거울을 닦는 찰찰擦 1점, 나무빗 2점, 솔刷毛 3점, 뿔로 만든 비녀 1점, 족집게 1점 등이 나왔다. 이로써 한대에는 족집게가 있었음을 알 수 있다.『事物紀原』卷三 畵眉條.

59　『玉臺新詠』序.

60　『玉臺新詠』卷一 漢時童謠歌.『玉臺新詠』卷六 費昶「詠照鏡」.

61　『釋名』卷四 釋首飾,『中華古今注』卷中,『事物紀原』卷三 妝條,『博物志校証』卷四 物類,『太平御覽』卷七一八 服用部二一引『續漢書』.

62　村澤博人『顏の文化誌』(講談社, 2007년, P33~36).

63　『淮南子』說林訓.

64　『玉臺新詠』卷七 皇太子(南朝梁簡文帝) 聖製樂府三首「豔歌篇十八韻」.

65　『玉臺新詠』卷八 劉孝威「都縣遇見人織率爾寄婦」,『漢書』卷七六 張敞傳.

66　『釋名』釋首飾.

67　『玉臺新詠』序.

68　工藤元男『中國古代文明の謎』(光文社, 1988년, P160~163).

69 『後漢書』卷八六 南蛮西南夷列傳.

70 『詩經』國風邶風旄丘,『詩經』小雅都人士.

71 『莊子』內篇德充符篇.

72 黃正建『走進日常』(中西書局, 2016년, P1~11).

73 小寺智津子『ガラスが語る古代東アジア』(同成社, 2012년).

74 『搜神記』卷一四 第一七一話.

75 岡村秀典『鏡が語る古代史』(岩波書店, 2017년).

제4장

1 『史記』卷九二 淮陰侯列傳.

2 『文選』卷第五三 論三嵇康「養生論」.

3 『新序』雜事一.

4 『史記』卷八九 張耳陳餘列傳付張敖列傳.

5 『漢書』卷四四 淮南王傳.

6 『白虎通』卷三 禮樂篇. 또한『장자莊子』내편內篇 소요유편逍遙遊篇에는 하루에 세 번 식사를 한다고 되어 있는데, 이는 외출했을 때로, 야외에서 1박 여행을 했던 이야기일 것이다.

7 『文選』卷十九 詩甲束皙「補亡」.

8 『說苑』卷第四 立節篇.

9 『漢書』卷六六 車千秋傳.

10 『鹽鐵論』卷第六 散不足篇.

11 『莊子』內篇人間世篇.

12 『莊子』內篇人間世篇,『初學記』卷三 歲事部夏第二所引『鄴中記』.

13 『呂氏春秋』卷十二 季冬紀季冬,『論衡』卷第一七 是応篇.

14 『玉臺新詠』卷一 古樂府詩「隴西行」.

15 『顏氏家訓』卷第一 治家篇.

16 『莊子』內篇応帝王篇.

17 『論衡』卷第一六 商蟲篇.

18 篠田統『中國食物史の研卷(八坂書房, 1978년, P3~35). 林巳奈夫「漢代の飮食」(『東方學報(京都)』第48號, 1975년, P1~98)도 참고가 된다.

19 『後漢書』卷八三 逸民列傳幷丹列傳.

20 Houyuan Lu et al., "Millet Noodles in Late Neolithic China," *Nature* 437 (October 2005) : 967-968.

21 西嶋定生『中國經濟史硏究』(東京大學出版會, 1966년, P235~278).

22 篠田統前揭書, P3~35.

23 『續漢書』五行志一.

24 佐藤洋一郎『食の人類史』(筑摩書房, 2016년, P121).

25 岡崎敬「中國古代におけるかまどについて―― 釜甑形式より鍋形式への変遷を中心として」(『東洋史硏究』第14卷第1·2號, 1955년, P103~122).

26 『史記』卷七 項羽本紀.

27 『莊子』雜篇讓王篇.

28 『後漢書』卷六一 周擧列傳.

29 『呂氏春秋』卷二六 士容論務大篇.

30 浅川滋男『住まいの民族建築學――江南漢族と華南少数民族の住居論』(建築資料硏究社, 1994년, P139~145).

31 郭文韜(渡部武訳)『中國大豆栽培史』(農文協, 1998년, P23~41).

32 『玉臺新詠』卷二 甄皇后(武帝는 오류일 수도 있다)「樂府塘上行」.

33 『史記』卷五三 蕭相國世家.

34 『大戴禮記』夏少正八月條.

35 『淮南子』說林訓.

36 柿沼陽平『中國古代貨幣經濟の持續と転換』(汲古書院, 2018년, P123).

37 桂小蘭『古代中國の犬文化』(大阪大學出版會, 2005년, P6).

38 『九家舊晉書輯本』所収臧榮緒『晉書』卷一四 顧榮傳.

39 『後漢書』卷六七 党錮列傳付羊陟列傳.

40 睡虎地秦簡「秦律十八種」傳食律(第一七九～一八〇簡).

41 『九家舊晉書輯本』所収臧榮緒『晉書』補遺一卷.

42 『史記』卷一二九 貨殖列傳.

43 『後漢書』卷八一 獨行陸續列傳.

44 篠田統前掲書, P36～68.

45 『鹽鐵論』卷第六 散不足篇.

46 『呂氏春秋』卷四 孟夏紀用衆篇(『淮南子』說山訓에 동일한 고사가 나온다), 『文選』卷第二七 詩戊樂府上曹植「名都篇」.

47 『世說新語』汰侈篇.

48 『韓非子』揚權篇.

49 『韓非子』內儲說下.

50 青木正児『中華名物考』(東洋文庫, 1988년, P79～86).

51 林巳奈夫「漢代の飲食」(『東方學報(京都)』第48號, 1975년, P1～98).

52 中村亜希子・神野恵「古代の山椒」(『香辛料利用からみた古代日本の食文化の生成に関する研究』奈良文化財研究所, 2014년, P23~29).

53 青木正児『中華名物考』(東洋文庫, 1988년, P112~132).

54 『呂氏春秋』卷三 季春紀盡數篇.

55 『世說新語』捷悟篇.

56 『世說新語』排調篇.

57 和仁皓明「古代東アジアの乳製品」(『乳利用の民族誌』中央法規出版, 1992년, P234~251).

58 田中克彦「モンゴルにおける乳製品を表わす語彙について」(『一橋論叢』第77卷第3號, 1977년, P279~300).

59 『韓非子』難四.

60 이하에서 식기食器에 관해서는 王仁湘『中國 食の文化誌』(原書房, 2007년, P46~127).

61 『太平御覽』卷七〇四 服用部六囊條引『郭文擧別傳』.

62 『韓非子』外儲說左上.

63 『玉臺新詠』卷五 沈約「六憶詩」.

64 『韓非子』喩老篇. 유사한 글이『한비자韓非子』설림편說林篇에 실려 있다.

65 藤野岩友『中國の文學と礼俗』(角川書店, 1976년, P295~301).

66 『韓非子』外儲說左上.

67 『史記』卷八 高祖本紀,『史記』卷九一 黥布列傳.

68 吉川忠夫『六朝精神史研究』(同朋舍, 1984년, P147~164).

69 『釋名』卷第六 釋牀帳.『初學記』卷二五 器物部牀第五引服虔「通俗文」. 『後漢書』卷六六 陳蕃列傳.

70 『太平御覽』卷七〇 九服用部十一薦席引謝承『後漢書』.

71 『北堂書鈔』卷三八 廉潔篇注引謝承『後漢書』羊茂傳.

72 『搜神記』卷八 第九一話.

73 睡虎地秦簡「秦律雜抄」(第四簡).

74 『釋名』卷第六 釋牀帳. 林巳奈夫『漢代の文物』(P200~202).

75 劉德增『秦漢衣食住行』(中華書局, 2015년, P172~186).

76 岡安勇「中國古代史料に現われた席次と皇帝西面について」(『史學雜誌』第 92編第9號, 1983년, P1~32).

77 清·趙翼『陔餘叢考』卷二一 尚左尚右.

78 睡虎地秦簡「秦律十八種」倉律(第五五~五六簡).『漢書』卷二四 食貨志上.

79 『莊子』外篇馬蹄篇.

80 『漢書』卷十一 哀帝紀.

81 『史記』卷九二 淮陰侯列傳.

82 『史記』卷五〇 楚元王世家.

83 『搜神記』卷八 第八七話.

84 『玉臺新詠』卷一 枚乘雜詩.

85 『莊子』雜篇列禦寇篇.

86 『莊子』雜篇寓言篇.『列子』黃帝篇과 관계됨.

87 『玉臺新詠』卷一 徐幹「室思」.

88 『玉臺新詠』卷二 魏明帝樂府詩,『文選』卷二七「傷歌行」에 같은 시가 수록 되어 있다.

89 『玉臺新詠』卷六 徐悱「贈內」.

90 『新序』卷第五 雜事篇. 춘추 시대의 궁궐에서도 신을 벗었다는 전승傳承
이 한대漢代에 있었다.(『列女傳』卷一 母儀傳九魯季敬姜篇).

91 『神仙傳』卷二 呂恭條.

92 『禮記』曲禮上.

93 『韓非子』外儲說左上.

94 『韓非子』外儲說左下.

95 『藝文類聚』卷九一 鳥部中鴨條引『風俗通』.

96 『搜神記』卷一四 第一七二話.

97 『搜神記』卷一四 第一五九話.

98 睡虎地秦簡「法律答問」(第一六二簡).

99 『玉臺新詠』卷八 庾肩吾「詠得有所思」.

제5장

1 田中淡『田中淡著作集1 中國建築の特質』(中央公論美術出版, 2018년, P5~14).

2 睡虎地秦簡「封診式」(第八~一二簡).

3 林巳奈夫『漢代の文物』(京都大學人文科學研究所, 1976년, P156~170).

4 Qinghua Guo, *The Mingqi Pottery Buildings of Han Dynasty China 206BC-AD220: Architectural Representations and Represented Architecture*, (Brighton, Portland, Toronto: Sussex Academic Press, 2010), 1-188.

5 田中淡『田中淡著作集1 中國建築の特質』(中央公論美術出版, 2018년, P15~28).

6 孫機『漢代物質文化資料図説(增訂本)』(上海古籍出版社, 2011년, P189).

7 杜石然等(川原秀城等訳)「古代科學技術体系の形成」(『中國科學技術史』上, 東京大學出版會, 1997년).

8 『韓非子』外儲說左上.

9 『莊子』外篇達生篇.

10 田中淡『田中淡著作集1 中國建築の特質』(中央公論美術出版, 2018년, P91~103),『諸葛亮集』文集卷一「南征表」.

11 『列子』卷第六 力命篇.

12 安志敏「"干闌"式建築的考古研究」(『考古學報』一九六三年第二期, P65~83).

13 浅川滋男『住まいの民族建築學——江南漢族と華南少数民族の住居論』(建築資料研究社, 1994년, P248~279).

14 『禮記』檀弓上.

15 『說苑』卷第十六 談叢篇.

16 『文選』卷三六 傅季友「爲宋公修楚元王墓教」.

17 『禮記』檀弓上.

18 『莊子』外篇天地篇.

19 Adam Miklósi et al., "A Simple Reason for a Big Difference: Wolves Do Not Look Back at Humans, but Dogs Do," *Current Biology 13, 9* (April 2003): 763-766.

20 桂小蘭『古代中國の犬文化』(大阪大學出版會, 2005년, P30).

21 『呂氏春秋』卷二六 士容論.

22 『史記』卷六五 東方朔傳, 顔師古注.

23 睡虎地秦簡「秦律十八種」倉律(第六三簡).

24 柿沼陽平「鳳凰山」(『地下からの贈り物—新出土資料が語るいにしえの中國』(東方書店, 2014년, P246~251).

25 『搜神記』卷二四 第二九四話.

26 『莊子』雜篇徐无鬼篇.

27 『韓非子』外儲說右上.

28 『搜神記』卷十五 第一九三話.

29 『韓非子』揚權篇,『呂氏春秋』卷第二四 貴當篇,『鹽鐵論』卷第一○ 詔聖篇.

30 『說苑』卷第十七 雑言篇.

31 Jean-Denis Vigne, "Earliest 'Domestic' Cats in China Identified as Leopard Cat (Prionailurus bengalensis)," *PLOS ONE* 11. 1: e0147295(Janu-

ary 2016).

32 今村与志雄『猫談義今と昔』(東方書店, 1986년, P114~123).

33 『韓非子』外儲說右上.

34 佐原康夫『漢代都市機構の研究』(汲古書院, 2002년, P56~87).

35 『玉臺新詠』卷一 宋子侯「董嬌嬈詩」.

36 『韓非子』外儲脫左上.

37 『玉臺新詠』卷五 何遜「輕薄篇」.

38 중앙아시아 키르기스에 있는 당나라 때의 쇄엽진碎葉鎭 유적 안에는 도
    로가 있는데, 그 길을 따라서 쓰레기의 흔적도 있다. 당나라 쇄엽진 유적
    에 대해서는 카키누마 요헤이柿沼陽平의「唐代碎葉鎭史新探」(『帝京大學文
    化財研究所研究報告』第一八集, 2019년, P43~59).

39 『莊子』雜篇列禦寇篇.

40 佐川英治『中國古代都城の設計と思想──円丘祭祀の歴史的展開』(勉誠
    出版, 2016년, P1~69).

41 菊地章太「解脱」(E·シャヴァンヌ『古代中國の社—土地神信仰成立史』平凡社,
    2018년, P201~280).

42 『史記』卷二八 封禪書.

43 『續漢書』祭祀志下.

44 『續漢書』祭祀志下,『禮記』郊特牲.

45 『周禮』卷第十 大司徒,『史記』卷二八 封禪書,『漢書』卷二七·五行志中之下,
    『通典』卷第四五 吉禮四, 杜佑注.

46 高木智見「古代中國の庭について」(『名古屋大學東洋史研究報告』第十六號,
    1992년, P31~66).

47 『莊子』內篇応帝王篇, 成玄英疏.

48 『韓非子』外儲說右上.

49 『史記』卷七 項羽本紀『集解』引『皇覽』.

50 『漢書』卷七一 于定國傳.

51 孟浩·陳慧·劉来城「河北武安午汲古城発掘記」(『考古通訊』一九五七年第四期,

P43~47).

52 東北博物館「遼陽三道壕西漢村落遺址」(『考古學報』一九五七年第一期, P119~126).

53 『論衡』書虛篇.

54 河南省文物考古研究所·內黃県文物保護管理所「河南內黃県三楊莊漢代庭院遺址」(『考古』二〇〇四年第七期, P34~37), 林源·崔兆瑞「河南內黃三楊莊二號漢代庭院建築遺址研究与復原探討」(『建築史』二〇一四年第二期, P1~11).

55 Lothar Ledderose, *Ten Thousand Things: Module and Mass Production in Chinese Art* (Princeton: Bollingen Foundation, 2001) 51-73.

56 Anthony J. Barbieri-Low, *Artisans in Early Imperial China* (Seattle & London: University of Washington Press, 2007), 3-30.

57 『漢書』卷七一 于定國傳, 『史記』卷一〇三·萬石列傳.

58 『漢書』卷八三 薛宣傳. 『孟子』離婁章句下.

59 甘谷漢簡(第五簡背面).

60 相田洋『橋と異人――境界の中國中世史』(研文出版, 2009년, P194~250).

61 『玉臺新詠』卷八 庾肩吾「南苑還看人」.

62 『史記』卷八六 刺客列傳, 『列仙傳』卷下 陰生條.

63 睡虎地秦簡「法律答問」(第一二一~一二三簡).

64 『韓非子』詭使篇.

65 『神仙傳』卷七 趙瞿條.

66 『莊子』達生篇.

67 『禮記』曲禮上.

68 『文選』卷二一 詩乙郭璞「遊仙時七首」.

69 関野貞「瓦に就いて」(『書道全集』第三卷, 1931년, P3~6).

70 『太平御覽』卷一八七 居處部一五牆壁引『漢官儀』.

71 『漢書』卷六六 楊敞傳.

72 『莊子』外篇田子方篇.

73 『玉臺新詠』卷三 王微「雜詩」.

74 『後漢書』卷七八 宦者張讓列傳, 李賢注.『後漢書』卷八 孝靈帝紀, 李賢注.

75 『初學記』卷二四 居處部宅條.

76 『後漢書』卷三二 樊宏傳.

77 睡虎地秦簡「秦律十八種」倉律(第一二九簡).

78 陳偉「秦代遷陵縣の「庫」に關する初步的考察」(『多民族社會の軍事統治:出土
史料が語る中國古代』京都大學學術出版會, 2018년, P87~109).

79 『建康実録』卷第十八 梁下功臣.『南史』卷五五 吉士瞻列傳에「仗庫防池」
로 만든다.

80 '소부小府'는 군군의 태수부太守府·도위부都尉府·현縣의 일반 재화를 보
관하던 창고로, 중앙에 설치되었던 '소부少府'와는 구별된다. 유사한 직
무를 담당했던 '소내少內'와의 관계는 분명하지 않다. 直井晶子「前漢
における郡縣財政と少府·小府·少內」(『中國出土資料研究』第四號, 2000년,
P25~50).

81 『漢書』卷二三 刑法志.

82 池田雄一『中國古代の聚落と地方行政』(汲古書院, 2002년, P122~149), 張信
通『秦漢里治研谷』(中國社會科學出版社, 2019년, P125~135).

83 『列子』湯問篇.

84 『新序』卷第七 節士篇.

85 『文選』卷二二 沈約「宿東園」.

제6장

1 『莊子』外篇秋水篇.

2 『史記』卷三〇 平準書.

3 『漢書』卷三八 高五王傳論贊.

4 林俊雄「車の起源と発展」(『馬が語る古代東アジア世界史』汲古書院, 2018년,
P3~38). 수레와 말에 대해서는 岡村秀典『東アジア古代の車社會史』(臨川
書店, 2021년, P133~274)도 참조할 것.

5　『史記』卷三○ 平準書,『漢書』卷二四 食貨志下.

6　張家山漢簡「二年律令」裸律(第一八四簡), 堀敏一『中國古代の身分制』(汲古書院, 1987년, P187~223).

7　David Reich, *Who We Are and How We Got Here: Ancient DNA and the New Science of the Human Past* (Oxford: Oxford University Press, 2018), 1-368.

8　Li Wang et al., Genetic Structure of a 2500-Year-Old Human Population in China and Its Spatiotemporal Changes, *Molecular Biology and Evolution* 17-9 (September 2000) pp.1396-1400.

9　『玉臺新詠』卷一 古樂府詩六首「日出東南隅行」.

10　『世說新語』容止篇.

11　『初學記』卷第十九 人部下美丈夫引臧榮緒『晉書』.

12　『後漢書』卷五三 周燮列傳,『後漢書』卷三四 梁統列傳付梁冀列傳,『呂氏春秋』卷第一四 遇合篇.

13　張競『美女とは何か──日中美人の文化史』(角川書店, 2007년, P9~28).

14　『琱玉集』醜人篇引『晉抄』.

15　『莊子』內篇德充符篇.

16　『九家晉書輯本』引臧榮緒『晉書』卷七 王戎傳.

17　『琱玉集』肥人篇引王隱『晉書』.『太平御覽』卷三七八 人事部一九肥引『語林』에도 거의 같은 문장이 있다.

18　『列子』黃帝篇.

19　『三國志』卷四八 吳書三嗣主傳孫晧傳注引干寶『晉紀』.

20　『後漢書』卷二六 馮勤列傳.

21　渡辺信一郎『天空の玉座──中國古代帝國の朝政と儀礼』(柏書房, 1996년, P18~104).

22　『三國志』卷十三 魏書王肅列傳.

23　栗原朋信『秦漢史の研究』(吉川弘文館, 1960년, P45~91).

24　『漢書』卷八三 朱博傳.

25　『漢書』卷十一 哀帝紀元壽元年條.

26 工藤元男『占いと中國古代の社會──── 発掘された古文献が語る』(東方書店, 2011년, P106~147).

27 礪波護『隋唐都城財政史論考』(法藏館, 2016년, P5~32).

28 『晉書』卷二七 五行志上火條.

29 『史記』卷一一二 平津侯列傳,『東觀漢紀校注』卷一四 呉良傳,『漢官六種』에 수록된 衛宏『漢舊儀』.

30 『史記』卷五五 留侯世家太史公曰,『史記』卷六七 仲尼弟子列傳.

31 『莊子』內篇德充符篇,『呂氏春秋』卷一四 孝行覽遇合篇.

32 『後漢書』卷十 皇后紀上.

33 『玉臺新詠』卷一 古樂府.

34 『漢書』卷七〇 甘延壽傳, 顏師古注引孟康曰.

35 渡辺信一郎『中國古代の財政と國家』(汲古書院, 2010년, P131~163).

36 楊振紅『出土簡牘与秦漢社會(続編)』(広西師範大學出版社, 2015년, P210~222).

37 大庭脩『秦漢法制史の研究』(創文社, 1982년, P567~590).

38 岳麓書院藏秦簡「秦律令(貳)」(第一九〇三+一九〇五簡), 張家山漢簡「二年律令」置吏律(第二一七簡).

39 岳麓書院藏秦簡「秦律令(貳)」(第一八八二+一八八一簡).

40 水間大輔「秦·漢における里の編成と里正·里典·父老────岳麓書院藏秦簡────「秦律令」を手がかりとして」(『中國の法と社會と歷史』成文堂, 2017년, P91~118).

41 睡虎地秦簡「法律答問」(第一三三簡).

42 早稻田大學簡帛研究會(柿沼陽平 担當)「尹湾漢墓簡牘訳注(1) 東海郡吏員簿(第二號木牘) 訳注」(『中國出土資料研究』第一三號, 2009년, P298~324).

43 張家山漢簡「二年律令」置吏律(第二一〇簡).

44 高村武幸『漢代の地方官吏と地域社會』(汲古書院, 2008년, P22~56).

45 福井重雅『漢代官吏登用制度の研究』(創文社, 1988년, P3~128).

46 渡邊義浩『三國政權の構造と「名士」增補版』(汲古書院, 2020년, P33~51).

47 『漢書』卷五〇 張釋之傳.

48 『史記』卷九八 蒯成侯周緤列傳.

49 『漢書』卷四三 酈食其傳.

50 池田四郎次郎「拜, 揖, 拱の解(上)(下)」(『國學院雜誌』第二九卷第八號, 1923년, P17~22, 同九號, P17~20).

51 『孟子』離婁章句下.

52 『史記』卷五三 蕭相國世家.

53 『文選』卷二四 張華「答何邵」.

제7장

1 岳麓書院藏秦簡「爲獄等狀四種」案例一〇.

2 『韓非子』外儲說左上.

3 『韓非子』外儲說左上.

4 『新序』節士篇.

5 『論衡』卷第一三 別通篇.

6 冨谷至『漢唐法制史研究』(創文社, 2016년, P196~271).

7 淸·沈家本『歷代刑法考』刑法分考卷二礫條.

8 『舊唐書』卷一八 五良吏王方翼列傳.

9 『漢書』卷七七 何並傳.

10 『法言』學行卷第一.

11 『列女傳』卷一 母儀傳一一鄒孟軻母篇.

12 『周禮』地官司徒, 『淮南子』說林訓.

13 『戰國策』齊策, 『史記』卷六九 蘇秦列傳, 『淮南子』卷一一 齊俗訓, 『太平御覽』卷七七六 車部五穀引桓譚『新論』.

14 『莊子』庚桑楚篇.

15 柿沼陽平「戰國秦漢時代における王權と非農業民」(『史觀』第一六三冊, 2010년, P15~33).

16 이하에서 시장과 물가에 대한 묘사에 관해서는 柿沼陽平『中國古代の貨
    幣——お金をめぐる人びとと暮らし』(吉川弘文館, 2015년, P86~171). 이하
    에서는 추가 사료만 인용한다.

17 『韓非子』內儲說上.

18 睡虎地秦簡「秦律十八種」金布律(第六八簡), 張家山漢簡「二年律令」□市
    律(第二六○~二六二簡).

19 柿沼陽平「岳麓書院藏秦簡「秦律令(壹)」金布律訳注」(『史滴』第四二號, 2020
    년, P92~133).

20 『三國志』卷五八 吳書陸遜傳.

21 『列仙傳』卷下 昌容條.

22 『說苑』卷第一一 善說篇.

23 『列仙傳』卷上 酒客條,『列仙傳』卷下 犢子條.

24 『神仙傳』卷三 王遠傳.

25 『呂氏春秋』卷二二 慎行論疑似篇,『列仙傳』卷下 女丸條.

26 『漢書』卷四八 賈誼傳.

27 『韓非子』外儲說右上.

28 『列子』說符篇.

29 早稻田大學簡帛研究會編「銀雀山漢簡『守法守令等十三篇』の研究(三) 王
    兵篇·市法篇·李法篇」(『中國出土資料研究』第八號, 2004년, P169~220).

30 『孟子』滕文公章句上.

31 『列仙傳』卷上 赤將子輿條,『列仙傳』卷上 嘯父條,『列仙傳』卷下 文賓條,
    『列仙傳』卷上 介子推條,『列仙傳』卷上葛由條,『列仙傳』卷上 任光條,『列
    仙傳』卷下 玄俗條,『列仙傳』卷下 負局先生條.

32 『列仙傳』卷下 陰生條,『神仙傳』卷三 李阿條.

33 柿沼陽平『中國古代貨幣經濟史研究』(汲古書院, 2011년, P139~170).

34 『漢書』卷七六 趙廣漢傳.

35 『鹽鐵論』卷第一 禁耕篇.

36 George. A. Akerlof, "The Market for Lemons: Quality Uncertainty and

the Market Mechanism," *Quarterly Journal of Economics* 84-3 August 1970) :488-500.

37 Clifford Geertz, "The Bazaar Economy: Information and Searching Peasant Marketing," *American Economic Review* 68 (May 1978) : 28-32.

38 『太平御覽』卷六六二 道部四天仙條引葛洪『神仙傳』.

39 『論衡』卷第十四 狀留篇.

40 『漢書』卷六六 楊敞傳.

41 睡虎地秦簡「秦律十八種」金布律(第六六簡).

42 宇都宮淸吉『漢代社會經済史硏究[補訂版]』(弘文堂書房, 1967년, P256~374).

제8장

1 『太平御覽』卷三八二 人事部二三醜丈夫所引崔駰『博徒論』.

2 『列子』力命篇,『文選』卷二六 謝眺「在郡臥病呈沈尙書」.

3 『搜神記』卷十二 第三〇五話.

4 『漢書』卷二四 食貨志上, 顏師古注. 식화지食貨志 상上, 후단後段을 보면, 봄에는 농민들이 당일에 왕복한다는 서술이 있다. 일반적으로 안주顏注 에는 의문을 제기하고 있는데, 이는 당일에 왕복할 수 있는 거리에 논밭 을 가진 농민들로 범위를 좁힌다면 안주도 성립될 수 있다.

5 『列子』說符篇.

6 張家山漢簡「奏讞書」案例二二.

7 『詩經』周頌閔予小子之什「穰」高亨注,『孟子』滕文公章句下.

8 『搜神記』卷七 第二一二話.

9 『文選』卷二四 張華「答何邵二首其一」.

10 睡虎地秦簡「秦律十八種」司空律(第一四四簡).

11 原宗子『環境から解く古代中國』(大修館書店, 2009년, P57~73), 原宗子『「農 本」主義と「黃土」の発生』(硏文出版, 2005년, P3~50), 村松弘一『中國古代 環境史の研究』(汲古書院, 2016년, P353~394).

12 『莊子』外篇秋水.

13 李令福『中國北方農業歷史地理專題研究』(中國社會科學出版社, 2019년, P237~244).

14 佐藤洋一郎「総説」(『焼畑の環境學』思文閣出版, 2011년, P3~24).

15 佐藤洋一郎『稲の日本史』(株式會社KADOKAWA, 2018년, P42~44).

16 柿沼陽平『中國古代の貨幣――お金をめぐる人びとと暮らし』(吉川弘文館, 2015년, P125~151).

17 柿沼陽平「戰國時代における楚の都市と經濟」(『東洋文化研究』第十七號, 2015년, P1~29).

18 宇都宮淸吉『漢代社會經濟史研究[補訂版]』(弘文堂書店, 1967년, P303~308).

19 睡虎地秦簡「秦律十八種」倉律(第三八~三九簡).

20 睡虎地秦簡「秦律十八種」司空律(第四九~五二簡).

21 李令福(張樺訳)「華北平原における二年三熟制の成立時期」(『日中文化研究』第十四號, 1999년, P62~75).

22 『漢書』卷二四 食貨志上引의 戰國魏·李悝「盡地力之教」.

23 柿沼陽平『中國古代貨幣經濟の持續と轉換』(汲古書院, 2018년, P103~136).

24 柿沼陽平『中國古代貨幣經濟史研究』(汲古書院, 2011년, P283~307).

25 柿沼陽平『中國古代貨幣經濟史研究』, P283~307.

26 Bret Hinsch, "Textiles and Female Virtue in Early Imperial Chinese Historical Writing," *Nan Nü*. 5-2 (January 2003) : 170-202, Tamara T. Chin, *Savage Exchange: Han Imperialism, Chinese Literary Style, and the Economic Imagination* (Cambridge: Harvard University Asia Center, 2014) : 191-227.

27 Bret Hinsch, *Wealth and Work. Women in Early Imperial China* (Lanham, Boulder, New York, and Oxford: Rowman & Littlefield Publishers, 2002) : 59-78, 彭衛「漢代女性的工作」(『史學月刊』二○○九年第六期, P80~103).

28 『史記』卷一二九 貨殖列傳.

29 『淮南子』齊俗訓.

30 原田淑人『增補漢六朝の服飾』(東洋文庫, 1967년, P15~18).

31 『韓非子』說林下.

32 『玉臺新詠』卷八 劉邈詩.

33 『漢書』卷五九 張安世傳.

34 『莊子』讓王篇,『捜神記』卷九第二四二話,『玉臺新詠』卷六 姚翻「同郭侍郎采桑」.

35 『玉臺新詠』卷九「歌辭」.

36 西山武一·熊代幸雄訳『斉民要術[第三版]』(アジア経済出版會, 1976년, P89). 『범승지서氾勝之書』에 일견 모순이 되는 기재가 보이는데, 그 해석에 대해서는 여러 설이 있다.

37 『莊子』內篇逍遥游篇.

38 『史記』卷九二 淮陰侯列傳.

39 侯旭東『近観中古史』(中西書局, 2015년, P31~63).

40 『後漢書』卷三九 劉般列傳.

41 『莊子』雜篇外物篇.

42 『呂氏春秋』卷一 孟春紀.『大戴禮記』夏小正.

43 『莊子』內篇齊物論篇.

44 『莊子』內篇養生主篇.

45 『史記』卷一〇四 田叔列傳褚少孫補.

46 『莊子』外篇天地篇.

47 『莊子』內篇人間世篇.

48 宮川尙志「漢代の家畜(下)」(『東洋史研究』第一〇卷第一號, 1947년, P23~35). 『史記』卷七 項羽本紀.

49 『莊子』外篇駢拇篇.

50 吉田順一『モンゴルの歴史と社會』(風間書房, 2019년, P347~464), 稲村哲也『遊牧·移牧·定牧——モンゴル·チベット·ヒマラヤ·アンデスのフィールドから』(ナカニシヤ出版, 2014년, P309~343).

51 睡虎地秦簡「秦律十八種」田律(第四~七簡), 中國文物研究所·甘肅省文物考

古研究所編『敦煌懸泉月令詔條』(中華書局, 2001년, P4~37).

52 『漢書』卷八一 匡衡傳.

53 『漢書』卷四〇 周勃傳.

54 『莊子』內篇齊物論篇,『莊子』內篇人間世篇.

제9장

1 『文選』卷二四 陸機「答張士然」.

2 森和「秦人の夢──岳麓書院藏秦簡『占夢書』初探」(『日本秦漢史研究』第一三號, 2013년, P1~30).

3 張競『恋の中國文明史』(筑摩書房, 1997년, P11~125).

4 『玉臺新詠』卷四 鮑照「採桑詩」.

5 『說苑』卷第九 正諫篇.

6 『玉臺新詠』卷二 傅玄「和班氏詩」,『玉臺新詠』卷四 顏延之「秋胡詩」.

7 『列子』說符篇,『列女傳』卷五 節義傳九魯秋潔婦條.

8 『列女傳』卷六 辯通傳六阿谷處女條.

9 『詩經』國風邶風新臺.

10 『詩經』國風鄭風.

11 『詩經』國風召南,『樂府詩集』卷十六 鼓吹曲辭一「漢鐃歌十八首之十二·有所思」.

12 『史記』卷六九 蘇秦列傳.『莊子』雜篇盜跖篇에도 같은 문장이 있다.

13 『玉臺新詠』卷一 繁欽「定情詩」.

14 『玉臺新詠』卷七 皇太子簡文「北渚」.

15 『搜神記』卷二〇 第二六二話.

16 『詩經』齊風甫田.

17 『玉臺新詠』卷三 楊方「合歡詩」.

18 『詩經』國風鄭風.

19 劉欣寧「秦漢律令中的婚姻与奸」(『中央研究院歷史語言研究所集刊』第九〇本

第二分, 2019년, P199~249).

20　『禮記』內則.

21　『孟子』離婁章句上.

22　『孟子』滕文公章句下.

23　『白虎通』卷十 嫁娶篇.

24　『春秋穀梁傳』文公十二年,『白虎通』卷十 嫁娶篇,『孔叢子』嘉言篇,『列女傳』卷三 仁智傳十四魏曲沃負條.

25　彭衛『漢代婚姻形態』(中國人民大學出版社, 2010년, P64~84).

26　『孟子』萬章章句上.

27　『周禮』卷二六 地官司徒,『管子』入國篇.

28　『漢書』卷二 惠帝紀惠帝六年條, 顏師古注,『禮記』內則,『國語』越語上.

29　岳麓書院藏秦簡「秦律令」(第一八八簡).

30　『史記』卷五六 陳丞相世家.

31　『漢書』卷八一 張禹傳.

32　工藤元男『占いと中國古代の社會——発掘された古文献が語る』(東方書店, 2011년, P2~28).

33　海老根量介「秦漢の社會と「日書」をとりまく人々」(『東洋史研究』第七六卷第二號, 2017년, P197~231).

34　『論衡』卷第二〇 佚文篇.

35　『孟子』滕文公章句下. 혼인 과정에 대해서는 楊樹達『漢代婚喪礼俗考』(上海古籍出版社, 2013년, P1~58).

36　彭衛 前揭書, P110.

37　『禮記』禮運.

38　『玉臺新詠』卷一 古詩八首.『文選』卷二九 古詩十九首의 17번째에 같은 시가 수록되어 있다.

39　『玉臺新詠』卷一 蘇武「留別妻」.

40　『玉臺新詠』卷一 秦嘉「贈婦詩」.

41　『文選』卷二九 詩己雜詩上「古詩十九首」.

42 大形徹訳注『馬王堆出土文献訳注叢書胎産書・雑禁方・天下至道談・合陰陽方・十問』(東方書店, 2015년, P85~150).

43 『史記』卷五九・五宗世家長沙定王発條,『史記索穩』所引『釋名』.

44 『論衡』卷第二三・四諱篇.

45 『列女傳』卷一 母儀傳六周室三母.

46 『韓非子』六反篇,『漢書』卷七二 王吉傳.

47 『顔氏家訓』卷第一 治家篇.

48 『風俗通』卷二 正失篇.

49 『史記』卷七五 孟嘗君列傳.

50 睡虎地秦簡「法律答問」(第六九~七〇簡).

51 フィリップ・アリエス(杉山光信・杉山恵美子訳)『〈子供〉の誕生──アンシアン・レジーム期の子供と家族生活』(みすず書房, 1980년, P1~388).

52 柏木恵子『子どもという価値』(中公新書, 2001년, P2~26).

53 『莊子』外篇山木篇.

54 『列子』力命篇.

55 『史記』卷九三 盧綰列傳.

56 『顔氏家訓』卷第一 兄弟篇.

57 『後漢書』卷八二 方術列傳下.

58 敦煌文書「不知名類書甲」.

59 『顔氏家訓』卷第一 教子篇.

60 『韓非子』難四篇.

61 『淮南子』脩務訓.

62 『莊子』外篇達生篇.『列子』黃帝篇에도 같은 글이 있다.

63 瀬川千秋『中國 虫の奇聞録』(大修館書店, 2016년, P2~40).

64 『淮南子』説山訓.

65 『荀子』致士篇,『呂氏春秋』卷二一 開春論期賢篇,『淮南子』説山訓.

66 『史記』卷一一八 淮南王列傳,『史記』卷一二九 貨殖列傳.

67 『論衡』卷第三〇 自紀篇,『呂氏春秋』卷一八 審應覽精諭篇.

68 『西京雜記』卷上.

69 『列子』黃帝篇.

70 『韓非子』難勢篇.

71 『列女傳』仁智篇,『新序』雜事一.

72 『韓非子』難勢篇.

73 『呂氏春秋』卷一五 愼大覽察今篇.

74 『列子』湯問篇.

75 『韓非子』外儲說左下.

76 『韓非子』外儲說左上.

77 『玉臺新詠』卷二 左思「嬌女詩」.

78 ベルトルト・ラウファー (杉本剛訳)『飛行の古代史』(博品社, 1994년, P13~
　　42).

제10장

1 『莊子』內篇逍遙遊篇. 그러나 실제로는 2식二食이 기본이었다.

2 『三國志』卷五五 吳書甘寧傳.

3 『文選』卷第二〇 詩甲公讌·謝瞻「九日從宋公戲馬臺集送孔令詩」.

4 『玉臺新詠』卷五 范靖婦「詠燈」.

5 『玉臺新詠』卷五 何遜「日夕望江贈魚司馬」.

6 『漢書』卷五二 灌夫傳,『漢書』卷五七 司馬相如傳上,『說苑』卷第十 敬愼篇.

7 『韓非子』外儲說左上.

8 『玉臺新詠』卷一 古樂府詩「隴西行」,『文選』卷二一 詩乙遊仙應璩「百一
　　詩」.

9 『文選』卷二一 詩乙詠史左思「詠史八首」.

10 『史記』卷五四 曹相國世家.

11 角谷常子「漢·魏晋時代の謁と剌」(『東アジア出土資料と情報傳達』汲古書院,
　　2011년, P53~76).

12 邢義田『治國安邦』(中華書局, 2011년, P595~654), 廣瀬薫雄『秦漢律令研究』
    (汲古書院, 2010년, P269~331), 宮宅潔『ある地方官吏の生涯———木簡が語
    る中國古代人の日常生活』(臨川書店, 2021년, P78~98).

13 『史記』卷八 高祖本紀.

14 『太平御覽』卷六九七 服章部一四烏條引『典論』.

15 『漢書』卷一 高帝紀.

16 『續漢書』五行志一劉昭注.

17 『續漢書』五行志一.

18 『後漢書』卷八六 南蠻西南夷列傳.

19 『太平御覽』卷四九七 人事部一三八酣醉引『史典論』.

20 『北堂書鈔』卷第七八 縣令條「陶潛常醉」本注引『晉陽秋』.

21 『太平御覽』卷八四 三飲食部一酒上引『漢書』,『玉臺新詠』卷七 皇太子簡
    文「執筆戲書」.

22 『太平御覽』卷七六五 器物部十斛引崔鴻『十六國春秋』後涼錄.

23 『太平御覽』卷八四四 飲食部二酒中引『晉書』,『珮玉集』卷第一四 嗜酒篇
    引『晉抄』,『三國志』卷四七 吳書吳主傳裴松之注引『吳書』,『世說新語』任
    誕篇.

24 『三國志』卷二九 魏書方技傳注引『輅別傳』.

25 『珮玉集』卷第一四 嗜酒篇引桓譚『新論』,『世說新語』任誕篇.

26 彭衛「漢酒事小考二則」(『宜賓學院學報』二〇一一年第九期, P7~8, 21).

27 『漢書』卷九二 游俠傳.

28 『太平御覽』卷八四五 飲食部三酒下引『典論』.

29 『太平御覽』卷四九七 人事部一三八酣醉引『史典論』.

30 『太平御覽』卷四九七 人事部一三八酣醉引『諸葛亮集』.

31 『三國志』卷六五 吳書王蕃傳,『三國志』卷六五 吳書賀邵傳.

32 『韓非子』說疑篇.

33 『漢書』卷五二 灌夫傳.

34 『列子』力命篇.

35　『漢書』卷三六 楚元王傳.

36　『禮記』曲禮上.

37　『韓非子』外儲説左上.

38　『史記』卷七 項羽本紀.

39　『史記』卷五二 齊悼惠王世家.

40　『呂氏春秋』卷二〇 恃君覽達鬱篇.

41　武威県博物館「武威新出土王杖詔令冊」(『漢簡研究文集』甘肅人民出版社,
　　1984년, P34~61).

42　岳麓書院臧秦簡「秦律令(壹)」(第一一五簡).

43　『漢書』卷五四 李廣傳.

44　『太平御覽』卷四九七 人事部一三八酣醉引崔鴻『前秦録』.

45　『玉臺新詠』卷四 鮑照「翫月城西門」.

46　『新序』卷第六 刺奢篇.

47　『玉臺新詠』卷六 張率「對酒」.

48　『玉臺新詠』卷三 陶潛「擬古時」.

49　『說苑』卷第六 復恩篇.

50　『新序』卷第六 刺奢篇.

51　『韓非子』外儲說左上.

52　Shoji Harada, "Genetic Polymorhism of Alchol Metabolyzing Enzy-
　　imes and its Implication to Human Ecology," *Journal of the Anthropologi-
　　cal Society of Nippon* 99-2 (February 1991) : 123-139.

53　『世說新語』任誕篇.

54　『玉臺新詠』卷一 徐幹「情詩」.

55　『韓非子』十過篇.『韓非子』飾邪篇에도 유사한 문장이 있다.

56　『太平御覽』卷七四三 疾病部六歐吐引謝承『後漢書』,『太平御覽』卷九三三
　　鱗介部五虵上引『晉書』,『晉書』卷七六 王舒列傳付王允之列傳. 왕윤지열
　　전王允之列傳에 대해서는 외우畏友인 미네유키 사이토峰雪幸人 씨에게 가
　　르침을 받았다.

57 『太平御覽』卷七四三 疾病部六歐吐條引謝承『後漢書』.

58 『韓非子』內儲説下六微, 『漢書』卷五九 張湯傳付張安世傳, 『漢書』卷六五 東方朔傳.

59 河南省文物考古研究所『永城西漢梁國王陵与寢園』(中州古籍出版社, 1996년, P124~129).

60 閻愛民·趙璐「"踞厠" 視衛青与漢代貴族的 "登溷" 習慣」(『南開學報(哲學社會科學版)』二○一九年第六期, P139~147).

61 龔良「漢更衣之室形象及建築技術考辨」(『南京大學學報(哲學·人文·社會科學)』一九九五年第一期, P129~135, 147).

62 張建林·范培松「浅談漢代的厠」(『文博』一九八七年第四期, P53~58).

63 『史記』卷九 呂太后本紀.

64 『世說新語』紕漏篇, 『世說新語』汰侈篇.

65 陝西省考古研究所「西安南郊繆家寨漢代厠所遺址発掘簡報」(『考古与文物』二○○七年第二期, P15~20).

66 徐州博物館·南京大學歷史系考古專業「徐州北洞山西漢墓発掘簡報」(『文物』一九八八年第二期, P2~18, 68).

67 林巳奈夫『漢代の文物』(京都大學人文科學研究所, 1976년, P165~166).

68 『史記』卷九 呂太后本紀.

69 『三國志』卷一 武帝紀注引『世語』.

70 趙璐·閻愛民「"如厠潛遁" 与漢代溷厠」(『天津師範大學學報(社會科學版)』二○一八年第五期, P77~80).

71 『後漢書』卷二七 張湛列傳.

72 『莊子』雜篇列禦寇篇.

73 『莊子』內篇人間世篇.

74 『史記』卷一○五 太倉公列傳.

75 『韓非子』詭使篇.

76 『莊子』外篇達生篇.

제11장

1 『玉臺新詠』卷五 沈約「擬靑靑河邊草」.

2 『世說新語』汰侈篇.

3 『玉臺新詠』卷十 高爽「詠酌酒人」.

4 『玉臺新詠』卷一 辛延年「羽林郞詩」.

5 『列子』楊朱篇.

6 『玉臺新詠』卷六 徐悱妻劉令嫻「答外詩」.

7 『後漢書』卷十 皇后紀上和熹鄧皇后條.

8 『玉臺新詠』卷四 施榮泰「雜詩」.

9 柿沼陽平「秦漢時期的贈予与賄賂」(『簡帛研究二〇二〇(秋冬卷)』広西師範大學
   出版社, 2021년, P326~350).

10 『太平御覽』卷二一二 職官部十總叙尙書引謝承『後漢書』.

11 『漢書』卷七二 兩龔傳.

12 『玉臺新詠』卷八 庾信「仰和何僕射還宅懷故」,『文選』卷二七 詩戊軍戎王
   粲「從軍詩」.

13 『文選』卷三〇 詩己雜詩下沈約「和謝宣城」.

14 『文選』卷二四 詩丙贈答二陸機「贈尙書郞顧彦先」.

15 『漢官六種』에 수록된 衛宏『漢舊儀』.

16 『詩經』國風鄭風.

17 李敖(土屋英明訳)『中國文化とエロス』(東方書店, 1993년, P24~31).

18 柿沼陽平「岳麓書院藏秦簡訳注──「爲獄等狀四種」案例七識却婉案」
   (『帝京史學』第三〇號, 2015년, P193~238).

19 『後漢書』卷六三 李固列傳.

20 『越絶書』外傳記越地傳.

21 『漢書』卷五四 李廣傳付李陵傳.

22 『說文』女部.

23 『後漢書』卷四二 光武十王列傳濟南安王康條

24 『漢書』卷二二 禮樂志.

25 『玉臺新詠』卷一 枚乘「雜詩」.

26 『玉臺新詠』卷五 何遜「嘲劉諮議孝綽」.

27 『玉臺新詠』卷八 劉孝綽「賦詠得照棋燭刻五分成」.

28 張家山漢簡「二年律令」襍律(第一八六簡).

29 ファン・フーリック(松平いを子訳)『古代中國の性生活――先史から明代まで』(せりか書房, 1988년, P81~125).

30 『玉臺新詠』卷一 張衡「同聲歌」.

31 『玉臺新詠』卷九 皇太子簡文「烏棲曲」.

32 馬王堆帛書「天下至道談」.

33 『長沙馬王堆一號漢墓古尸研究』(文物出版社, 1980년, P27~34).

34 馬王堆帛書「十問」,『醫心方』和志引『玉房秘訣』. 大形徹訳注『胎産書·雜禁方·天下至道談·合陰陽方·十問』(東方書店, 2015년, P263~264).

35 アルベルト・アンジェラ(関口英子訳)『古代ローマ人の24時間』(河出書房新社, 2012년, P519).

36 李敖(土屋英明訳)『中國文化とエロス』(東方書店, 1993년, P10).

37 『琱玉集』肥人篇引『魏志(笑林의 誤)』.

38 陳海「G点与西漢女用性玩具考」(『考古与文物』2004년 3월, P62~67).

39 『魯迅『古小説鉤沈』校本』에 수록된『幽明録』第二三〇條.

40 王書奴『中國娼妓史』(上海生活書店, 1934년), 史楠『中國男娼秘史』(上海華僑出版社, 1994년), 斉藤茂『妓女と中國文人』(東方書店, 2000년).

41 『韓非子』說難篇.

42 『戰國策』魏策四.

43 『玉臺新詠』卷二 阮籍「詠懷詩」.

44 『玉臺新詠』卷七 皇太子簡文「變童」.

45 『呂氏春秋』卷第一四 孝行覽遇合.

46 『漢書』卷九七 外戚傳下孝成趙皇后條顔師古注引應劭注.

47 Bret Hinsch, *Passions of the Cut Sleeve: The Male Homosexual Tradition in China* (California: University of California Press, 1990), 1-53.

48 『漢書』卷三八 高五王傳燕靈王建條.

49 岳麓書院藏秦簡「爲獄等狀四種」案例一二.

50 『漢書』卷五三 景十三王傳江都易王非條.

51 『漢書』卷五三 景十三王傳廣川惠王越條.

제12장

1 『文選』卷二五 詩丁贈答三謝靈運「登臨海嶠初発疆中作與從弟惠連見羊何
　　共和之」, 『文選』卷二六 詩丁贈答四謝朓「郡內高齋閑坐答呂法曹」, 『文選』
　　卷二六 詩丁贈答四任昉「贈郭桐廬出溪口見候余既未至郭仍進村維舟久之
　　郭生之至」.

2 『史記』卷一〇九 李將軍列傳.

3 『孟子』盡心上篇.

4 『法言』卷第一 學行篇.

5 『禮記』曲禮上.

6 『韓非子』八說篇.

7 睡虎地秦簡「封診式」(第九一~九四簡).

8 『漢書』卷八六 王嘉傳.

9 『漢書』卷五九 張湯傳, 『漢書』卷六四上 吾丘壽王傳.

10 『史記』卷一〇八 韓長孺列傳.

11 『史記』卷九四 田儋列傳.

12 『舊唐書』卷一八八 孝友張公藝列傳.

13 『玉臺新詠』卷一「古詩爲焦仲卿妻作」.

14 『漢書』卷七一 于定國傳.

15 『列女傳』卷四 貞順傳陳寡孝婦條.

16 『後漢書』卷八四 列女傳樂羊子妻條.

17 『列女傳』卷一 母儀傳魯之母師篇.

18 張家山漢簡「二年律令」賊律(第四〇簡), 張家山漢簡「二年律令」告律(第

一三三簡).

19 『世說新語』惑溺篇.

20 『說苑』卷第十 敬愼篇.

21 『史記』卷八 高祖本紀,『漢書』卷一 高帝紀上,『漢書』卷四〇 王陵傳.

22 『莊子』雜篇讓王篇,『呂氏春秋』卷一六 先識覽觀世篇,『列子』說符篇.

23 『漢書』卷六四上 朱買臣傳.

24 『詩經』國風鄘風鶉之奔奔,『玉臺新詠』卷二 傅玄「苦相篇·豫章行」.

25 『玉臺新詠』卷七 皇太子簡文「紫騮馬」.

26 『玉臺新詠』卷七 湘東王繹「詠晚棲烏」.

27 『韓非子』內儲說下.

28 睡虎地秦簡「法律答問」(第一七三簡).

29 『漢書』卷八三 朱博傳.

30 魯迅『古小說鉤沈』校本」에 수록된『幽明錄』第一九八條.

31 張家山漢簡「奏讞書」案例二一, 岳麓書院藏秦簡「爲獄等狀四種」案例一二, 張家山漢簡「二年律令」褾律(第一九二簡).

32 中野信子『不倫』(文藝春秋, 2018년, P3~83).

33 『玉臺新詠』卷一 古樂府「艷歌行」.

34 『淮南子』說林訓.

35 『韓非子』內儲說下.

36 張家山漢簡「二年律令」賊律(第三二簡).

37 張家山漢簡「二年律令」賊律(第三三簡).

38 睡虎地秦簡「法律答問」(第一六九簡).

39 岳麓書院藏秦簡「爲獄等狀四種」案例一一.

40 『韓非子』說林上篇.『呂氏春秋』卷一四 孝行覽遇合.

41 『大戴禮記』本命.

42 『列女傳』卷一 母儀傳一五魯師春姜條.

43 『玉臺新詠』卷一「古詩」.

44 『玉臺新詠』卷二曹植「棄婦詩」.

45 『孟子』離婁章句下.

46 『後漢書』卷四八 應奉傳李賢注引『汝南記』.

47 『史記』卷一一八 淮南王列傳.

48 『玉臺新詠』卷一古樂府詩「皚如山上雪」.

49 『玉臺新詠』卷一徐淑詩.

50 『玉臺新詠』卷一陳琳「飮馬長城窟行」.

51 『詩經』鄭風.『詩經』國風王風,『禮記』郊特牲,『白虎通』卷十一 崩薨篇.

52 『史記』卷五六 陳丞相世家.

제13장

1 『搜神記』卷九 第九九話.

2 Patricia Hirsch et al., "Putting a Stereotype to the Test: The Case of Gender Differences in Multitasking Costs in Task-switching and Dual-task Situations," *PLOS ONE* 14-8 (August 2019) :1-16.

3 『韓非子』外儲說左上, 柿沼陽平『中國古代貨幣經済史研究』(汲古書院, 2011 년).

4 『玉臺新詠』卷四 鮑照「擬古」,『玉臺新詠』卷五 沈約「夜夜曲」.

5 Anthony J. Barbieri-Low, *Artisans in Early Imperial China* (Seattle & London: University of Washington press, 2007) :3-30.

6 『文選』卷二九 詩己雜詩上張華「雜時」,『玉臺新詠』卷七 梁武帝「七夕」.

7 『玉臺新詠』序,『顏氏家訓』卷第三 勉學篇. 孫建君(岡田陽一訳)「中國傳統 のろうそく文化」(『自然と文化』第七二號, 2003년, P14~23). 그 외에『淮南子』 說林訓.

8 『玉臺新詠』卷九 費昶「行路難」.

9 『漢書』卷二四 食貨志上.

10 『列女傳』卷六 辯通傳十四齊女徐吾條.

11 『玉臺新詠』卷一「古詩爲焦仲卿妻作」.

12 柿沼陽平「中國古代鄕里社會の「きずな」と「しがらみ」」(『つながりの歷史學』北樹出版, 2015년, P108~132).

13 『韓非子』外儲說左上.

14 『顔氏家訓』卷第三 勉學篇.

15 『後漢書』卷十 皇后紀上和熹鄧皇后紀條.

16 柿沼陽平「書評高村武幸著『秦漢簡牘史料研究』」(『東洋史研究』第七五卷第四號, 2017년, P147~160).

17 『開元天寶遺事』卷上 開元傳書鳩條.

18 『文選』卷三一 詩庚雜擬下陶潛「陶徵君」.

19 『文選』卷二八 詩戊樂府下鮑照「東門行」.

20 『史記』卷一〇五 太倉公列傳,『列女傳』卷五 節義傳一五京師節女條.

21 『韓非子』內儲說下.『禮記』玉藻篇,『禮記』內則篇. 목욕에 대해서는 彭衛·楊振紅『秦漢風俗』(上海文芸出版社, 2018년)도 참조할 것.

22 大庭脩『秦漢法制史の研究』(創文社, 1982년, P567~590).

23 岳麓書院藏秦簡「秦律令(貳)」(第一九〇三+一九〇五簡), 張家山漢簡「二年律令」置吏律(第二一七簡).

24 『漢書』卷六六 楊敞傳,『漢書』卷七九 馮奉世傳付野王傳.

25 『淮南子』說山訓.

26 『列女傳』卷二 賢明傳一周宣姜后條.

27 『文選』卷二二 詩乙遊覽魏文帝「芙蓉池作」.

28 『玉臺新詠』卷五 何子朗「學謝體」.

29 『孟子』盡心章句下.

30 『玉臺新詠』卷六 王僧孺「月夜詠陳南康新有所納」.

31 『玉臺新詠』卷七 皇太子簡文「賦得當壚」.

32 『玉臺新詠』卷三 陸雲「爲顧彦先贈婦往返」.

33 中野美代子「靑い鳥」(『中國の靑い鳥』平凡社, 1994년).

34 『論衡』卷第一五 順鼓篇.

35 『論衡』卷第一一 說日篇.

36 『搜神記』卷八 第二三五話.

37 『荀子』解蔽.

38 『顏氏家訓』卷第三 勉學篇,『入唐求法巡禮行記』開成三年七月一三日條, 同年七月二一日條.

39 『顏氏家訓』卷第三 勉學篇.

40 Francesca Siclari, et al., The Neural Correlates of Dreaming, *Nature Neuroscience 20* (April 2017) : 872-878.

41 森和「秦人の夢――岳麓書院藏秦簡『占夢書』初探」(『日本秦漢史研究』第一三號, 2013년, P1~30). 劉園英「『黃帝內經』における "夢" 診斷」(『北陸大學紀要』第二一號, 1997년).

42 工藤元男『中國古代文明の謎』(光文社, 1988년, P144~147).

에필로그

1 Michael Loewe, *Everyday Life in Early Imperial China during the Han Period, 202 BC-AD 220* (London: Carousel, 1973 [originally printed in Putnam, 1968] : 17-201.

2 Mu-chou Poo, *Daily Life in Ancient China* (Cambridge: Cambridge University Press, 2018) : 1-243.

3 林巳奈夫『漢代の文物』(京都大學人文科學研究所, 1976년, P1~548), 林巳奈夫『中國古代の生活史』(吉川弘文館, 1992년, P1~208).

4 孫機『漢代物質文化資料図説(增訂本)』(上海古籍出版社, 2011년, P1~637).

5 彭衛·楊振紅『秦漢風俗』(上海文芸出版社, 2017년).

6 王力主編『中國古代文化常識』(四川人民出版社, 2018년, P1~140).

7 渡部武『画像が語る中國の古代』(平凡社, 1991년, P8~282).

8 侯旭東『什么是日常統治史』(生活·読書·新知三聯書店, 2020년, P1~352).

9 張不參編著『秦朝穿越指南』(陝西師範大學出版総社, 2016년, P1~361), 宮宅潔『ある地方官吏の生涯――木簡が語る中國古代人の日常生活』(臨川書店,

[386]

2021년, P1~256).

10 閆愛民·梁軒「泰漢日常生活史的研究歷程与展望」(『中國日常生活史研究的回顧与展望』科學出版社, 2020년, P42~61).

11 アルベルト·アンジェラ(関口英子訳)『古代ローマ人の24時間—— よみがえる帝都ローマの民衆生活』(河出書房新社, 2012년).

12 柿沼陽平『中國古代貨幣經濟史研究』(汲古書院, 2011년), 柿沼陽平『中國古代貨幣經濟の持続と転換』(汲古書院, 2018년).

13 Yohei Kakinuma, "Monetary System in Ancient China," In. Stefano Battilossi, Youssef Cassis, and Kazuhiko Yago eds, *Handbook of the History of Money and Currency* (Johor Bahru, Springer Singapore, 2020) : 525-547.

14 王子今『秦漢児童的世界』(中華書局, 2018년, P1~649).

15 王仁湘(鈴木博訳)『図説中國食の文化誌』(原書房, 2007년, P6~418).

16 工藤元男『占いと中國古代の社會—— 発掘された古文献が語る』(東方書店, 2011년).

17 Bret Hinsch, *Women in Early Imperial China [2nd Edition]* (Lanham: Rowman & Littlefield Publishers, 2010).

18 リュシアン·フェーブル(長谷川輝夫訳)『歴史のための闘い』(平凡社, 1995년, P37~66).

19 柿沼陽平「中國古代禿頭攷」(『中國文化の統一性と多様性』汲古書院, 2022년).

20 安丸良夫『安丸良夫集5 戦後知と歴史學』(岩波書店, 2013년, P71~106), リュシアン·フェーブル前掲書(P9~207), ユルゲン·コッカ(仲內英三·土井美徳訳)『社會史とは何か—— その方法と軌跡』(日本経済評論社, 2000년, P65~285).

21 柿沼陽平「中國古代の人びととその'つながり'」(『つながりの歴史學』北樹出版, 2015년, P2~29).

22 費孝通(西澤治彦訳)『郷土中國』(風響社, 2019년, P27~217).

23 陶立璠『民俗學概論』(中央民族學院出版社, 1987년, P1~19).

24 王曉葵「人類學化と『非物質文化遺産保護』—— 現代中國民俗學研究に
　　ついて」(『日本民俗學』第二五九號, 2009년, P111~137), 施愛東「中國における
　　非物質文化遺産保護運動の民俗學への負の影響」(『現代民俗學』第三號, 2011
　　년, P15~27).

25 柿沼陽平「中國古代史研究の可能性——欧米の學説史動向を中心に」(『史
　　滴』第四一號, 2019년, P92~121).

26 柿沼陽平「日本的中國出土簡帛研究論著目録(1910~2011년)」(『簡帛研究
　　2011』広西師範大學出版社, 2013년, P232~257), 柿沼陽平「日本的中國出土簡帛
　　研究論著目録(二)(1910~2011년)」(『簡帛研究2012』広西師範大學出版社, 2013년,
　　P223~314).

27 クリフォード・ギアーツ(吉田禎吾他訳)『文化の解釈學[1]』(岩波書店, 1987
　　년, P3~56).

28 柳田國男『柳田國男全集』第八卷(筑摩書房, 1998년, P50~52).

☞ 도판 출처 및 소장처 ☜

도판 P-1 甘肅省文物工作隊·甘肅省博物館 編,『漢簡研究文集』, (甘肅人民出版
社, 1984) 수록

도판 P-2 國立故宮博物院 소장

도판 0-1 湖南省博物館 소장

도판 1-1 史念海,『史念海全集』第3卷, (人民出版社, 2013)

도판 1-2 佐々木高明,『照葉樹林文化とは何か』, (中央公論新社, 2007)

도판 1-3 Mark Elvin,『The Retreat of the Elephants: An Environmental
History of China』, (Yale University Press, 2004)

도판 2-3 陝西始皇陵秦俑坑考古發掘隊·秦始皇兵馬俑博物館 共編.『秦始皇陵
兵馬俑』. (平凡社, 1983)

도판 2-4 Museum of Fine Arts, Boston 소장

도판 2-5 Museum of Fine Arts, Boston 소장

도판 2-6 うぱ 作

도판 3-1 四川博物院 소장

도판 3-2 成都博物館 소장

도판 3-3 湖南省博物館 소장

도판 3-4 『樂浪彩篋冢』, (朝鮮古蹟研究會, 1934) 수록

도판 3-5　湖南省博物館 소장

도판 3-6　湖南省博物館 소장

도판 3-7　四川博物院 소장

도판 4-1　甘肅省博物館 소장 / 俄軍·鄭炳林·高國祥 主編,『甘肅出土魏晉唐墓
　　　　　壁畫』,(蘭州大學出版社, 2009) 수록

도판 4-2　柿沼陽平(2017년 9월 촬영)

도판 4-3　柿沼陽平(2006년 9월 촬영)

도판 4-4　荊州市博物館 副官長 楊開勇 제공

도판 4-6　四川博物院 소장

도판 4-7　四川省文物考古研究所·德陽市文物考古研究所·中江縣文物保護管理
　　　　　所 編著,『江塔梁子崖墓』,(文物出版社, 2008)

도판 4-8　安徽省 馬鞍山市 朱然家族墓地博物館 소장

도판 4-9　平壤名勝舊蹟保存會,『樂浪彩篋塚』,(便利堂, 1936) 수록

도판 5-1　南京博物院·山東省文物管理處 合編,『沂南古畫像石墓發掘報告』,
　　　　　(文化部文物管理局, 1956)

도판 5-2　柿沼陽平(張掖市 동부 2015년 9월 촬영)

도판 5-3　柿沼陽平(呼和浩特市 부근 2012년 9월 촬영)

도판 5-5　廣州市文物管理委員會·廣州市博物館·中國社會科學院考古研究所
　　　　　編,『廣州漢墓』,(文物出版社, 1981)

도판 5-6　敦煌市博物館 소장

도판 5-7　四川博物院 소장

도판 5-8　柿沼陽平(2010년 4월 촬영)

도판 5-10　五井直弘,『漢代の豪族社会と国家』,(名著刊行会, 2001)

도판 5-12　林源 제공

도판 5-13　內蒙古自治區博物館 소장

도판 5-14　『中國出土壁畫全集』,(科學出版社, 2012) 수록

도판 6-1　『中國出土壁畫全集』,(科學出版社, 2012) 수록

도판 6-2　徐光冀 主編,『中國出土壁畫全集』,(科學出版社, 2011) 수록

[390]

도판 11-5　四川博物院 소장
도판 11-6　湖南省博物館 소장
도판 13-1　中國國家博物館 소장
도판 13-2　中國河北博物院 소장

이천 년 전 중국의 일상을 거닐다

2023년 6월 15일 1판 1쇄

지은이	옮긴이	
카키누마 요헤이	이원천	

편집	디자인	
최일주, 이혜정, 김인혜	신종식	

제작	마케팅	홍보
박흥기	이병규, 이민정, 최다은, 강효원	조민희, 김솔미

인쇄	제책	
천일문화사	J&D바인텍	

펴낸이	펴낸곳	등록
강맑실	(주)사계절출판사	제406-2003-034호

주소		전화
(우)10881 경기도 파주시 회동길 252		031)955-8588, 8558

전송
마케팅부 031)955-8595, 편집부 031)955-8596

홈페이지	전자우편	인스타그램
www.sakyejul.net	skj@sakyejul.com	instagram.com/sakyejul

블로그	페이스북	트위터
blog.naver.com/skjmail	facebook.com/sakyejul	twitter.com/sakyejul

ISBN 979-11-6981-133-0 03910